The Practice of Marketing Plan

主　编　李艳娥
副主编　余彦蓉　董　平

营销策划实务

中山大学出版社
·广州·

图书在版编目（CIP）数据

营销策划实务/李艳娥主编；余彦蓉，董平副主编．—广州：中山大学出版社，2013.8

ISBN 978－7－306－04660－4

Ⅰ．①营…　Ⅱ．①李…　②余…　③董…　Ⅲ．①营销策划　Ⅳ．①F713.50

中国版本图书馆CIP数据核字（2013）第198248号

出版人：徐　劲
策划编辑：王卫民
责任编辑：杨文泉
封面设计：曾　斌
责任校对：杨文泉
责任技编：何雅涛
出版发行：中山大学出版社
电　　话：编辑部电话020－84111996，84113349，84111997，84110779
　　　　　发行部电话020－84111998，84111981，84111160
地　　址：广州市新港西路135号
邮　　编：510275　　传真：020－84036565
网　　址：http：//www.zsup.com.cn　E-mail：zdcbs@mail.sysu.edu.cn
印刷者：佛山市南海印刷厂有限公司
规　　格：787mm×960mm　1/16　14.75印张　345千字
版次印次：2013年8月第1版　2013年8月第1次印刷
印　　数：1～3500册　　定　　价：32.00元

前 言

产业转型升级和现代服务业发展需要大量的营销高技能人才。《营销策划实务》在深入调研分析社会经济发展对营销岗位专业人才需求的基础上，结合本校及兄弟院校教学团队多年的教学实践经验，邀请专业营销策划咨询公司的高级策划人员，组建项目团队共同打造。《营销策划实务》以建构主义学习理论、行为主义学习理论、人本主义学习理论为指引，按照营销策划岗位及岗位群的工作任务与职业能力要求，进行框架设计、内容选择、案例和实训项目遴选。

营销策划实务是营销类相关专业的核心技能课程，重在培养学生的营销战略战术策划、营销活动策划与组织执行能力。营销策划实务是学习者完成市场营销、消费者行为分析、市场调查、销售管理等课程之后，在已经掌握的营销知识和操作技能基础上，对企业营销行为进行策划与组织执行的综合技能训练课程，是营销理论和技能付诸实践的能力训练课程，解决的是企业营销工作过程中的实战问题。

为更好实现营销策划实务课程的教学目标，在编写过程中注重突出以下特点。

1. 基于营销策划岗位的实际工作任务、工作要求和工作内容构建全书的框架和内容体系

基于企业营销策划岗位的实际工作任务、工作职责、工作内容和工作要求，建构全书框架，选择学习内容。多年来，编写团队深入企业、策划公司、高职院校进行广泛的调研，与营销经理、营销策划师、策划执行经理、营销策划教师、学生进行深度的交流与研讨，不断优化框架结构，力保学习内容具有科学性、针对性、实用性。

本教材从营销策划岗位的岗位职责描述、营销策划岗位任职要求入手，使学习者首先进入实战的学习环境，树立明确的学习目标，并参考策划师职业资格鉴定的要求，实现岗位、课程、证书的对接。根据高职人才培养目标和学生特点，注重学生营销活动策划能力、营销策划书编写能力、营销策划活动组织和执行能力的培养，使学习者进行理论学习和项目实训以后，具备独立开展营销策划工作、撰写营销策划方案、组织实施执行营销策划活动的能力。

2. 引入企业真实项目，以“任务驱动、项目导向”的方式设计每个能力训练单元模块

基于企业营销策划岗位的实际工作过程，以营销策划典型工作任务分析入手，以营销策划岗位基本工作技能训练为主线，以“任务驱动、项目导向”的思路组织每个能力单元模块的编写。每个项目单元首先明确知识和技能目标，使学习者更加有的放矢。开篇的策划方案示例具有较高针对性、典型性和知名度，并附有编者的专业点评，使学习者获得较强的感性体验。理论链接部分把本单元策划技能所需的相关营销策划理论进行简洁的归总，并插入必要的案例，有助于学习者学习和理解。练习与思考这部分内容帮助学生回顾和掌握本单元的基本知识点。最后的综合实训项目更是本教材的亮点，都是编者根据企业真实策划项目编制，由指导教师指导学生按照专业策划公司的工作流程完成项目策划，并进行过程考核。全书突出教、学、做三者合一，强调在做中学，在学中做。

3. 教材设计力求方便教师使用，方便学习者学习，注重融知识性、实战性和趣味性于一体

教材在设计和编写过程中，尽量考虑方便师生的使用和学习。语言精练、通俗易懂，练习与思考附有完整的答案，方便教师使用，方便学生自学。在内容和形式选择上，无论示范策划方案的选择、案例分析的选择，还是实战训练的选择，都注重趣味性、实用性、时尚性，激发学习者的兴趣，提高学习的效果。实战训练项目是学生实践技能训练的重点，每个实训项目都附有详细的背景材料、明确的项目目标、实训要求、实施步骤、考核方案，极大地方便了教师的教学组织安排，吸引学生积极主动地阅读、学习与训练。

本教材从调研、设计、编写、试用、修改完善，历时 3 年，凝聚了编写团队的大量心血，并得到广州市教育主管部门的重点立项支持，全书由广州城市职业学院的李艳娥教授策划与统稿。单元一岗位认知，由奕翔策划咨询公司的高林萍和广州城市职业学院李艳娥共同编写。单元二撰写营销策划书、单元三 STP 策划、单元五价格策划由李艳娥编写。单元四品牌策划、单元六分销渠道策划由董平编写。单元七广告策划、单元八营业推广策划由余彦蓉编写。单元九公关策划、单元十新产品开发与推广策划由董平编写。

本教材不仅适合于高职高专营销类、管理类相关专业教学使用，也适用于应用性本科相关专业教学，以及企业和策划公司的营销策划和营销管理人员、销售业务与销售管理人员、广告策划与活动策划等从业人员的学习与培训。与本教材配套的共享型教学资源库即将建成，将更方便读者学习和使用本教材。由于编者的水平有限，全书可能会有疏漏和不当之处，欢迎广大读者批评指正。

作者邮箱：lyelye@ gcp. edu. cn.

《营销策划实务》编写组

2013 年 5 月于广州

学 习 指 南

学习指南旨在方便学习者和使用者尽快熟悉本书的编写特点，掌握本书的学习和使用要领，以更有效地学习。

1. 全书根据营销策划的主要工作任务，分10个项目单元，各个单元相对独立又紧密联系。各个单元有明确的知识和技能目标，培养的都是营销策划岗位所需具备的核心技能。

每个项目单元包括：

知识和技能目标。明确本单元的知识和技能训练要点。

策划方案示例与点评。根据单元学习目标，提供一个具有针对性、实战性、时尚性的完整策划方案，而非案例总结，使学习者对本单元学习后所应具备的技能和所能够完成的工作任务、达到的学习目标有一个感知体验，同时作为学习者完成第四部分实战训练项目的参考。

知识链接。集中阐述与本单元知识和能力目标培养所需掌握的相关理论知识，配以精彩的案例、资料、插图，便于读者的理解，增加读者的阅读兴趣。

练习与思考。包括选择题、判断题、简答题等，并附有参考答案。帮助学习者回顾基本理论知识，为完成第四部分实战化的训练项目做准备。

实战训练项目。给出的所有项目都是真实企业项目。从企业的角度给出详细的策划说明，包括项目名称、项目目标、项目需求说明、项目实训步骤、项目实训要求。学习者在老师的组织和指导下完成项目策划，做出项目策划书。

2. 使用本教材，建议将学生3～5人组成策划公司或策划小组，给自己的策划公司取个性化的名称，进行一些简单的分工。以策划公司或小组为一个相对固定的学习小组，进行学习讨论、案例分析、市场调查和资料收集、策划方案制订、讨论与修改、策划成果展示。

3. 本书的实战项目，全部根据企业真实项目编写。在完成此学习环节时，教师要充当策划公司的客户宣讲人、策划指导者、组织者、评价者多重角色。可按如下程序操作：

第一步，教师作为策划公司的客户代表作策划需求宣讲，介绍项目背景和企业需求。

第二步，教师引导学生组成的策划公司或策划小组，分析策划项目，回顾相关知识点，进行市场调查和资料收集。

第三步，各策划公司或策划小组在教师的指导下完成项目策划书初稿。

第四步，教师选择1～2个策划小组，对策划项目进行通报，有条件的情况下，应做出策划通报 PPT，提供模拟的策划通报场景。

第五步，教师组织对宣讲的策划小组的通报进行评议，有条件的向同学们展示和讲解企业的真实策划方案或者优秀策划案。

第六步，各策划小组根据教师的评价意见，对策划方案进行修改，完成营销策划书。

第七步，教师组织对策划方案完成情况进行考核，作为过程考核的依据。考核可适当引入企业、策划公司、学生参与。

4. 如有需要，使用者可与编写组联系，编写组可以无条件提供实战训练项目有关的优秀策划案或通报 PPT，作教学参考。编者邮箱：lyelye@ gcp. edu. cn。配套的共享型教学资源库将在近期完成，更方便教师和读者使用。

《营销策划实务》编写组

2013 年 5 月于广州

目 录

单元一　岗位认知

知识目标：

1. 熟知营销策划岗位的工作职责。
2. 熟知营销策划岗位的任职要求。
3. 熟悉营销策划创意开发的途径。

技能目标：

1. 能掌握营销策划的基本工作程序。
2. 能根据营销策划岗位能力和素质要求，不断进行自我完善。

第一部分　营销策划岗位招聘公告示例

——某知名报刊上刊登的四则招聘公告

一、某著名地产公司的招聘公告

销售策划部：

副总经理/区域经理

（1）45 岁以下，本科以上学历，营销类专业。

（2）10 年以上地产行业营销管理工作经验，其中 3 年以上同等职位工作经验，能统筹多个大型地产项目的营销策划工作，熟悉商业地产（商铺、写字楼、公寓）项目推广策划工作者优先。

（3）有敏锐的市场触觉、优秀的分析能力、组织协调能力和团队带领能力。

项目经理

（1）40 岁以下，大专以上学历。

（2）6 年以上相关工作经验，其中 3 年以上同等岗位经验，能够独立负责大型地产项目的营销策划和销售推广工作，了解广州及周边地区的地产营销市场，对项目的前期调研、定位以及营销推广、销售管理等全过程管理均有实操经验。

（3）具有优秀的沟通协调能力和抗压能力。

项目主任

（1）35 岁以下，大专以上学历，营销类专业。

（2）3 年以上相关工作经验，熟悉地产项目市场调研、方案策划、组织推广等工作。

（3）能承受较大的工作压力，对地产行业销售策划工作有较高的热诚。

销售经理

（1）大专以上学历，5年以上房地产销售经验，其中3年以上同等岗位经验。

（2）具有大型商业项目（商铺、写字楼等）销售经验者优先，具备良好的销售沟通技巧及客户服务精神，能承受较大的工作压力。

销售代表

（1）大专以上学历，2年以上房地产销售经验，具备较好的销售业绩，具有大型商业项目（商铺、写字楼等）销售经验者优先。

（2）具备较好的销售沟通技巧及客户服务精神。

市场调研员

（1）大专以上学历，2年以上房地产行业工作经验，有市场调研经验者优先。

（2）熟悉广州地产市场，善于收集分析市场信息。

（3）具备较好的市场敏锐度及分析能力。

二、某知名零售企业集团营销策划岗位招聘公告

（1）专科以上相关学历，35岁以下。

（2）2年以上零售工作经验，有商业策划推广经验者优先。

（3）时尚触觉敏锐，创意丰富。

（4）具有较强的营销策划和文案写作能力，能独立策划营销推广方案并组织实施商店促销活动。

三、某企业高级品牌经理岗位招聘公告

（1）大专以上学历，市场营销、广告学、经济学等相关专业。

（2）5年以上大型快速消费品企业营销策划和广告管理经验。

（3）具有良好的策划能力、分析能力、谈判能力和执行能力。

四、某地产投资公司营销策划助理岗位招聘公告

（1）3年以上工作经验，大专以上学历，房地产、营销、经济类等相关专业。

（2）具有一定的分析及文字表达能力。

（3）懂得商业广场的商铺、写字楼物业的租售策划、市场分析、业务跟进、客户拓展等工作。

（4）熟悉办公室软件操作等电脑技能，积极主动，有进取心。

（5）有房地产及商业项目的市场调研和分析的经验，并能撰写相关文案。

（摘自《广州日报》，2011年12月12日）

从以上四个真实的招聘公告可以看出什么?

(1) 营销策划岗位是企业营销工作的核心岗位。营销策划能力是营销人员必须具备的技能。

(2) 营销策划岗位的一般任职要求是：具有大专以上相关专业学历、一定的理论基础和实践经验、相关的行业知识。

(3) 营销策划人员须具有策划能力、分析能力、创意思想、文字能力、执行能力。当然根据企业规模的不同，策划岗位层次的不同，如策划员、策划助理、策划经理、策划总监等，具体的要求各有侧重。

(4) 营销策划人员需要具有良好的心理素质。

第二部分 知识链接

一、认识营销策划

营销策划是策划人围绕企业目标，针对具体的策划对象，根据企业现有的资源状况，在充分调查、分析市场营销环境的基础上，激发创意，制定企业具体市场营销目标，并确定可能实现的解决问题的行动方案的过程。

营销策划是把策划理论与技巧在企业市场营销活动的运用，是对企业的经营资源和营销手段进行系统的设计、规划和安排。

营销策划的对象是企业特定的营销问题。

营销策划的基础是市场分析和环境预期。

营销策划的目标是企业的战略目标和绩效要求。

营销策划，既可以是对企业营销活动全过程的战略性谋划，也可以是对企业营销过程中某一阶段、某一产品或某项活动的策略性战术谋划。

营销策划的分类如表 1－1 所示。

表 1－1 营销策划的分类

分类标准	类　别	含　义
按照营销策划在企业总体战略中所处的层次划分	战略性营销策划	企业为适应环境变化，谋求长期生存和可持续发展，对关系企业战略目标能否实现而进行的全局性、纲领性和方向性谋划。 包括市场定位策划、市场竞争策划、企业形象策划、品牌形象策划等
	战术性营销策划	企业为保证营销战略目标的顺利实现，按照战略规划所确定的大政方针，对某一营销项目所进行的短期性、局部性策划。 包括企业产品策划、价格策划、分销渠道策划、促销策划等

续上表

分类标准	类别	含义
按照营销策划承担者的归属划分	内部自行策划	由企业内部的营销策划人员和有经验的专业人员、管理人员自行承担的策划
	委托外部策划	“借助外脑”，聘请企业外部专业的咨询策划人或机构进行的策划
	内外协作策划	以内部策划或外部策划为主，内部策划人员、外部专家、学者联合进行的策划
按照营销策划所涉及的范围划分	综合策划	对所策划的营销项目进行全过程、各环节的系统性、整体性策划
	单环节策划	是对所策划的项目的某一部分、某一具体环节所做的策划

二、营销策划岗位的主要工作职责

一般来讲，营销策划岗位的工作人员主要包括企业营销策划部门、销售部门、市场部门等从事营销策划相关工作的人员，专业营销策划咨询公司的工作人员。

随着我国市场经济的发展，企业营销活动越来越重要，营销策划工作也越来越专业化。叶茂中策划、锐动智成、北大纵横等都是市场上有一定知名度的专业策划咨询公司，创造了许多著名的、成功的营销策划案例。

企业营销策划相关岗位的主要工作职责包括：

（1）根据公司发展战略组织制定公司营销战略规划，参与公司重大经营决策。

（2）负责组织收集国内外相关行业政策、竞争对手信息、客户信息，分析市场发展趋势，为重大营销决策提供建议和信息支持。

（3）对营销工作状况进行跟踪控制，定期、准确地向公司总经理和相关部门提供有关销售情况、费用控制情况、销售收入等反映公司营销工作现状的信息。

（4）制定年度营销工作目标和计划，提请公司高层决策，总体部署并组织营销计划的执行。

（5）选择营销策划代理公司。负责代理公司的选拔和淘汰，审定代理公司提交方案的合理性、创造性及与公司战略目标的一致性，协调代理公司与本公司之间的工作关系。

（6）负责营销策划项目方案的制定、组织执行和信息反馈。

三、营销策划岗位的任职要求

营销策划人员应具有良好的职业品德、一定的策划执行能力和实践经验，能够运用所掌握的营销策划知识、方法和手段，在进行市场营销环境和市场购买行为分析基础上，为企业制定各种营销策划的方案并组织实施。营销策划岗位具体任职要求如表1－2所示。

表1－2　营销策划岗位的任职要求

任职要求	内　　容
能力要求	创新能力： ①要在商战中取胜，最大的法宝就是创新； ②创新能力是基于学习能力之上的创造、更新，创新就意味着突破； ③策划就是通过对资料、信息的整理运用，谋求一种突破； ④从策划主题的产生、选择到构思的精细巧妙，从方案的表现、描述到建议的实施，每一个阶段都需要创新能力
	调研能力： ①指策划人对项目现状的分析并预测未来趋势的能力； ②策划活动必须建立在对相关情况的充分掌握和深刻研究的基础之上； ③策划人必须积极主动地进行调查分析，以便正确认识和把握策划目标和策划对象； ④拥有良好的信息搜集能力，敏锐地把握点滴有用的信息，对于策划人至关重要
	组织能力： ①指策划人能够根据策划本身的要求将策划资源进行有机结合的能力，也就是对人、物、事的统筹安排能力； ②在任何一个策划活动中，个人能力再强，如果没有团队的合作，也难以发挥作用，策划是一项集体活动，需要策划团队中每一个策划人的通力合作，才能形成策划效益
	学习能力： ①策划人员要有竞争力和应变力，首先要有学习能力； ②策划人员只有通过不断学习，才能以引导者的身份不断创新。策划人要掌握有效的学习方法和科学的思维方式，能在较短的时间内领会所涉及的新领域、新学科的要点和实质，在策划工作中能举一反三； ③策划人既要向书本学，更要向企业、市场、专家、实践学，这样才能真正把握鲜活的、内在的、关键的和有效的东西
	整合能力： ①策划人的整合能力，是指策划人对信息情报资源的大量和高效的占有能力； ②策划人应该能够把各种资源要素整合在一起，协调各方面的力量形成合力； ③策划人的整合能力是有前提的，只有占有足够多的信息和资源，进行理性分析之后合理取舍，才能使策划活动具有创造性
	执行能力： ①策划人不仅要勤于思考，更要敏于行动； ①出色的策划人不仅善于创意，更要有将其付诸实践并在实践后能取得良好效益的能力

续上表

任职要求	内　　容
知识要求	综合性： 策划人要具有较为广泛的知识结构，包括营销、广告、策划、公关、调研、产品或服务行业概况、消费心理、流行趋势、政策法律、社会热点等方面的知识
	系统性： 策划人不仅要注意知识的收集、积累，而且要注意对知识的消化、理解和贮存，将各种知识的内在联系弄清楚，形成体系
	开放性： 随着经济和科学技术的发展，知识正以前所未有的速度更新，策划人要不断汲取新知识，并从实践中提炼和概括新的经验，调整和丰富原有的知识结构，使知识结构处于动态发展之中
	实践性： 策划人要向书本学习，更要向企业学习，向市场学习，在策划实践中动态地学习，真正把握鲜活的、内在的、关键的、有价值的东西
素质要求	社会公德和职业道德： ①具备良好的社会公德和职业道德，遵守行业的道德规范； ②以诚信为本，注重自身信誉，也切实保证客户的信誉； ③实事求是，重视论证，追求策划方法的科学性、严密性、系统性
	积极、乐观： ①具有积极的工作心态和主动的处事精神； ②从容地面对困难，能够在逆境中迎难而上
	宽容与灵活： 虚心接受别人的意见和建议，不惧他人否定，有勇气接受他人的批评与挑战，不断完善策划方案，以提高策划方案的有效性
	坚韧不拔的毅力： ①坚定不移、不达目的誓不罢休的精神状态； ②遇到各种各样的阻力和困难，能够一如既往地坚持下去

【案例1－1】

营销策划人的“8字诀”

要想成为一名出色的营销策划人，除了需要丰富的工作经验和专业知识外，还必须掌握一些工作诀窍。

1.“察”

调查是一切营销策划的基础，策划成功与否，取决于掌握的情况准不准、全不全、深不深。任何一个项目的营销策划，首先要做到的便是深入调查、访谈，细心观察，尽可能摸清真实情况，掌握第一手资料。除了依靠专人调查外，策划人还要身临现场，细察、深究。

2.“思”

做好一个项目的策划，不仅要三思，甚至要百思、日思、夜思、冥思、苦思。事实证明，许多金点子、新创意，都是在掌握大量第一手信息情报后，在勤思中迸发出灵感火花的。

3.“奇”

商场如战场，战场讲究出奇制胜。营销策划要遵循市场法则，但正中出奇是制胜的法宝。奇就是独特、变化、标新，寻求差异化。事实上，出奇也是职业经理人个性的发挥和张扬，只有依据不同项目特点，扬长避短，量身订制，将个性发挥到极致，才能尽显独特的风貌。

4.“简”

效率就是效益，效率取决于事实过程是否简便、快捷。在追求效益的市场环境下，营销策划方案必须简洁，使人一看明了，可以操作执行。所以，营销策划人员要有较强的理解感悟能力，追求简约、高效的工作作风。

5.“德”

品德是衡量一个人的道德规范标准，人品的好坏，决定着一个人在这个行业的寿命。市场经济是法制经济和道德经济，营销策划人的道德操守和职业道德是安身立命之本，也是个人的无形资产和品牌。

6.“勤”

目前市场的竞争法则不再是“大鱼吃小鱼”，取而代之的是“快鱼吃慢鱼”。营销策划人员必须适应市场变化需求，做到手勤、腿勤、眼勤、耳勤、嘴勤，以提升专业水平，降低市场风险。

7.“信”

讲究诚信、信誉，既是对营销策划的要求，也是做人的基本准则。营销策划人员应以高度的责任心对待所负责的项目，不可敷衍塞责、欺世盗名。

8.“杂”

营销策划要避免单一，讲究资源整合。要做好市场调查、行业背景分析、区域环境分析，研究消费模式，洞悉消费心理，注重营销策略和企业发展战略。要运用经济学、社会学、心理学、美学等知识，掌握现代化的手段，除精通专业外，还要用各种知识武装自己，以便融会贯通、灵活应用。

（摘自孙德禄《营销策划经理岗位职业技能培训教程》，广东省出版集团，2007年9月）

四、策划人的创意思维

一个好的策划离不开好的创意，甚至可以说没有好的创意就没有好的策划，创意是策划过程中策划者智慧的集中体现。

（一）创意的来源

创意是创造性思维过程的结晶。它主要来源于以下几个方面。

1. 来源于生活

丰富多彩的生活，为创意提供了大量的有价值的素材。创意的产生也是为了满足实际生活的需要，只有贴近生活，才能产生新奇的想法或点子。

2. 来源于幻想

创意的产生，很大程度上也来源于人们的幻想。人类正是有了像鸟儿一样在天空自由飞翔的幻想，才有了飞机的发明。很多看似不可能的事情，正是由于大胆的想象，才逐步变成了现实。要想获得好的创意，必须重视幻想的作用。

3. 来源于兴趣

兴趣对于创意的形成有着重要影响。如果我们对某个事物丝毫不感兴趣，那就不会有动力认识它、研究它，创意灵感就无法出现。

4. 来源于积累

灵感的获得也许只是一瞬间的事情，而在灵感到来之前却是需要有大量的知识与经验的积累，需要有大量的思考和准备过程来铺垫的。没有知识和经验的积累，创意的灵感就成了无源之水，无本之木。

（二）创意开发的主要途径

从营销策划的角度讲，创意主要可从两个途径挖掘。

1. 从产品的角度来挖掘创意的灵感

产品是策划的客体。深刻了解产品是产生创意的基础。比如，雕牌洗洁精的广告创意“让盘子唱歌的洗洁精，就是好的洗洁精”，虽然看似简单的一句话，但如果没有对产品精确和深刻的了解，不可能有这样具有说服力的创意。

2. 从受众者的角度来挖掘出创意的灵感

有效的创意是能够打动受众者的创意。所以，要获得不凡的创意，就要深刻地了解受众的需求，然后通过资源和要素所具有的属性来满足消费者的需求。

1995年，中国的感冒药市场已经呈现高度同质化的状态。康泰克、丽珠、三九等品牌凭借强大的广告攻势，已经占有了自己的一席之地。而当时盖天力公司是一个实力一般的药厂。如何在竞争激烈的市场竞争中站稳脚跟？该公司针对一般感冒药的缺点，从受众者的角度，提出了自己独特的功效卖点："白天服白片，不瞌睡；晚上服黑片，睡得香"，迎合了消费者的需求。借助这样有的放矢的创意，该公司产品在市场中脱颖而出。"白加黑"在市场上的震撼，成为中国内地营销传播史上的奇迹。

（三）创意思维的培养

1. 深入生活、观察和体验生活

生活是创意的来源之一。通过对现实生活的仔细观察和深刻体验，策划人的观察能力和感悟能力不仅可以得到提高，而且还可以学会从多角度认识问题、分析问题。因此，策划人要培养创意思维，就必须从日常生活入手，学会善于观察、体验和深入生活。

2. 培养广泛的兴趣

兴趣对于创造性思维的形成与拓展具有重要的影响。因为有了兴趣，人们才会对问题进行关注、思考、探索与发现，才会有创意的产生。培养广泛的兴趣，对于策划人创意思维素质与能力的提高有很大的帮助。

3. 知识的储备与积累

离开知识的储备与积累，创意就成了无源之水、无本之木。因此，策划人要注意对知识的广泛涉猎和积累，不仅要学习与策划相关的知识，还要注意积累其他领域的知识。只有具备丰厚的知识储备和积累，策划人员才能够更好地进行策划与创意活动。

五、营销策划的工作程序

营销策划是一项创造性工作，为了保证营销策划工作的质量，营销策划的实现必须按照一定的程序和步骤进行。只有工作过程的质量才能保证工作结果的质量，营销策划工作的一般程序如图1－1所示。

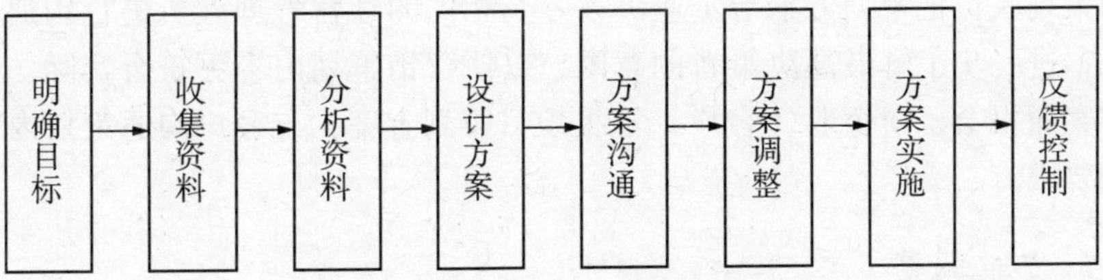

图1－1　营销策划工作的一般程序

（一）明确目标

根据企业的战略发展和营销工作需要，确定某一次营销策划工作的目标。目标要具体、准确。

营销策划目标一般包括两个方面：

一是目标体系的构成；二是目标值的确定。

构成目标体系的主要项目因不同的营销工作需要而各有特点，如：增加销售量、提高市场占有率、提高品牌知名度、增加顾客认知度或美誉度、改善产品品牌形象，等等。

（二）收集资料

分析营销策划环境，对营销方案产生的背景条件及影响因素进行分析。要对影响到营销策划成效的各种环境因素作出较全面的分析与评估。

此阶段是营销策划的基础。资料搜集可以分成两部分，即第一手资料的收集和第二手资料的收集。

第一手资料的搜集包括进行市场调查、召开座谈会、参加产品介绍会等。

第二手资料的搜集包括通过图书、报纸、网络等查找文献，分析企业统计报表、销售报表、财务报表、企业经营计划，向其他企业或专业公司购买等多种形式。

营销策划人员在策划时必须尽可能多地掌握各种背景材料和现实情况，包括有利的和不利的因素，对营销的机会及企业的资源特征进行分析和说明，有的放矢，扬长避短，从而建立起企业及产品的竞争优势。

（三）分析资料

对于搜集到的资料进行系统整理，仔细分析，从复杂的数据中归纳出核心问题所在，把握住企业所处营销环境的真实状况，并对今后的发展趋势与方向作出预测。

（四）设计方案

根据策划目标和对策划环境的分析，通过创意、研讨和论证，设计营销策划的具体方案，并撰写营销策划书，阐述策划的背景、目标、行动方案、实施计划等方面的具体内容，并进行费用预算，或根据费用情况对方案进行调整。

（五）方案沟通

营销策划人员把策划方案与企业决策者及相关的经营管理人员进行沟通，听取他们的意见，进一步了解最高决策者的意图，以使营销策划内容更符合实际。也可以通过策划方案通报会，向企业（客户）汇报项目策划方案，与客户沟通策划内容是否达到企业的要求。

（六）方案调整

通过与企业决策人员和经营管理人员的沟通，可能会发现原先设计的营销策划方案有不合理的地方，或者达不到企业（客户）的要求，根据反馈意见对营销策划方案进行调整。

（七）方案实施

策划方案的组织实施，可以由企业完成，也可委托专业公司完成。此过程的关键是使策划方案能够得到彻底的执行，保证策划目标的实现。

（八）反馈控制

对营销策划实施效果进行评估，看看营销目标是否达到，是否有差距存在。如果有差距存在，则要找出原因，以便对下一个营销策划项目进行调整。

第三部分 练习与思考

一、选择题

（1）战略性营销策划包括（　　）。

A. 市场定位策划　　B. 市场竞争策划

C. 企业形象策划　　D. 促销策划

（2）企业营销策划相关岗位的主要工作职责，包括（　　）。

A. 负责组织收集国内外相关行业政策、竞争对手信息、客户信息，分析市场发展趋势，为重大营销决策提供建议和信息支持

B. 对营销工作状况进行跟踪控制，定期、准确地向公司总经理和相关部门提供有关销售情况、费用控制情况、销售收入等反映公司营销工作现状的信息

C. 制定年度营销工作目标和计划，提请公司高层决策，总体部署并组织营销计划的执行

D. 选择营销策划代理公司。负责代理公司的选拔和淘汰，审定代理公司提交方案的合理性、创造性以及与公司战略目标的一致性，协调代理公司与本公司之间的工作关系。

（3）营销策划工作人员需具备（　　）的能力要求。

A. 创新能力　　B. 调研能力　　C. 组织能力

D. 学习能力　　E. 整合能力　　F. 执行能力

二、判断题

（1）营销策划就是策划人围绕企业目标，针对具体的策划对象，根据企业现有的资源状况，在充分调查、分析市场营销环境的基础上，激发创意，制定企业具体市场营销目标和确定可能实现的解决问题的行动方案的过程。（　　）

（2）战术性营销策划是企业为保证营销战略目标的顺利实现，按照战略规划所确定的大政方针，对某一营销项目所进行的短期性策划。包括企业产品策划、市场竞争策划、价格策划、分销渠道策划等。（　　）

（3）营销策划是一项创意性极强的工作，要靠灵感，不需要按照科学的工作程序。（　　）

（4）创意能力是天生的，不需要后天培养。（　　）

（5）有效创意是能够打动受众者的创意。（　　）

三、简答题

收集5个著名的营销策划创意案例，并分析它们的主要创意思维。

第四部分　实战训练项目

——如何成为一名合格的策划人

一、项目目标

通过该实训项目，使同学们认识到成为一名合格的营销策划人所必须具备的知识、能力和素质要求，在以后的学习和实践中，能够不断完善自己，逐步成为一名优秀的策划人。

二、项目实训步骤

（1）教师引导学生学习营销策划岗位的任职要求（见表1－2），并列举中国著名的策划人进行案例分析。

（2）学生根据所学知识，依据自己的情况进行对比分析，并列出对比分析表（见表1－3）。

（3）学生在进行对比分析的基础上，提出自身能力的提升计划。

表1－3　营销策划岗位任职要求对比分析表

填表人：　　　　　　　专业年级：　　　　　　　填表时间：

任职要求	内容	对比分析	提升计划
能力要求	①创新能力； ②调研能力； ③组织能力； ④学习能力； ⑤整合能力； ⑥执行能力		
知识要求	①综合性； ②系统性； ③开放性； ④实践性		
素质要求	①社会公德和职业道德； ②积极、乐观； ③宽容与灵活； ④坚忍不拔的毅力		

（4）教师选取代表学生在班级进行汇报，并组织班级讨论。

（5）教师根据学生们的汇报和讨论，进行点评。

（6）课程结束时，可以再让学生分析，通过这一学期的学习和实践，自身的哪些方面的知识、能力和素质得到了提升。

三、项目实训要求

每位同学完成富有质量的“营销策划岗位任职要求对比分析表”（见表1－3），并在下一阶段课程学习和实训过程中，在教师的指导下，注意自身素质培养、职业技能训练，期末对自己一学期的成长进行总结。

四、项目考核方式

由教师主导对每位同学此项实训进行评价，教师可以根据具体情况对评价指标进行细化，可考虑学生参与互评。

表1－4　营销策划岗位任职要求对比分析实训评价表

被评价同学：　　　　　　　　专业班级：　　　　　　　　评价教师：

项目	内容	参考标准	分值	得分	备注
1.	对比分析	客观、透彻、准确，能够发现问题	40%		
2.	提升计划	具体、可行、明确	40%		
3.	汇报与讨论表现	积极参与汇报与讨论	20%		
合计			100分		

【练习与思考】参考答案

一、选择题

（1）ABC　（2）ABCD　（3）ABCDEF

二、判断题

（1）√　（2）×　（3）×　（4）×　（5）√

三、简答题

略

单元二　撰写营销策划书

知识目标：

1. 熟知营销策划书的基本结构。
2. 熟知营销策划书撰写的原则。
3. 掌握营销策划书撰写的技巧。

技能目标：

1. 能够撰写营销策划书。
2. 能对营销策划书进行评价和分析。

第一部分　策划方案示例

——某品牌 PDK－T 20 型达发饮水净水消毒器广告推广策划书

目录

正文

一、导语

PDK－T 20 型达发饮水净水消毒器推广广告策划，重在突出“普通家庭必备的保健用品”的宣传热点，其广告对象主要指向广州地区普通市民用户及饮用水单位等早期使用者。第一阶段广告目标为创立品牌，实现知名度。广告应实现的目标，是创造出消费者为健康而产生的必要的消费要求。整个广告重点放在开拓市场上，广告系列以“告知”为策略，使用组合媒体实施发布，促进销售。

二、产品分析

(1) P（净化）—D（消毒）—K（杀菌）。本产品集净化、消毒、杀菌于一身，且能软化水质，并一次性过滤完成，是只具有净化功能的过滤水器难以企及的。

(2) 结构工艺科学先进。本产品内部结构工艺采用药物介质，所以不但能净化水，而且能起杀掉病毒（肝炎、大肠杆菌、伤寒、痢疾杆菌）、有害物质（氯化物、工业溶剂、农药）和清除大部分重金属（砷、铬、镉、铅、锌）及除去致癌物质（亚硝酸银，并去除异臭、异味）。这比起只能净化水质的一般滤水器以载溴或载磺的活性炭为介质先进、科学、安全得多，效能大得多。

(3) 价格便宜。价格只相当于国内一般滤水器价格或同类进口产品的1/4。长期使用，只需要定时更换药物介质的过滤芯而已。

(4) 制件标准化。能直接安装配套在家用水龙头上，且体积小，轻巧方便。有与现代厨房器具配套的豪华漂亮外观，安装简单，操作简便。

(5) 节省燃料支出。使用一个药物介质滤芯，以T 20型为例，可过滤饮用水（可满足一家3口10个月以上用水），为家庭节能，减少燃料费开支。

(6) 军用转民用的神秘性。此产品技术原为军工科研成果。众所周知，传说在中越自卫还击战中，在“猫耳洞”中的我军战士使用的“魔笛”（吸用恶劣水质的野地水而不受感染病菌），便是这一产品的前身。先进军工科技使PDK达发颇带点神秘性，易诱发消费者的信任感和崇拜感。

(7) 出口转内销的印象好感。此产品墙内开花先在墙外香，在外销时大受消费者欢迎，现在转入国内市场推出，这种先外后内，极易做成产品的品位好印象。

(8) 符合国家国际标准水质要求。产品经防疫部门鉴定和第一军医大学测定通过，并有翔实权威测定鉴定报告书，符合以下两个文件要求：《中华人民共和国生活饮用水卫生标准》、《世界卫生组织生活用水建议值》。

由此，归纳PDK达发的特点是：物美价廉的具有净化、消毒、杀菌功能的最新、最先进的滤水装置。最突出的产品个性是：净化消毒和杀菌一次性完成——PDK。

三、市场分析

（一）市场需求

(1) 广州地区近年来频频发出自来水水源水质遭受污染的警报。

(2) 广州人口最稠密的老城区，自来水地下输水管道历史悠久，已呈老化。饮食用水在漫长的输送过程中存在二次污染危险。

(3) 随着人们生活水平的提高，对水的质量要求越来越高。

（二）市场研究

由于以上的市场需求，也曾启动过滤水科技产品的蜂起和竞争，但目前市场上的滤水装置产品，一般的仍只停留在“净水”功能上，或“矿化”、“磁化”添补上。能与PDK达发竞争的同类对手产品只有“AA”和“BB”。“AA”是两用滤水功能，既可供原水，又可供滤水，但却用机械阀调节，易产生肉眼看不到的渗漏，造成原水和滤水的混乱。“BB”在上海市场投入，却并非以家庭为主。由此可见，在广州地区这个市场上，由于：①强化了净水消毒杀菌（PDK）功能的一次性完成；②唯一的过滤用法，保证每滴水都经过处理；③广州人生活水平较高，讲究饮食文化，同时健康身心的需求强烈，厨房文化开始萌生，使用器具既求实用又求美观（豪华）；④产品价钱便宜，安装方便，所以，PDK达发更易为广州消费者接受。

四、广告策略

（一）广告产品定位

产品在市场上的价值、定位应从消费者心理需求的最大满足出发，应使消费者对PDK达发的个性有足够的重视程度，那么定位应使用“功效定位法”为主，并辅以“市场定位法”。即：

（1）功效定位：“保健用品”。

（2）市场定位：“普通家庭”。

所以，PDK达发产品定位设定为“普通家庭保健品”。

（二）广告产品策略

在广州市场，PDK达发无疑是处在产品生命周期的引入期，其广告产品策略应确立为：

（1）广告阶段：初级阶段。

（2）广告目标：创品牌，让社会、市场认识“集PDK于一身”的达发。引导消费者为保身心健康使用PDK达发必要性的认识。

（3）广告战略：开拓市场，特别是广州市场。

（4）广告策略：重在告之。向消费者告之PDK达发的品牌与其保证健康的原因，加以展示（示范其构造、工艺物质）。

（5）广告对象：普通的市民家庭和餐饮单位，特别是早期使用者、试用者。他们可能是：具备起码保健常识的家庭购物决定者，曾是传染病感染受害者，关心自己的健康者，家有老人、小孩者，以及标榜卫生条件好的饮食业，等等。

（6）广告媒体策略：运用多种媒体组合，做同一主题内容的广告，这样较有利于运用多种媒介宣传统一的广告内容，能迅速提高消费者对产品的认知度，达到创品牌目标。

五、广告主题

从广告决策与产品个性及消费者需求结合出发，统一的广告主题拟定为——“进入每个家庭，保证每一个人的健康”。

六、广告媒体实施计划

使用组合媒体同时实施发布。

（一）新闻发布会

利用舆论媒介的权威性与可信度，迅速传递 PDK 达发进入市场的信息，新闻发布会策划如下：

(1) 邀请各新闻单位。尤以“三报两台”［《羊城晚报》、《南方日报》、《广州日报》与广东（广州）电视台、广播电台］为主。

(2) 邀请舆论权威做肯定宣传。如请防疫部门负责人，专家，保健医生，传染病、肠胃病、儿科医生，环保专家，儿童福利工作者，中小学幼教部门负责人出席。选择舆论权威应尽量注意客观性和公益代表性，以增加产品信任度和产品的社会效应。

(3) 厂家研制者介绍产品开发的科技原理和制作工艺先进性，展示产品构造并作现场安装，发布内容强调：

1）先进科技，军工背景；

2）先出口后内销的先入为主感；

3）和一般净水器迥然不同，和同类产品拉开的优越差距；

4）在不得罪自来水公司和环保部门前提下，强调二次污染、水质复杂的危险性；

5）价格便宜，适合普通大众消费水平；

6）切实许诺售后一条龙服务。

(4) 宣传企业和产品为保障人民健康而尽力的形象。

(5) 赠送产品，鼓励来者试用（留下地址，上门安装）。

（二）“软性”广告

软性广告给消费者感觉更加真实、自然、容易接受。

在《羊城晚报》、《广州日报》、《南方日报》等生活专栏，刊登如《“神笛”的故事》等有情节的文章、科普文章等，诱发消费者的好奇心和好感。

（三）POP（现场售点广告）

新科技产品，消费者特别担心可信度，家庭日用品又特别重视安装、维修、寿命诸问题的咨询。POP 是“做到终点的广告”，是做到消费者手上的广告，作为进入市场的“陌生人”——PDK 达发有必要更多地在 POP 中接近消费者。

1. 在商场橱窗或大厅或售点柜台或推销点播放广告片录像。此广告宜为系列性

第一，版本为在常规媒体中播放过的广告片。

第二，版本为 2～3 分钟的详细产品介绍，以及与一般净水器功能比较展示，可以图示或卡通的形式介绍，以理性诉求为主。

第三，版本为更详尽的此产品的源起、研制、军工试用资料录像，制造流程，使用方式，安装、维修、换件方法，以及鉴定材料、数据显示等内容。

以上三版本宜连续反复播放，如因预算所限只择一条，则以第二版本为宜。

2. 组织推销员现场推销、展示

（1）推销劝说内容重点：

1）水质担忧；

2）PDK 达发的优越个性；

3）健康的重要性；

4）产品的价格优势；

5）售后服务的优良。

（2）推销示范要求：

1）灵活拆卸展示内部结构；

2）迅速示范安装，教会更换药物介质过滤芯；

3）推销员主动示范饮经过过滤的自来水等。

（3）推销摆设道具：

产品说明书、效果测定水质含量比较表（重点揭示细菌总数和大肠杆菌总数），以及各级防疫卫生部门、科研机构鉴定影印件。

3. 销售点张贴悬挂海报印刷广告

（四）常规媒体广告

1. 印刷广告

印刷广告有宽松弹性篇幅，可以容纳新产品所需的较详细的信息。

提示：报纸广告应图文并茂，以文为主，版面简单清晰。可考虑分点罗列产品个性特点，勿忘售后服务许诺的资料。

招贴（海报）广告的标题要突出，“保健”的主题要鲜明。版面要突出产品外观写实摄影彩照，及分拆出来可更换的药物介质过滤的实物照，整组照片透露出轻盈豪华美观的风格。可不用模特或其他的衬托，整幅海报力求画面整洁，底色以冷色调的天蓝色渐变过渡到白色，使人陡增清新、净洁、明丽、纯洁、怡静的联想，富有诱惑力。

2. 电视广告

电视广告中的创意表现如下：

（1）理性诉求是卡通和图解展示产品个性长处。

（2）感性诉求广告类。

1）以家庭卫生教育感化（创意显示）：

①母亲对运动完后大汗淋漓的儿子随便喝自来水的惊讶和反对；

②带点神秘状的父亲魔术般地及时装上 PDK 达发；

③母亲转忧为喜，转怒为笑；

④儿子开怀大喝状；

⑤父亲含蓄微笑，皆大欢喜。

2）家庭卫生氛围渲染（创意显示）：

①现代化厨房环境；

②主妇在装有PDK达发净化器前使用表演；
③道白（内容：自从有PDK达发能解后顾之忧的解说）；
④小儿缠膝想要拧PDK达发开关，父亲近前深情地亲吻；
⑤合家一派幸福、温情、陶醉状。
3）警吓式严重后果冲击（创意显示）：
①家中（或在大排档）进食；
②大人、小孩感染疾病；
③救护车鸣叫飞驰；
④医院走廊匆匆脚步；
⑤化验室紧张肃然气氛；
⑥急诊室外长椅上，家属恐惧惊骇的神色；
⑦口罩上化验员冷峻的眼光盯着举起的试管；
⑧医生手中化验单上“大肠杆菌”之类的红字；
⑨病床上病人的辗转呻吟；
⑩医生（做主持人）手持PDK达发作严肃的推荐。

3. 广播广告（电台广告）。可以考虑适量的广播（电台）广告，广告词提示：短促有力，对消费者有强烈的刺激，有足够的鼓动性，品牌的多次重复

广告时间提示：早、午、晚备餐时间发布。

七、广告文稿设定

组合媒体均可在如下广告文稿中选择。

（一）广告标题

(1)“何止净水这么简单。”
(2)“想健康，快把‘达发’装。”
(3)“达发净水消毒器，是你健康的保证。”
(4)“一箪食，一瓢饮，达发净水消毒器，万家乐，乐万家。”
(5)“金猴奋起千钧棒，达发澄清万户流，达发净水消毒器是你增强健康的保证。”
(6)“保证每一滴水都得到过滤。”

（二）广告口号

拟可用，或不用，或与标题同一（即亦以此口号作标题）。供选择：
(1)“您想全家都健康，为什么不从现在就开始使用达发净水消毒器?”
(2)“想要得到健康，快把‘达发’装。”
(3)“不装‘达发’的厨房，不是合格（卫生）的厨房。”
(4)“水喉装达发，全把细菌杀（粤语）。”

（三）广告正文

根据各媒体广告另拟（略）。

八、广告效果测定

（一）广告效果测定

为检查广告决策和监督实施，也为改进第一阶段设计，提高第二阶段信心，有必要在第一阶段广告结束后进行效果测定。

（二）测定办法

（1）销售效果测定。第一阶段广告周期结束后销售量增加率。

（2）广告传播效果测定。可用销售点前随机抽样回答或测试消费者对广告的理解度和记忆度、产品的知名度、消费心理的变化、购买预期等。

（改编自潘小珍、李艳娥等《新营销策划》，中山大学出版社，2009 年 3 月）

九、广告预算（略）

该策划书是某品牌 PDK－T20 型“达发”饮水净水消毒器广告推广策划书，通过对这篇策划书的阅读和学习，我们可以：

（1）了解一般的营销策划书所具备的基本结构：标题、目录、正文，以及正文部分涵盖的主要内容，如市场分析、产品分析、定位、具体的营销策略、预算等。

（2）体会策划书撰写的结构要求和技巧，为后续的学习和实训奠定基础。

（3）把项目策划书与本单元的理论知识进行比照学习，可以使学习者更快、更有效地掌握策划书撰写的原则、技巧，具备独立完成营销项目策划的能力。

第二部分　知识链接

一、营销策划书的结构和内容

营销策划书是营销策划方案的书面表达形式，是营销策划活动成果的具体体现。不同的营销策划书有不同的形式和侧重点，没有一成不变的格式。依据产品或营销活动的不同，策划书在内容与编写格式上也有所变化。

从营销策划活动的一般规律来看，一份完整的营销策划书的基本结构大致有以下几个部分：

（1）封面。

（2）前言（概要）。

（3）目录。

（4）环境分析：策划的依据和基础。

（5）营销目标：明确营销策划的目标和任务。

（6）行动方案。

（7）成本预算。

（8）方案执行与控制。

（9）结束语。

（10）附录。

（一）封面

封面是策划书的脸面，阅读者首先看到的是封面，因而封面能起到第一印象的强烈视觉效果。

策划书的封面设计要醒目、整洁、大方，切记花哨，至于字体、字号、色彩则应根据视觉效果来定。

封面的内容大致要包括四个要点：

一是取一个简明扼要的标题。标题要简洁明了，有时为了突出策划的主题或者表现策划的目的，也可以加一个副标题或小标题。

二是标出委托方。如果是受委托的营销策划，那么在策划书封面要把委托方的名称列出来。

三是标明日期。日期应以正式提交日为准。不应随随便便定一个日期，同时要用完整的年月日表示。

四是标明策划者。一般封面的最下部要标出策划者。如果策划者是公司，则需要列出企业全称。

【案例2-1】

策划书封面（样板1）

编号：　　　　　　　　　　　　　　　　密级：

××新产品上市推广策划

策划委托人：

策划公司：

策划人：

联系电话：

策划完成时间：

策划执行时间：

【案例2-2】

策划书封面（样板2）

××产品A地区2011年广告策划方案

策划委托人：

策划公司：

策划提交时间：

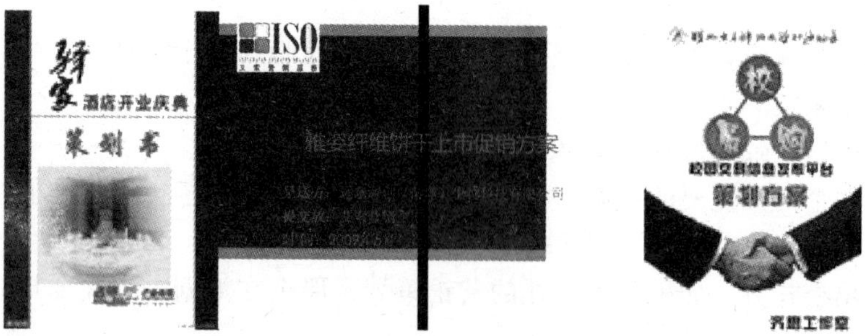

（二）前言（概要）

前言的作用在于引起阅读者的注意和兴趣，前言的文字不能过长。

首先可以简单提一下接手营销策划委托的情况。如：××公司接受×公司的委托，就××年度的营业推广活动进行策划。

接下来可简要叙述策划者的基本思路、策划的过程，以及策划实施后要达到的理想状态。

（三）目录

目录使策划书的结构一目了然，同时也使阅读者能方便地查寻到营销策划书的内容。

（四）市场调研和环境分析

这是营销策划的依据与基础。环境分析一般应包括外部经营环境、竞争环境、企业内部及产品经营优势、消费需求分析等。环境分析的关键是抓住重点，数据翔实，有说服力，准确性高，任何一个带有结论性的说明和观点都必须建立在客观事实分析的基础上。

当然，不同的策划项目，市场调研和环境分析的侧重点不同，详见表2-1。

表2-1　市场调研和环境分析的主要内容

行业动态调研及分析	①行业饱和程度； ②行业发展前景； ③国家政策影响； ④行业技术及相关技术发展； ⑤社会环境； ⑥其他因素
目标消费者调研及分析	①消费者背景：收入、受教育程度、年龄、性别、家庭组成、种族、工作等； ②对产品和竞争品的认知及态度：质量、价值、包装、品牌声誉、品牌形象等； ③使用情况：购买动机、购买量、何时使用、如何使用、价值取向等； ④购买角色：决策者、使用者、影响者、购买者； ⑤对现有营销活动的评价：对广告的接受程度、对营业推广的理解等
竞争者的调研及分析	①行业进入、退出成本/壁垒； ②潜在进入者对本企业的威胁； ③竞争者财务状况、财务支出结构； ④竞争企业生产能力、产品质量、生产水平； ⑤竞争企业策划、销售、执行能力的调研； ⑥竞争产品定位、包装、价格、市场目标受众、竞争优势； ⑦替代品的竞争情况
供应能力调研及分析	①可供选择的供应者； ②原材料是否有替代品； ③供应商的讨价还价能力； ④企业对供应商的依赖程度； ⑤供应商的供应能力
中间商能力调研及分析	①中间商的性质：配送商、经销商、代理商（独家代理、总代理……）； ②中间商对本企业产品的依赖（关注）程度：本企业产品占用其资金的比例，给予其利润比例等； ③中间商给予本企业产品的支持：配送能力、资金实力、人力等
企业内部调研及分析	①财务状况、财务支出结构； ②企业生产能力、产品质量、生产水平； ③员工能力、待遇、公司对员工的激励、考核、培训； ④企业策划、销售、执行能力； ⑤产品各品项研究，包括定位、包装、价格、市场目标受众、竞争优势

（五）确定营销目标

根据环境分析和企业的营销期望，制定合理的营销目标。

营销策划的目标通常有：利润率、销售增长率、市场份额的提高，知名度和美誉度的上升，分销网店的增加，等等。

营销策划目标的确定必须满足四个条件：

（1）目标必须按轻重缓急有层次地安排。

（2）在可能的条件下，目标应该用数量表示。

（3）目标必须切实可行。

（4）各项营销策划目标之间应该协调一致。

（六）制定行动方案

这是策划书中最主要的部分。

营销策划方案既可能是一个企业一个年度的整体战略策划方案，也可能是一个小的产品推广或促销活动的具体策划。

行动方案的制定要紧紧围绕营销策划的目标，力争策划目标的实现，浓缩策划团队的创意和思想，并选择最佳的表现形式。

在制定营销策划方案时，最好还制定出一个实施时间表作为补充，以使行动方案更具可操作性。

【案例2－3】

选择相匹配的代言人

有一个防晒产品在冬季做一个公关活动，聘请一位刚产生绯闻的影视明星谈美容护肤的心得体会，主题是“对抗衰老，从防辐射开始”。网络、杂志、报纸、电视都出现了这位明星的美肤新体验。

按厂家的策划，明星谈的内容本应是冬季也需防晒，可在活动过程中，这位明星出于自我炒作的需要，每次都要谈自己的新戏，并澄清与某位富豪的绯闻，职业女性冬季擦防晒霜防电脑辐射这个主要话题，虽然在每个稿子和电视节目中都出现过，但因为这一明星绯闻影响力过大，人们的关注点还是落在了明星的绯闻上。

这次活动虽进行得非常热闹，媒体关注率也很高，但离商家想达到的营销目标差距甚远。营销策划方案一定要紧紧围绕营销策划目标。

（摘自海阔《营销总监实战手册》，广东省出版集团，2011年5月）

（七）成本预算

营销策划方案的预算要具体，例如电台广告、报纸广告的费用等最好列出具体价目表，以示准确。价目表可以作为附录列在最后。用列表的方法进行预算测算比较醒目。

（八）方案的实施与控制

方案的实施从某种程度上说，其工作难度并不亚于对方案的策划。作为完整的策划方案，应明确对方案的实施过程的管理方法和措施，营销策划方案的实施与控制过程如图2－1所示。

对行动方案的控制设计要有利于决策的组织与执行。

在方案执行中可能出现与现实不相适应的地方，因此方案的贯彻必须随时根据市场的反馈及时调整。

为保证策划方案的有效实施，取得预期效果，方案的实施与控制要注意以下事项：

（1）做好动员和准备工作。使参与各方在思想上保持高度一致，同时做好相应的准备，如人员、设备、资金等。

（2）选择好实施的时机。方案实施要精心地选择时机，这也是策划工作的一项重要内容。时机选得好，往往能取得事半功倍的效果。

（3）加强实施过程的调控。在实施过程中，首先要做好任务分解，落实人员，明确责任，帮助实施人员熟悉业务操作规程和操作要求。

（4）做好统筹协调。市场营销是一个有机联系的系统，各部分协调不够，将影响实施效果。

（5）加强检查和评估。随时检查方案的执行情况、实施进度等。如果发现方案设计或实施中有不足，则要及时做必要的调整。评估主要是对实施效果的评估，效果的评估一定要深入分析，找出原因。如果执行效果理想，达到了预期目的，则要注意总结经验。如果执行效果不理想，甚至差距很大，则要客观分析效果不理想的原因，有针对性地解决。

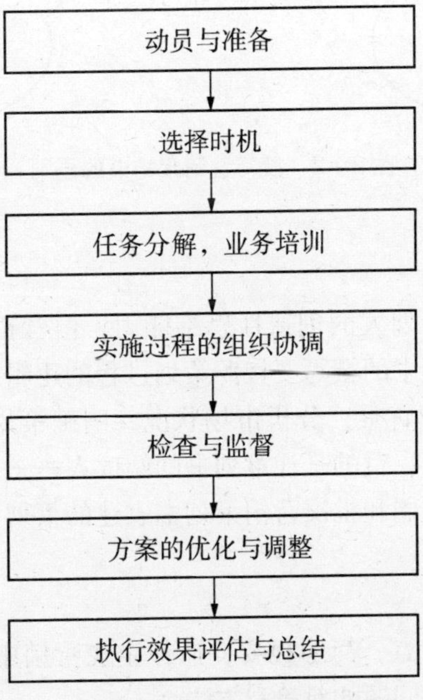

图2－1　营销策划方案的实施与控制过程

（九）结束语

结束语主要起到与前言的呼应作用，使策划书有一个圆满的结束，而不至于使人感到太突然。结束语中可对策划的主要观点进行复述。

（十）附录

附录的作用在于提供策划客观性的证明。因此，凡是有助于阅读者对策划内容的理解、信任的资料都可以考虑列入附录，可以是提供原始资料，如消费者问卷的样本、座谈会的会议记录等。附录也要标明顺序，以便查找。

二、营销策划书的撰写原则

一流的策划，要形成一流的策划书，否则，优秀的策划就会因得不到完整有效的反映或反映的内容和形式不被理解和接受而无法被认同，或得不到准确的执行而无法达到预期的效果和目标。营销策划书撰写的基本原则见图2－2。

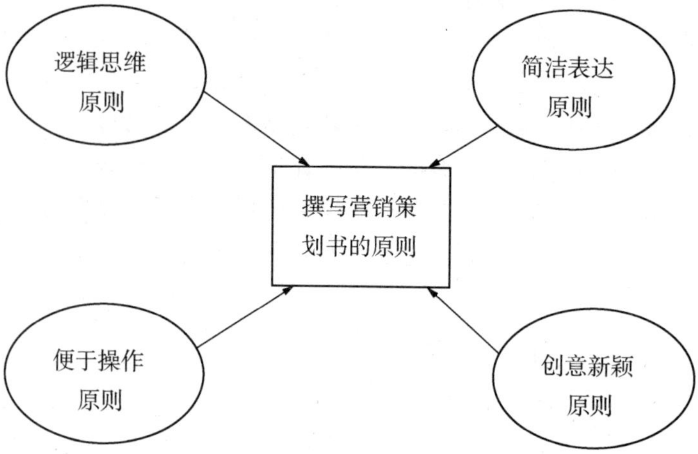

图2－2　撰写营销策划书的原则

（一）逻辑思维原则

营销策划要充分发挥策划人的创造性思维能力，但营销策划书的撰写却要遵循逻辑思维性原则，即营销策划书的撰写要按照策划过程的逻辑思维进行。

营销策划书要交代策划背景，分析市场状况，明确策划主题、描述解决问题的创意和一整套完整的行动方案，目的是让策划书的阅读人——企业的决策者（或委托人）能够领会策划人的意图，认同和批准营销策划书表述的策划方案。

（二）简洁表达原则

策划书的撰写要突出重点，简明扼要，抓住企业营销中所要解决的核心问题深入分析，有针对性地提出解决问题的对策和方法。

策划的主要目的就是解决问题，因而，策划书切忌搞得篇幅宏大，用词生僻，让人费解。

（三）便于操作原则

营销策划书的作用之一是用于指导企业的营销活动，是一份具体的行动方案，涉及营销活动中的每一个人，因此，策划书的可操作性非常重要。不能操作的策划再好也没有意义。

（四）创意新颖原则

策划书中的创意内容要新颖，表达也要新颖，要能给人全新而震撼的感受。因此，策划要有创意，创意的表达手法要新颖，语言要生动，图表要简洁明了。

三、营销策划书的撰写技巧

营销策划书一定要具有可信性、可操作性以及有说服力。在撰写过程中，注意巧妙使用以下技巧。

（一）寻找一定的理论依据

欲提高策划内容的可信性，并使阅读者接受，就要为策划者的观点寻找理论依据。事实证明，这是一个事半功倍的方法。

当然，理论依据要有对应关系，纯粹的理论堆砌不仅不能提高可信性，反而会给人脱离实际的感觉。

（二）适当举例

可通过正反两方面的例子来证明自己的观点。在策划报告中，适当地选择一些代表性的成功和失败的例子，可以增强说服力。

（三）利用数据说明问题

选取确凿的数据作论据，最有说服力。

（四）运用图表帮助理解

运用图表能有助于阅读者理解策划的内容，同时，图表还能提高页面的美观性。除此之外，图表有着强烈的直观效果，用其进行比较分析、概括归纳、辅助说明等非常有效。

图表的另一个优点是能调节阅读者的情绪，调动阅读者的积极性。

（五）合理安排版面

策划书视觉效果的优劣在一定程度上影响着策划效果的发挥。

有效利用版面安排也是策划书撰写的技巧之一。

版面安排包括打印的字体、字号、字距、行距以及插图和颜色，等等。

如果整篇策划书的字体、字号完全一样，没有层次、主辅，那么这份策划书就会显得呆板，缺少生气。

总之，良好的版面设计可以使策划书重点突出，层次分明。

（六）注意细节，消灭差错

细节往往会被人忽视，但是对于策划报告书来说却是十分重要的。可以想象如果一份策划书错字、漏字连续出现，读者们怎可能会对策划者抱有好的印象，继而相信你的策划会赢得消费者的青睐呢！

第三部分　练习与思考

一、选择题

（1）策划书封面的内容大致要包括（　　）。

A. 委托方的名称　B. 标题　C. 日期　D. 策划者

（2）制定营销策划目标，一般要注意（　　）。

A. 目标必须按轻重缓急有层次地安排

B. 尽量少用数量指标

C. 目标越高越好

D. 各项营销策划目标之间应该协调一致

（3）营销策划一般要遵循的原则有（　　）。

A. 逻辑思维原则　B. 简洁表达原则

C. 便于操作原则　D. 创意新颖原则

4. 在策划书中，充分运用图表可以（　　）。

A. 帮助理解　B. 提高页面的美观性

C. 有强烈的直观效果　D. 调节阅读者的情绪

二、判断题

（1）策划书的封面设计要醒目、五颜六色、多姿多彩，至于字体、字号、色彩则应根据视觉效果来定。（　　）

（2）营销策划的依据与基础是市场调研和环境分析。（　　）

（3）营销策划的目标通常有：利润率、销售增长率、市场份额的提高，知名度和美誉度的上升，分销网店的增加，等等。（　　）

（4）欲提高策划内容的可信性，并使阅读者接受，就要为策划者的观点寻找理论依据。事实证明，这是一个事倍功半的方法。（　　）

（5）撰写营销策划书应利用数据说明问题，尽量选取确凿的数据作论据。（　　）

三、简答题

（1）从营销策划活动的一般规律来看，一份完整的营销策划书的基本结构包括哪些内容?

（2）市场调研和环境分析的主要内容有哪些?

（3）在进行营销策划时，对消费者调研与分析主要包括哪些方面?

第四部分　实战训练项目

——分析《海尔冰箱中国农村市场营销策划方案》

一、项目目标

掌握营销策划书的基本结构、写作原则和写作技巧，并能够对营销策划书作简要分析。

二、项目说明

本项目根据中国首届杰出营销策划奖的获奖策划案例改编而成，通过组织学生对本项目的学习和分析，使学生达到掌握营销策划书的基本结构、写作原则和写作技巧，并能够对营销策划书作简要分析的知识和能力培养目标。

项目资料：

《海尔冰箱中国农村市场营销策划方案》

封面（略）

目录（略）

概要

进入21世纪，国内城市冰箱市场竞争日益激烈，海尔冰箱事业部决定实施对国内冰箱市场的战略转移，将目光转向具有良好销售前景的农村市场。

受海尔公司的委托，根据海尔冰箱农村市场营销战略的需要，对农村冰箱市场的需求特征、竞争状态、消费者行为、网络渠道、促销方式、广告宣传、村镇消费习惯、区域消费文化等涉及制定营销策略的信息进行随机抽样问卷调查、整村整队分群问卷调查，通过入户调查和电话跟踪调查等调查方式，在一年多的时间里共进行4次营销调研，发放问卷88105分，回收问卷73797份，有效问卷65845份，最后采用SPSS软件对调查数据进行处理和分析，建立了海尔农村冰箱市场营销数据库。

在充分调查的基础上，经过不断的市场推广试验总结，最后制定了海尔冰箱的“一对一”中国农村市场营销策略。

一对一策略就是根据农村各地区不同的收入和消费行为特征，分别采取直接入户销售、直接对村队的销售促进和对乡镇的销售推广的三个层次的营销手段。

市场调研与营销环境分析

我国大中城市的家庭拥有冰箱率已超过95%，在个别城市已达到99%，而调查显示部分省份的农村冰箱拥有率是22.7%，说明在城市冰箱市场已趋饱和时，农村市场仍处于导入阶段，两者普及的程度相差10多年。

以西门子、伊莱克斯为代表的外资品牌在近两年强劲地崛起，迅速占据了国内约20%的冰箱市场份额。在城市冰箱市场中，以海尔、容声、新飞和美菱等为主的第一阵营与伊莱克斯、西门子等为主的第二阵营之间的品牌之战势不可当。

同时，冰箱市场处于供大于求的状况，竞争趋于白热化。在激烈的市场竞争状况下，只有抢先占有农村市场，才能占得市场先机。

另外，有两个重要的外部原因也促进农村冰箱需求增长。

一是市场的宏观环境渐趋有利。中央把增加农民收入视为扩大内需的重点，改造农村电网，改善农村交通、通信设施等，都成为培育农村冰箱市场的有利因素。

二是农村购买力的提高。近几年我国农村人均收入保持连续增长，农民手中储蓄存款约达9000亿元，这部分资金形成了很客观的购买力。

营销策划目标

此次营销策划的目标有三个：

（1）在农村市场进行品牌推广，让农村消费者接受、认可海尔冰箱。

（2）开发出适合农村需要的、经济适用的冰箱新产品，开拓农村冰箱市场。

（3）寻找适合农村市场的促销方式及新的营销组合方式。

营销行动方案

市场调查结果显示，海尔产品是否能进入农村市场并占有一席之地，在很大程度上取决于5个因素：

（1）产品质量、耐用性、售后服务。

（2）价格合理性。

（3）能运用正确的促销策略，贴近农民。

（4）因时、因地制宜的销售模式。

（5）企业能与农民打成一片，赢得真心。

（一）产品策略：突出实用、耐用

1. 降低冰箱科技含量，生产价低耐用的冰箱产品

开发农村市场产品，须注重科技含量的“平民化”取向，只有以“平民化”面目

才能取悦农民。通过对全国15个省市10362户农民家庭的产品需求调查，海尔投放农村的冰箱需做到：

（1）减少产品中不必要的功能设置，防止功能多余造成闲置。

（2）从大多数农民的消费能力出发，实施产品档次的多元化配置。

（3）合理提高冰箱产品的民俗文化品位。

2. 设计开发“囍”系列和“福”系列两大系列六个品种的冰箱

根据调查了解的农村家庭冰箱使用和需求特点，以及对冰箱一些指标的具体要求，建议设计开发“囍”系列和“福”系列两大系列六个品种的冰箱。这些冰箱的容积从160升到216升，每个系列分三个档次，考虑到农村家庭中冰箱的使用条件及使用用途的特殊性，增加一些实用和适应性功能。

3. 健全售后服务网络，消除农民的后顾之忧

海尔的售后服务网络是强大的，但在农村三级市场还不够完善。为了弥补农村市场服务落后的状态，建议海尔以巡回维修大篷车和小分队形式深入农村，进行宣传和实际维修服务。

（二）价格策略：中低价位

据调查，74.6%的农村家庭只能接受中低价位的产品，希望的价位是1600～1800元，能接受的价位是2000～2200元。

因此，建议将“囍”系列160升、180升、200升产品定价在1600～1800元；将“福”系列186升、196升、216升产品定价在2000～2200元之间。

为防止“窜货”和“乱价”，对于“囍”和“福”系列的产品外包装上贴上明显的专供×××农村地区的标示。

（三）渠道策略：一对一上门销售

根据农村市场的特点和海尔销售网络的现状，减少中间环节，实现渠道扁平化，增强对三级市场管理的同时，增加三级市场的销售网点数量，尤其是扩大县一级的营销网络；委派营销代表辅助经销商，加强销售网络功能。

根据农民对冰箱需求一般属于被动购买的特点，光有渠道还不够，还要能唤起农民的购买欲望。市场试验表明：定点、定区域由冰箱市场部、当地海尔工贸和经销商联合进行一对一上门销售是一种行之有效的方法。该销售方式不但能迅速提高销售业绩，还能节省大量延伸销售网络成本费用。

（四）促销策略：贴近农民，做农民式促销

1. 一对一人员促销

促销人员职能：

（1）将潜在客户分类管理。

（2）根据不同地区和村庄的特点开发消费领袖。

（3）不断进行市场调查。

2. 广告宣传

针对农村消费者的文化素质、风俗习惯、媒体接触、价值观和审美情趣等进行广告宣传，力求因地制宜，有所创新。

3. 注重口碑宣传

调查显示：有20.4%的农民家庭购买冰箱时是接受了亲戚朋友的介绍和推荐，口碑宣传在农村市场推广中的作用非常大。

4. 电视媒体选择

时间：晚上7:00～9:00。

频道：中央一台，省级、县级电视台。

电视节目：电影、电视剧。

广告风格：接近农村理解和接受能力，突出产品的实用。

5. 营业推广

（1）春节前夕和处于结婚高峰期的秋冬季节是家电消费的旺季。调查显示：农村家庭购买冰箱的时间都集中于5～6月份和10～12月份。

（2）根据不同的用户和时间地点，为冰箱的消费者和潜在消费者，送上一点小小礼物，开展情感营销。例如春节前为农民送上财神挂历和"福"字；为结婚而购买冰箱的，送上一对大红的"囍"字；对"十一"购买冰箱的农民送上几个编织袋。

（3）农村消费者不了解冰箱的使用和各种功能，建议组织海尔大篷车深入农村现场演示海尔冰箱的使用方法、功能。

（4）为农民举办知识讲座、维修队免费放电影、送科普读物，组织符合民俗的文艺演出等等，使企业和产品赢得农村消费者的信赖。

（五）公共关系策略：海尔，真诚到永远

在山东建立海尔冰箱样板村，与村共建农民公用设施，为样板村提供科学种田、种地知识讲座；为内蒙古、云南、贵州等边远不发达地区提供微利价廉的冰箱，上门销售；利用冰箱大篷车队送电影下乡，送科普读物，组织符合当地文化民俗的文艺演出等。

总之，在整个策划过程中，为了实现所确定的市场目标，必须综合发挥营销组合的作用，综合运用产品、定价、渠道、促销等多种营销策略。根据农村消费者的产品需求特点、消费者对价格承受能力来开发产品，通过减少不必要的功能降低生产成本，又通过一对一直接上门销售减少销售环节费用，适应农民对海尔冰箱价格的预期，也获得在同类产品中的竞争优势。最后，注意人员推销、广告、公关、营业推广等促销方式的综合运用，达到预期的营销目的。

成本预算（略）

三、项目实训步骤

（1）教师组织学生分组，3～5名学生一组。

（2）教师组织学生阅读提供的项目资料，并提出讨论题（参考）：

1）本策划书由哪些部分组成?

2）你认为该策划项目的主要创意有哪些?

3）该策划书注重运用了哪些策划书的撰写技巧，试举例说明。

……

（3）学生进行自我学习，然后进行小组讨论，在讨论的基础上，以小组为单位完成讨论题（见表2－2）。

（4）老师组织全班同学共同讨论，总结大家的讨论结果，并进行点评。

表2－2　分析《海尔冰箱中国农村市场营销策划方案》实训

小组：　　　　　　成员姓名：

项　目	问　题	回　答
1.	本策划书由哪些部分组成	
2.	你认为该策划项目的主要创意有哪些	
3.	该策划书注重运用了哪些策划书的撰写技巧，试举例说明	

四、项目考核方式

教师以小组为单位进行评分，评价表见表2－3。

表2－3　分析《海尔冰箱中国农村市场营销策划方案》实训评价表

被评价小组：　　　　　成员姓名：　　　　　　评价教师：

项　目	内　容	分　值	评　分
1.	本策划书由哪些部分组成	20%	
2.	你认为该策划项目的主要创意有哪些	30%	
3.	该策划书注重运用了哪些策划书的撰写技巧，试举例说明	30%	
4.	团队合作表现、现场讨论表现	20%	
合计		100%	

【练习与思考】参考答案

一、选择题

（1）ABCD　（2）AD　（3）ABCD　（4）ABCD

二、判断题

（1）×　（2）√　（3）√　（4）×　（5）√

三、简答题

略

单元三　STP 策划

知识目标：

1. 认识 STP 策划的意义。
2. 掌握市场细分的标准。
3. 掌握目标市场选择的方法。
4. 掌握市场定位的基本方法。

技能目标：

1. 能够完成 STP 策划。
2. 能够撰写 STP 策划方案。

第一部分　策划方案示例

——《新财经》细分市场选择策划方案

封面（略）

目录（略）

前言

《新财经》杂志于2000年9月创刊，是全国第一家以股份制公司为体制的财经媒体。全部彩色印刷，图文并茂，每月1日出版，全国发行。创刊3年来，成为国内比较畅销的财经杂志之一，在政府有关部门、金融界、企业界、投资机构和经济学界有着较广泛的影响。

财经类媒体在传媒市场上的表现一直非常令人瞩目。从老牌的《中国经营报》、《中国证券报》、《财经时报》，到新兴的《21世纪经济报道》、《经济观察报》、《新财富》，加上外资的《财富》、《世界经理人文摘》等，数十家财经媒体构成了传媒界的

"财经军团"。《新财经》要想从中脱颖而出，必须细分市场，有针对性地选择自己的差异化目标市场。

市场分析

对传媒来说，细分目标市场的变量主要有四类：地理变量、人口变量、心理变量、行为变量。结合杂志的情况看，读者购买杂志的需求和行为应该是主要依据。

杂志细分市场应从受众行为的角度出发去区分受众对传媒的不同购买行为，区别出特定的需求，从而找到特定的目标读者。

《新财经》细分市场首先要解决的问题就是如何细分读者。

追求细分市场的杂志既要细分受众，也要细分需求，找到单一细分受众的单个需求加以满足。

从细分读者购买财经杂志的行为和需求看，有的可能没有明确的财经专业兴趣，购买财经杂志只是为了掌握大体的财经信息；有的可能只对市场营销感兴趣，希望通过阅读杂志学习销售技巧，提高营销水平；有的可能只关注证券行情和上市公司，希望阅读证券分析和炒股技巧，从股市上获得回报；还有的读者可能是中小企业主，更关心企业管理之道和商情商机……。《新财经》不可能满足所有人对财经新闻的全部兴趣，因此，只能择其一二来加以满足。

细分需求的过程也是细分读者的过程。选择读者的某个需求，自然也就将财经类杂志的读者进行了细分。一般说来，财经类杂志的读者群描述都比较类似：男性、教育程度高、收入高、购买力强……。实际上，这个概念还比较宽泛、比较模糊，还有许多杂志在争夺这个群体、这个市场，杂志细分的子市场显然还不够小、不够清晰。

策划目标

找到《新财经》杂志的个性化精确定位。

行动方案

（1）市场细分。

细分读者市场的直接结果是帮助杂志找到独特的市场定位。目前，市场上的财经杂志主要包括两大类：综合财经类杂志与专业财经类杂志。

综合类财经杂志比较关注宏观层面，制度、行业、时事、管理等几乎无所不包。不同的综合财经类杂志之间又有所区别：《财经》比较纯粹，《南风窗》突出"政经"特色，《销售与市场》侧重营销市场。

专业财经类杂志则更侧重微观层面，对财经市场作进一步细分，选择某个领域进行深入报道，如《理财周刊》专注实用理财信息。

通过细致的市场分析，《新财经》细分市场定位于：不求囊括财经类媒体的宽泛意义上的"高端读者"，而将目标受众从宽泛的财经传媒杂志中剥离出来，锁定了"上市公司、投资机构、证券公司和基金管理公司"。这个读者群的确立，没有面面俱到地考虑到政府部门、研究机构、民企、国企等，而是聚焦为"资本市场的核心"。

（2）市场定位：资本财经——关注中国资本市场微观层面的财经类杂志。

精确的定位，对应的自然是"窄众"。《新财经》"资本市场的核心"主要包括：

1216 家上市公司，2000 多家投资银行、信托基金、银行与并购咨询公司，5000 家控股或参股上述公司的公司，100 多家海外上市公司和近万家投资机构。

这部分直接参与资本市场运作的群体，就是杂志力图吸引和把握的受众。

瞄准这个细分子市场，《新财经》需要有的放矢地制作内容，明确清晰地把握定位，并通过有效发行来影响这个群体，再把对这个群体的影响力卖给广告商。

《新财经》“关注中国资本市场微观层面”的定位，可以从三个方面加以解读：

1）地域范围以中国为主，坚持报道对象的本土化；

2）经济领域限定于资本市场（包括上市公司、投资银行、证券公司、基金管理公司等），提供专业化的杂志内容；

3）视线紧盯微观层面，注重深入具体的分析和探求，揭示方法和策略，不求宏观性、学术性、理论性和研究性。

（3）产品策略。

针对“资本圈”读者，《新财经》杂志的内容必然要体现出鲜明的“资本”特色，满足这个“窄众”读者群的阅读需求。

《新财经》的“封面文章”，旨在报道公司及财经人物，讲述其背后的故事及兴衰；

“资本市场”关注资本市场的热点，重点揭示上市公司的基本面；

“投资”和“投资大师”分别关注投资商机、策略和理念，以及投资人物的故事；

……

所有栏目都集中专注于“资本”以及资本相关的信息。

（4）“1+1”新闻采编机制。

为保证《新财经》杂志的文章质量和专业色彩，在内容生产上采取“1+1”模式，即每篇报道都是由“一个财经记者+一个专业研究员”共同完成。

杂志社要求记者具有专业的教育背景，以便将来可以培养成学者型记者；同时借用外力，请证券分析师或投资银行研究人员对报道对象作深度、理性的分析点评。这样，既可以发挥记者敏锐的新闻捕捉能力和快速的采访报道能力，又可以发挥研究人员扎实的理论功底和深刻的分析能力。这样，文章不仅有记者的感性认识，还有专业人士的理性认识，两者叠加构成杂志的质量控制体系。

（改编自郑方华《营销策划技能案例训练手册》，机械工业出版社，2011 年 7 月）

《新财经》的定位过程是集消费者（读者）分析、产品（内容）定位分析于一体的营销策划过程，也是一系列市场组合变量的有效选择过程。

可以肯定的是，在当前的市场环境中，具有绝对垄断优势的产品以及因短缺而享受卖方市场优势的产品越来越少。绝大多数的企业接受了这样一个事实：单个产品不再可能满足所有消费者的需求，只能根据不同消费者的需求进行细分，找到一部分人的需求，并针对这个特定的需求加以满足，从而获得利益回报。这就必然涉及对目标市场的细分和有效选择，从而建立准确的市场定位。

目标市场的选择是一个取舍的过程，因为资源有限，我们不得不放弃一些市场，而将有限的资源用到"刀刃上"。但是放弃哪些市场？如何判断哪一个市场对我们来说吸引力最大，哪一个市场其次，哪个市场与本企业的实力相匹配？我们是采用产品专门化选择还是市场专门化选择或者其他？这些问题都是需要回答的。

选择一个目标市场，首先企业上下要对市场吸引力大小的评估达成一致意见。一般情况下，决定市场吸引力的主要因素有：市场规模大小、市场进入难度、市场成长率、市场竞争强度、市场生命周期、市场平均获利率、市场的经验曲线特征、与本企业优势的相关性等。对于擅长发挥规模经济效益的大型企业来说，可能更看重市场规模，其次是市场透明度。对于中小企业来说，市场竞争强度可能是最主要的考虑因素，其次是进入难度。对于擅长以技术打天下、人才优势比较明显的企业来说，市场的经验曲线特征可能是最关心的问题，其次是与本企业优势的相关性。

完成了市场吸引力分析之后，就要进行企业实力分析，从而找到机会与实力的平衡点，确定企业的目标市场，这是企业战略的基础。

第二部分　知识链接

营销大师菲利普·科特勒曾说："现代战略营销的核心可定义为STP市场营销，即市场细分（Segmentation）、目标市场选择（Targeting）和市场定位（Positioning）。"市场细分是战略营销活动的基础，也是制定营销战略的关键所在。在进行市场细分后，要对细分市场进行有效的评价，选择目标市场。最后，更为重要的环节便是定位。STP策划的过程如图3-1所示。

目标市场的选择与定位点的策划是市场营销的关键部分。其中，市场细分标准选择的正确与否直接关系到目标市场的确定是否有效，定位点的确立和定位方案的质量直接关系到产品在目标市场上的竞争态势与市场占有率。

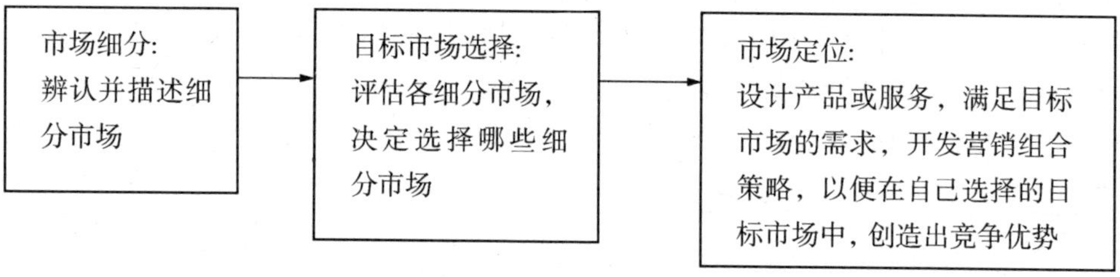

图3-1　STP策划的过程

一、市场细分策划

（一）理解市场细分的含义

市场细分也称为市场区别、市场分片。它是1956年由美国市场学家温德尔·斯密提出来的一个重要概念。

市场细分，是企业根据消费者明显的不同特性，把一种产品整体市场分割成两个或两个以上的分市场或称作子市场，每个分市场都是由需要和欲望相同的消费者群组成，从而确定目标市场的过程。市场细分后，各个子市场之间的需求特性具有明显的差异性，但在每个子市场内部，消费者的需求具有较高的同质性。

（二）寻找市场细分的依据

市场细分的客观依据是消费者明显不同的需求特性。如果消费者对某一种商品的需求完全相同，企业就没有必要进行市场细分。但事实上，消费者对各种商品的需求都有明显的差异性。例如，在购买沙发时，有人喜爱皮质沙发，有人喜爱布质沙发，有人喜爱木质沙发，这就形成不同需求特性的沙发市场。在购买轿车时，有人需要品质优良的高档豪华轿车，有人需要经济型轿车，这也形成不同的细分市场。

消费者市场的细分标准主要有地理细分、人口细分、心理细分和行为细分四大类，见表 3－1。

表 3－1　市场细分的标准

细分标准	具体变量
地理因素	国家、地区、城市、乡村、气候等
人口因素	年龄、性别、职业、收入、教育水平、家庭规模、家庭生命周期、宗教、种族、国籍等
心理因素	生活方式、个性等心理变量
行为因素	购买和使用时机、利益诉求、使用者情况、产品使用率、品牌忠诚度、消费者待购阶段、消费者对产品的态度等

（三）把握市场细分的过程

市场细分的过程就是把整体市场分割成两个或两个以上的子市场，每个子市场都是由需要和欲望完全相同或基本相同的消费者组成。如上面的例子，皮质沙发、布质沙发、木质沙发是不同的子市场。但即使都是喜爱皮质沙发的人，他们在选择沙发的档次、款式、颜色等方面的需求也有所差别，有时甚至可以进一步细分为更细的细分市场。

（四）认清市场细分的本质

从实质上讲，市场细分是一个“聚”的过程而不是一个“分”的过程。市场细分把需求相对一致的消费者聚集在一起。例如，大学招生时把全部学生按他们填报的志愿分成许多专业，从表面看，是把整体分割了，但从实质上讲，是把需要相同的学生，也就是报考同一个专业的学生聚集在一起。所以，市场细分从表面看，是一个“分”的过程，实质上是一个“聚”的过程，把需要相同或相似的消费者聚集在一起。

（五）合理把握市场细分的“度”

市场细分到底应分到何种程度呢?

首先，不进行市场细分不行，因为这样不能满足消费者不同的需求，企业难以生存。

有人认为市场细分分得越细越好，因为这样可以更充分地满足每一个消费者的需要，根据他们需求的不同制定相应的营销方案。但是这种超细分策略往往造成批量少、成本大、价格高，反而不易被消费者接受。

有一些人提出反对超细分的观点，认为通过合并过小的细分市场来达到有效降低成本、增加产量、降低售价的目的来迎合消费者。

总之，对于一种产品，市场细分分到哪种程度为最佳，要具体问题具体分析，要考虑到产品特点、消费水平、消费目的等多种因素。随着人们消费水平的提高，人们对产品会提出更具个性化的需求，也可以接受一定的价格提升。对于突出个性的高价值产品，比如，住宅装修，会倾向于较细的市场细分。而对于一些低价值、与个人特性联系不紧密的商品，人们需求的同质性高，对市场细分要求的度就较低。

二、目标市场的选择策划

在进行市场细分后，选择什么样的市场作为自己的目标市场，一般要考虑以下几个方面的因素。

（一）拥有较理想的现实需求和潜在需求

企业选择的细分市场首先要拥有充足的量，这个足够的量包括现实需求和潜在需求两方面。只有具有足够的购买力和销售量，目标市场才具有实际意义，才具有开发的价值，使企业有利可图；也只有具有一定的尚未满足的潜在需求和充分发展的潜在购买力，目标市场的开发才能使企业获得发展。也许某个细分市场目前规模较小，需求量不大，但是可能随着某些因素的变化，有着高增长的可能，这样的市场也是值得进入的。

（二）企业优势符合市场的特征

一个拥有理想需求量的市场对一般企业来说都是有吸引力的，但不一定就是企业必须选定的目标市场。企业还应考虑自身的战略发展目标、自身的资源和能力是否具备进入这一细分市场的条件。

企业应该选择自己具备竞争优势、能为消费者提供超值产品的细分市场，这样才能够充分发挥优势，营销适销对路的产品，提高企业的经济效益，以巨大的优势去占领目标市场。

然而，很少有各方面的标准均能满足的目标市场，选择目标市场的过程常常是一个各方面利益的权衡过程，企业应该从自身的优势和发展的长远目标出发，权衡利弊，从中作出最佳选择。

【案例 3－1】

如何衡量品牌忠诚度

（1）顾客重复购买次数。

在一定时期内，顾客对某一品牌产品重复购买的次数越多，说明对这一品牌的忠诚度越高。由于产品的用途、性能、结构等因素也会影响顾客对产品的重复购买次数，在确定这一指标的合理界限时，需根据不同产品的性质区别对待。

（2）顾客购买挑选时间。

顾客购买产品都要经过挑选这一过程，但由于对产品信赖程度的差异，不同顾客购买同一产品的挑选时间是不同的。从购买挑选时间的长短上，也可以鉴别顾客对某一品牌的忠诚度。一般来说，顾客挑选的时间越短，说明他对这一品牌的忠诚度越高；当然也要考虑不同性质产品的差别，才能得出正确的结论。

（3）顾客对价格的敏感程度。

消费者对价格都是非常重视的，但这并不意味着消费者对各种产品价格的敏感度相同。事实表明，对于喜爱和依赖的产品，消费者对其价格变动的承受能力强，即敏感度低；而对于不喜爱和不依赖的产品，消费者对其价格变动的承受能力弱，即敏感度高。所以据此可以衡量顾客对某一品牌的忠诚度。运用这一标准时，要注意产品对人们的必需程度、产品供求状况以及产品竞争程度三个因素的影响。

（改编自李艳娥《顾客体验对品牌资产的影响研究》，广东高等教育出版社，2011 年 7 月）

（三）竞争对手尚未控制市场

一般来说，成熟市场的竞争必然非常激烈，各竞争企业为了保持已经占有的市场份额，或不至于被逐出市场而全力竞争，竞争手段层出不穷，高昂的竞争成本使行业平均利润下降。

规模大、吸引力强的市场一定是竞争比较激烈的市场，企业选择这样的市场时要充分考虑自身的竞争实力。一个新的不成熟的市场，由于许多潜在需求还没有被企业的营销者开发或完全开发出来，虽然已有企业进入该市场，但他们的目标还停留在开发市场阶段而不是瓜分市场阶段。对于竞争对手尚未控制的市场，市场竞争还不激烈，企业经过分析又具有相当的优势，这一市场就是理想的目标市场。这样的目标市场才是企业能够占领的，并能够取得竞争优势的目标市场。所以，并不是所有的细分市场都可以作为企业的目标市场，企业必须选择一个或一个以上有利于本企业扩大产品营销的市场为营销对象，而不是越多越好，目标市场的选择依据如图3－2所示。

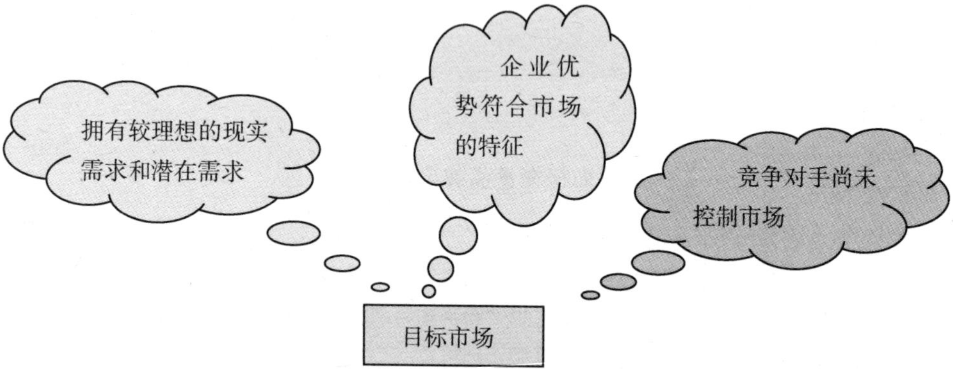

图3-2　目标市场的选择

三、市场定位策划

市场定位是根据竞争者现有产品在细分市场上所处的地位和顾客对产品某些属性的重视程度，塑造出本企业产品与众不同的鲜明个性或形象并传递给目标顾客，以使产品在市场上占有优势的地位。

（一）市场定位策划的程序

1. 进行市场细分

根据产品和市场特点，选择合适的细分标准，对产品市场进行细分。

2. 选择目标市场

识别企业核心竞争优势，根据市场竞争和消费者需求情况，企业在产品开发、服务质量、销售渠道、品牌知名度等方面所具有的可获取明显差别利益的优势，结合目标市场选择的影响因素，确定目标市场。

3. 明确市场定位

根据竞争者现有产品在细分市场上所处的地位和顾客对产品某些属性的重视程度，塑造出本企业产品与众不同的鲜明个性或形象并传递给目标顾客，使产品在市场上占有优势的地位。

4. 制定战略策略

制定能实现企业在定位市场上竞争优势的市场战略和营销策略，以使企业在市场定位中获得预期的目标。

（二）市场定位策划的方法

1. 功能定位法

根据消费者对产品（服务）功能的认识和重视程度，为产品设计一个独特的功能形象以满足某种需要。

【案例3－2】

宝洁公司洗发水功能定位

宝洁公司进入中国市场以来，在洗发水系列中，先后推出了“海飞丝”、“飘柔”、“潘婷”、“沙宣”四个品牌，每一个品牌都以基本功能之上的某一特殊功能为诉求点。在广告中，这四个品牌依仗 USP（独特销售诉求）以及卓越的创意表现，并加以传播，强化品牌的个性定位。

“海飞丝”定位于去头屑专家，“头屑去无踪、秀发更出众”；

“飘柔”定位于洗发、护发合二为一，令头发飘逸柔顺；

“潘婷”定位于营养专家，含有维生素原 B5，兼含护发素，令头发“拥有健康，当然亮泽”；

“沙宣”定位于发型专家，含保湿因子，保持发型持久。

每个品牌又根据消费者的个性需求进行更进一步的功能定位。

如“飘柔”进一步细分为：去屑、垂顺、滋养、焗油；干性发质、油性发质、中性发质适用等。

（作者根据对产品的实地调研编写而成）

2. 利益定位法

利益定位法指一种产品（服务）往往可以为消费者提供多种利益，如用途、方便、快捷、尊重、自豪、自信等。如果产品本身具有能为潜在顾客提供特殊利益的属性，就适合用于产品所提供的利益来定位。

【案例3－3】

香港银行的不同定位

在香港，金融业兴旺发达，在这一弹丸之地，数千家各类银行散落在各个角落，竞争达到白热化程度。在这一狭小而竞争过度的市场空间中，如何才能立住脚跟，并获得预期的盈利，各银行使出浑身解数，走出了一条细分市场，利用定位策略，突出各自优势之路，使得香港的金融业呈现出一派繁荣景象。

汇丰：定位于分行最多，实力最强，全港最大的银行。这原是以自我为中心，实力展示式的诉求。20 世纪 90 年代以来，为拉近与顾客的情感距离，它改变了定位策略。新的定位立足于“患难与共，伴同成长”。旨在与顾客建立同舟共济、共谋发展的亲密朋友关系。

恒生：定位于充满人情味的、服务态度最佳的银行。通过走感性路线赢得顾客心。突出服务这一卖点，也使它有别于其他银行。

渣打：定位于历史悠久的、安全可靠的英资银行。这一定位树立了渣打可信赖的“老大哥”形象，传达了让顾客放心的信息。

中国银行：定位于有强大后盾的中资银行。直接针对有民族情结、信赖中资的目标顾客群。

廖创兴：定位在助你创业兴家的银行。以中小工商业者为目标对象，为他们排忧解难，赢得事业的成功。廖创兴将自身定位在专为这一目标顾客群服务，给予他们在其他大银行和专业银行所不能得到的支持和帮助，从而牢牢地占有了这一市场。

（摘自 http：//www.doc88.com. 香港银行的不同定位）

3. 用户定位法

用户定位法是根据不同消费者对同一种产品（服务）不同的需求倾向而进行的定位。例如根据年龄、性别、职业、收入、教育水平、地区、家庭规模、宗教等情况不同而导致的消费者对同一种产品的不同需求进行定位。

【案例3-4】

酷儿的市场定位

酷儿是可口可乐公司针对亚洲市场研发的一种特种果汁饮料。其定位为儿童果汁饮料。酷儿在中国市场细分的目标群体是5～12岁的儿童，此举跳出当时大部分果汁品牌针对女性市场的人群定位，也为酷儿角色的引入创造了条件。在其进行市场投放时，一年多时间没有品牌杀入儿童果汁饮料市场，给“酷儿”留下了一个绝好的机会。针对直接购买者家长，可口可乐公司还通过理性诉求强调功能利益点：果汁里添加了维生素C及钙，这无疑给注重孩子健康的父母们吃了定心丸，酷儿果汁由此走红。蓝色娃娃在广告和终端活动的推广下，成了家喻户晓的“名人”，更成为儿童最喜欢的卡通人物之一。

酷儿的成功反过来印证了儿童果汁饮料这一精确定位的高明：避免与市场领导品牌展开正面较量，寻找细分市场机会，所有的沟通行为，无论是渠道策略、价格策略，还是广告表现、媒介策略，都瞄准了同一个目标对象，火力集中，避免浪费。实践证明，儿童对父母购买行为的影响力比人们想象的大得多。

（摘自：http：//www. docin. com.“酷儿”饮料案例分析）

4. 用途及使用场合定位法

用途及使用场合定位法是将产品本身的用途及所适用的场合结合起来作为市场定位的依据。

【案例3-5】

脑白金的定位

中国是一个礼仪之邦，中国人有着很浓的送礼情结。人们常说“礼尚往来”，“来而不往非礼也”。保健品常常被用作礼品，受礼者又以中老年人居多。脑白金的主要目标消费人群是中老年人，尊老爱幼又是中华民族的传统美德。脑白金作为礼品具有明显的功能优势。脑白金一下子找到了差异化定位的市场空白点。于是，弱化“润肠通便、改善睡眠”的功效概念，强化礼品诉求，将一个功能性极强的理性选择的保健产品，转化为感性的送礼概念，并进行高频率的灌输，使脑白金以鲜明的送礼概念突出重围。脑白金的礼品定位概念就这样出台了，“今年过节不收礼，收礼只收脑白金”的广告随之而闪亮登场，风靡大江南北。

（作者根据脑白金广告和报道编写而成）

5. 质量/档次定位法

质量/档次定位法是由于消费者的购买能力不同，任何产品都有质量与档次的差异需求，导致了最基本的质量/档次的定位。例如耐克、阿迪达斯、李宁、安踏都做运动服和运动鞋市场，但明显分别面向了高档和中档运动产品市场。

6. 组合定位法

组合定位法即把多种定位方法综合使用，如档次与利益定位相结合、使用场合和功能定位相结合，以细分出更加符合消费者需求特征的市场，满足消费者的多样化需求。

当然，市场定位的方法还有多种多样，例如，迎强定位、避强定位、比附定位、文化定位等等，只要企业能正确地进行市场分析，找到自己的目标市场，又能根据市场需求和自身优势开发出有针对性的产品，才可以在激烈竞争的市场中获得一席之地。

第三部分　练习与思考

一、选择题

(1) STP 营销策划是指（　　）。

A. 市场细分策划　　B. 目标市场选择策划
C. 市场定位策划　　D. 市场竞争策划

(2) 消费者市场的细分标准主要有（　　）。

A. 地理细分　　B. 人口细分　　C. 心理细分　　D. 行为细分

(3) 选择什么样的市场作为自己的目标市场，主要考虑以下几个方面（　　）。

A. 该市场进入壁垒低　　B. 拥有较理想的现实需求和潜在需求
C. 企业优势符合市场的特征　　D. 竞争对手尚未控制市场

(4) 常用的市场定位方法有（　　）。

A. 功能定位法　　B. 利益定位法
C. 用户定位法　　D. 用途及使用场合定位法
E. 质量/档次定位法

二、判断题

(1) 市场细分就是企业根据消费者明显的不同特性，把一种产品整体市场分割成两个或两个以上的分市场或称作子市场，每个分市场都是由需要的欲望相同的消费群体组成，从而确定目标市场的过程。(　　)

(2) 市场细分后，各个子市场的需求特性具有明显的同质性，但在每个子市场内部，消费者的需求具有较高的差异性。(　　)

(3) 从实质上讲，市场细分是一个“聚”的过程而不是一个“分”的过程。市场细分把需求相对一致的消费者聚集在一起。(　　)

(4) 市场细分分得越细越好。(　　)

三、简答题

市场定位有哪些常用方法，并举例说明。

第四部分　实战训练项目

——××品牌牙膏的市场定位策划

一、项目目标

通过该项目的训练，使学习者掌握市场细分与定位策划的基本方法，并能完成市场定位策划书的撰写

二、项目说明

某日化生产企业是一家具有多年生产历史的老牌日化企业，原来以经营洗涤系列产品为主。随着企业的发展，准备进入牙膏市场，面对各路品牌的激烈竞争，该企业通过什么样的定位策略，才能杀出重围，在市场中占一席之地呢？

请帮助该企业进行产品市场定位的策划。

三、项目实训步骤

（1）3～5 人组成策划公司或策划小组，以策划小组为单位进行讨论、市场调研、资料收集、策划方案制定、讨论与修改、策划成果展示。

（2）教师作为策划需求宣讲人，介绍项目背景和企业需求。

企业希望通过对目前牙膏产品的市场细分研究、消费者的需求趋势研究、市场竞争情况研究，对企业产品进行准确定位，以期在激烈竞争的市场中谋求一席生存之地并有所发展。

（3）教师引导策划小组分析策划项目、学习相关知识点，进行资料收集和市场调研。

（4）各策划小组在教师的指导下进行牙膏市场细分和主要竞争品牌的市场定位调研、消费者对牙膏需求情况调研。

（5）在市场调研分析的基础上，各策划小组完成策划方案初稿。

（6）教师选择 1～2 个策划小组，对项目策划方案进行通报。

（7）讨论互评，教师进行整体评价。

（8）各策划小组根据讨论评价意见，修改完成策划方案。

四、项目实训要求

本项实训活动有两个重要组成部分。

1. 市场调研

除了进行间接资料的收集外，教师担任总指导，组织学生进行两项一手资料的调研。

（1）牙膏市场现状调研。设计调查提纲，选择 3 个大型的牙膏销售卖场，组织同学进行实地的市场调查，了解目前主要的牙膏品牌及它们的市场细分与定位情况。

表 3－2　牙膏市场现状调查汇总

卖场名称：　　　　　　　　　　调研者：　　　　　　　　　时间：

牙膏品牌	生产商	该品牌的产品类型	定价情况	面对的细分市场与产品定位

（2）消费者需求调研。各策划小组设计调查问卷，面向不同年龄、性别、收入等的消费者调研他们对牙膏需求的情况，然后对调查数据进行统计汇总。

2. 方案策划

（1）由教师担任研讨活动的总指导，在对第一阶段调查结果的汇总的基础上，交流调研情况，分析调研结果，对目前当地牙膏市场的品牌现状、竞争状况、消费者需求趋势等进行总结。

（2）各小组进行项目策划，完成初步策划方案。

（3）选择小组进行策划方案通报，教师点评后，各小组完成最终项目策划方案。

五、项目考核方式

项目考核以教师考核为主，有条件的情况下，可邀请企业与策划公司的专业人员参与。

表 3－3　《××品牌牙膏的市场定位策划》实训评分标准

策划小组（人）：　　　　　　　　评价人：

序号	评分要素	分值	评分
1.	项目策划的完整性	20	
2.	项目策划的思路清楚、结构清晰	20	
3.	项目策划的可操作性	20	
4.	项目策划的版面美观设计	10	
5.	项目策划的创意	10	
6.	项目策划的应用价值	20	
	总分	100	

【练习与思考】参考答案

一、选择题

（1）ABC　（2）ABCD　（3）BCD　（4）ABCDE

二、判断题

（1）√　（2）×　（3）√　（4）×

三、简答题

略

单元四　品牌策划

知识目标：

1. 掌握品牌策划的流程。
2. 掌握品牌定位的原则和方法。
3. 掌握品牌名称设计的方法。
4. 掌握品牌标识设计的方法。
5. 掌握品牌推广传播方法。

技能目标：

1. 能准确进行品牌定位。
2. 能有效设计品牌名称、品牌标识。
3. 能有效进行品牌推广传播策划。
4. 能撰写品牌策划方案。

第一部分　策划方案示例

——OYEA 品牌策划方案

封面（略）

目录（略）

一、导语

OYEA 品牌起源于充满激情与传奇的西班牙斗牛场上，勇敢与智慧兼备的斗牛士，手拿红布和金属利剑，正在与一头黑色的狂野公牛搏斗，群情激奋，惊呼声 OH 与欢呼声 YEA 不绝于耳。这一幕，给品牌创立人带来灵感，OH—YEA！—OYEA！诞生了！

厦门欧野实业有限公司成立于 1995 年，是一家专注于专业设计、连锁零售、品牌经营运作的眼镜公司。15 年来，欧野一直致力于为消费者提供品质卓越的时尚运动配饰镜，旗下品牌 OYEA 厚积薄发，近年来迅速成长为国内运动眼镜领导品牌，深得消费者青睐。

公司具备相当实力，拥有一定渠道资源及市场美誉度，具备较强的开发能力，有相对完整的营运架构。

欧野公司市场分布以北方市场为主，西南地区局部覆盖；产品价格定位在 200～

900 元，以 400～600 元为主价格；销售渠道以综合商场为主，专业运动卖场为辅，终端形态以专厅、专柜为主，终端平均面积在 15～30 平方米左右；渠道运营包括省级代理、城市代理和单店加盟；广告推广以终端推广为主，同时有进行时尚杂志等媒体投放及部分赞助，如赞助中国国家自行车队等。

OYEA 品牌经过多年经营，具有专业运动形象良好、渠道网点多、产品开发能力较强、品质良好、供应链稳定等优点；但也存在诸多问题，如定位模糊，品牌文化不完整，传播不足，渠道种类单一，市场覆盖率不足等。虽然品牌源自西班牙文化，但是并没有把这种文化融入品牌的骨子里，消费者不知道 OYEA 是运动还是时尚。

为了进一步提升品牌形象及消费者对品牌的认知度、美誉度；促进销售，提升业绩，扩大市场占有率、覆盖率，公司决定对 OYEA 品牌进行策划，以完善 OYEA 品牌体系。

二、市场环境及竞争对手分析

（一）宏观环境

国内政治环境稳定，消费市场空间仍在扩大；物价指数上涨对市场购买力及消费构成产生一定影响，但尚不影响整体市场的上升；原油价格上涨影响行业价格波动，眼镜行业原料成本加大。

（二）行业动态

时尚产业扩张迅猛，各国际品牌陆续进入；市场细分化程度加深，如阿迪达斯、耐克都将专业运动与时尚运动严格细分；产业融合力度加大，品牌与品牌之间形成产业联盟，如阿迪达斯与山本耀司推出的 Y～3 系列，如 KAPPA 与百事联合进行品牌推广等；国内运动眼镜市场品牌竞争相对平和，几个主要品牌（国内）市场占有率相差不大，国际一线品牌尚未大举进入。

（三）OYEA 品牌潜在竞争对手是国际一线品牌 OAKLEY 等，以“高特”为代表的国内品牌为主要竞争对手

1. “OAKLEY”产品结构

以眼镜为主打产品，产品线已延伸至运动鞋、运动服、手表、旅行袋、真皮钱包及帽子等时尚运动饰品；

市场定位：高端人群、专业运动发烧友；

品牌形象：顶级、在兼顾时尚与运动的同时偏向专业运动、科技含量高；

品牌优势：品牌历史悠久，资金实力雄厚，品牌影响力大。

2. “高特”主打产品

眼镜（时尚休闲系列、运动休闲系列、专业运动系列）；

市场定位：国内中高端人群、专业运动与休闲运动兼顾；

品牌形象：专业运动与休闲运动兼顾，品牌定位模糊；

品牌历史：2005年创立；

品牌优势：有固定的生产商，有产品研发中心，以科技作为核心竞争力；

品牌主张：运动创造时尚；

广告推广：以终端推广为主，同时有进行部分赞助（如赞助漠河国际冰雪越野赛、佳通自行车队等）。

三、消费者分析

运动产品消费者，以18～35岁为主力，年消费额占最大比例。其中跟随潮流的人群大多为20～30岁的消费者；同等年龄段，一线城市的人群比二线人群更喜欢跟随潮流。20～30岁的年轻人最乐于凸显个性，最具时尚意识。

年轻人之所以追求时尚运动用品，主要期望从中获得：成功感、荣誉感、成为第一的感觉、成为众人注目的焦点；挑战自我、超越自我、发挥潜能、不断进步、希望能够做得更好；获得异性青睐；与众不同、突出自我；变化、新奇、充满挑战、突破传统。

款式和品牌是这部分年轻消费者购买时尚运动物品的两个主要考虑因素；同时，价格也是其考虑的重要因素。对他们而言，通过产品的科技以及科技所带来的在生活和体验上的即时利益是非常重要的；消费者更多的是把时尚运动物品当成即时体验物品，所以对质量在品牌的保障下考虑的相对少。

四、OYEA品牌定位策划

（一）OYEA品牌风格定位

针对细分化市场、目标消费群体，对品牌进行严格定位，“以时尚为核心，以运动元素为个性”，改变原先在时尚与运动间摇摆不定的形象，进而寻找出品牌个性，使品牌与其他竞争产品有明显的差异性。

（二）OYEA品牌目标定位

中国时尚运动配饰第一品牌。

（三）OYEA的核心理念

时尚、个性、运动、百搭。

OYEA品牌目标消费群体脑海中呈现的OYEA是：在阿尔卑斯山的山脚下，山野延绵，树木繁茂，色彩绚丽，景色优美，一群青年男女穿着千姿百态、前卫个性的服饰，戴着时尚酷炫的眼镜，驾着越野车愉快地行驶，妙趣横生，笑声连连。他们对OYEA品牌的联想是时尚、个性、可搭配性强。因此，OYEA品牌核心理念：时尚、个性、运动、百搭 。

（四）OYEA品牌目标群体

OYEA品牌锁定一、二线城市的18～35岁青年人，其中20～30岁为核心目标消费群体。

这部分人群拥有良好的教育背景，经济能力强，时尚意识很强，更换时尚商品的频率高，消费占收入的比例大。他们以自我为中心，重视自我实现和个性表现，与众不同、张扬，乐于尝试新鲜事物，要时尚，但不要千篇一律，喜欢加入自己的观点主张，他们认为生活与工作同样重要，工作的性质就是个人的兴趣所在，喜欢在工作中寻找生活的情趣。他们希望时尚服饰能够让工作、生活更有情趣，能体现个性和品位。

五、OYEA 品牌传播策划

（一）OYEA 品牌广告语

百搭时尚，个性运动。

此广告语意思是：

“百搭时尚”：拥有千种方式去塑造时尚，通过百种姿态演绎时尚，直接明了地阐述了 OYEA 的可搭配性和时尚便捷性，并突出了 OYEA 新的品牌风格定位——以时尚为核心。

“个性运动”：运动属于勇者，张扬、体现自我，凸显了时尚前卫的同时，也表现了 OYEA 的运动本性。

“百搭时尚，个性运动”，准确地反映了 OYEA 品牌核心理念的精髓，在原有的品牌基础得到进一步的提升的同时，更反映了 OYEA 冲击中国时尚运动配饰第一品牌的决心。

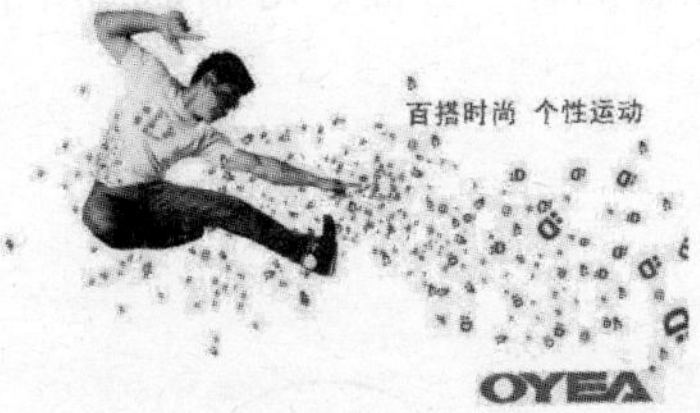

（二）广告策略

在广告策略方面，硬性广告和主题活动相结合。硬性广告主要是在人流密集区建立大型户外广告牌、灯箱广告；在报纸上刊登品牌形象广告或配合大型主题活动的宣传。主题活动包括进行产品促销、展示的活动，如打折、买赠等，还包括赞助公益事业、支持体育事业等，达到短时间内提高企业的美誉度与知名度的目的。

六、实施方案与经费预算（略）

（改编自 http：//www. eapoo. com. OYEA 眼镜品牌策划案）

此策划方案在对宏观环境、行业状态、竞争对手及企业自身情况进行分析后，锁定目标群体，同时找到品牌存在的问题，对品牌进行重新策划，明晰 OYEA 品牌定位与品牌风格。

该策划在进行品牌定位时，注意品牌的个性化定位须符合产业与消费群体的个性特征，并制定恰当的品牌传播策略，精准提炼广告语，实施硬性广告和主题活动相结合的广告策划。

当然，时间不能成就品牌，真正成就品牌的是企业态度与行动的完美契合，好的定位与传播策划必须依托具体的行动实施方案，分重点、按步骤地一步步推行和贯彻。

第二部分　知识链接

一、品牌策划的内容

（一）剖析品牌

品牌是一个复杂的系统工程，进行品牌策划也应注重它的系统性。只有深入理解品牌的内部架构，在策划时才能够有针对性、条理性、全面性。

从品牌的解剖图（图4－1），我们看到了品牌的各个方面，对品牌有所了解，也就知道了打造品牌该从何处入手。

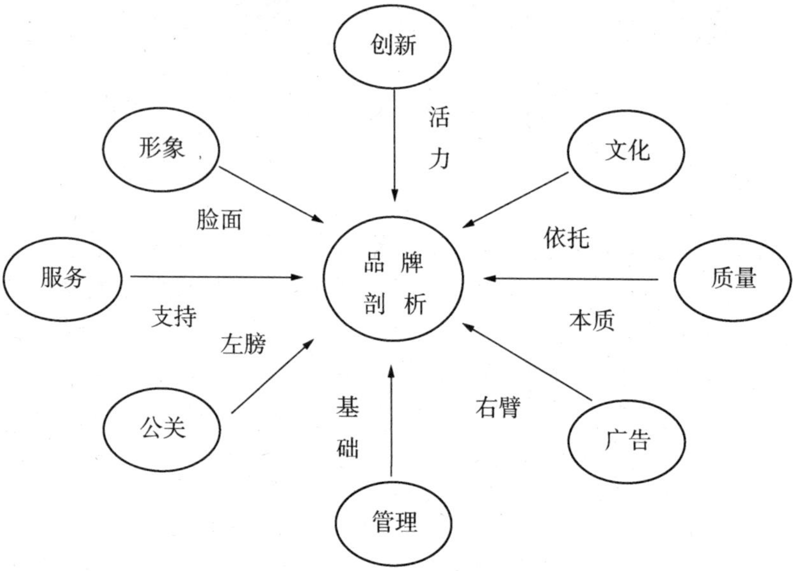

图4－1　品牌解剖图

1. 质量是品牌的本质，也是品牌的生命

名牌的显著特征就是能提供更高的可感觉的质量。世界上的知名品牌如奔驰、索尼、摩托罗拉、希尔顿等无不体现着高质量。

2. 服务是品牌的支持，是品牌宣传、发展的通行证

世界上知名企业在创名牌时，无不把为用户尽善尽美的服务作为他们成功的标志。

3. 形象是品牌的脸面

品牌形象是品牌在社会公众心中所表现出的个性特征，体现公众特别是顾客对品牌的评价与认知。

4. 文化是品牌的依托

文化与品牌密切联系，品牌的一半是文化，文化支撑着品牌的丰富内涵，品牌展示着其代表的独特文化魅力。

5. 管理是品牌的基础

品牌事业的发展要依靠管理，利用管理积极规划推出优质产品或服务，利用管理开展广告、公关等营销活动。

6. 创新是品牌的活力

品牌的创新不仅包括开发产品新性能、采用新工艺、开辟新市场等，还包括产品或服务质量创新、广告创新、公关创新、文化定位创新、品牌形象创新等。

7. 公关与广告是品牌的左膀右臂

品牌离不开广告，品牌锻造更需要广告的协助、支持。公关通常是利用公关活动吸引媒体关注，由媒体主动宣传企业或品牌，从而达到一种较好的宣传效果。公关可以为企业“扬名立善”，为企业带来良好的经济效益和社会效益。广告与公关是品牌的左膀右臂，像火箭的两个助推器，带动品牌冉冉升起。

（二）品牌策划的内容

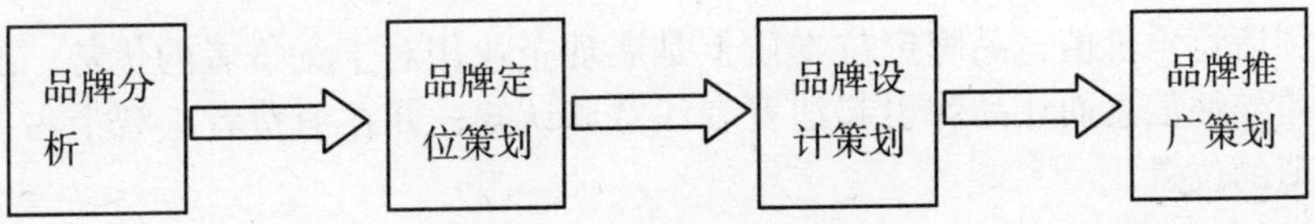

图4－2　品牌策划的内容

企业的品牌策划工作，主要是在品牌分析的基础上，进行品牌的定位策划、品牌的设计策划和品牌的推广传播策划（图4－2）。

品牌分析是在企业内部调研和外部调研的基础上进行的，主要包括以下几点。

1. 品牌知名度分析

（1）品牌知名度分析。

（2）品质认知度分析。

（3）品牌联想分析。

（4）品牌忠诚度分析。

2. 产品情况分析

（1）研发思路、战略、规划分析。

（2）产品性能、质量及成分、用途分析。

（3）竞争产品及替代产品对比分析。

3. 需求市场分析

（1）顾客及使用者基本概况分析。

（2）顾客需求心理与行为特点分析。

（3）市场容量及发展趋势分析。

（4）同行业正面竞争者，替代产品制造者的产品结构、服务市场、市场营销策略、企业优劣势分析。

（5）销售成本、运输成本、配销渠道上中间商分析。

4. 宏观经济环境和政策分析

在品牌分析的基础上，企业进一步进行品牌定位策划、品牌设计策划，并通过品牌的推广和传播策划，把企业的整个品牌策划的理解向市场和消费者传播。

二、品牌定位策划

（一）品牌定位策划的原则

1. 切中目标原则

品牌定位必须设定一个特定的受众目标，首先考虑目标消费者的需求。借助于消费者行为调查，可以了解目标消费者的生活形态或心理层面的情况，找到切中消费者需要的品牌利益点。

用于定位的利益点除了产品利益外，还有心理、象征意义上的利益。最终借助传播手段让品牌在消费者心中获得一个有利的位置。品牌定位就是公司将品牌提供给消费者的过程。

2. 差异性原则

差异创造竞争价值，品牌定位本质上是展现企业相对于竞争者的优势，通过向消费者传达差异性信息而让品牌引起消费者注意和认知，并在消费者心智上占据与众不同的有价值的位置。

【案例4－1】

迪士尼的“制造欢乐，销售欢乐”差异化品牌定位

迪士尼公司一直对老少皆宜、充满想象和幽默的卡通片情有独钟，并始终坚持这种风格，它的定位是：制造欢乐，销售欢乐，这种欢乐是家庭共享的欢乐。无论是迪士尼的电影，还是迪士尼公园，以及其他许多的迪士尼产品，都始终贯彻了这种定位。这种与其他娱乐公司显然不同的差异化定位，使迪士尼欢乐产品不仅赢得一代又一代孩子的喜爱，而且也深深吸引了热爱生活、崇尚欢乐的成年人的心，当然也赚得了巨大的财富。

（作者根据迪士尼相关介绍编写而成）

3. 易于传播原则

品牌定位策划要易于传播，并容易被消费者理解和接受，只有当消费者心中关于品牌定义的内容得以确认时，公司的品牌策划投入才可能产生积极的效益，才能带来真正意义上的品牌价值。

4. 成本效益原则

品牌定位策划是要付出经济代价的，不考虑成本而一味付出、不求回报的行为不符合企业的经营宗旨，所以，企业在定位时还必须考虑成本效益比。

（二）品牌定位策划的主要策略

1. 类别定位

依据产品的类别建立起品牌联想，称作类别定位。

类别定位力图在消费者心目中形成该品牌等同于某类产品的印象，以成为某类产品的代名词或领导品牌。当消费者有了这类特定需求时就会联想到该品牌。

【案例4-2】

七喜的“非可乐”类别定位策划

七喜汽水“非可乐”就是借助类别定位的一个经典案例。

可口可乐与百事可乐是“可乐”市场的领导品牌，市场占有率极高，在消费者心目中的地位不可动摇。“非可乐”的定位使七喜处于与“百事”、“可口”对立的类别，成为可乐饮料之外的另一种选择。

“非可乐”类别定位不仅避免了与两大巨头的正面竞争，还巧妙地与两大品牌挂钩，使自身处于和它们并列的地位，成功的类别定位使七喜在美国龙争虎斗的饮料市场上占据了老三的位置。

（摘自 http：//news. tangjiu. com. 七喜汽水“非可乐”就是借助类别定位的一个经典案例）

2. 比附定位

比附定位是以竞争者品牌为参照，依附竞争者定位。

比附定位的目的是通过品牌竞争提升自身品牌的价值与知名度。企业可以通过各种方法和同行中的知名品牌建立一种内在联系，使自己的品牌迅速进入消费者的心智，借知名名牌之光使自己的品牌生辉。

20世纪60年代，赫尔茨公司占据了美国汽车租赁市场份额的55%，为了避免与其正面交锋，艾维斯公司在其广告中发出了著名的“老二宣言”，因而巧妙地与市场领导者建立了联系，艾维斯的市场份额大幅上升了28%。

【案例4－3】

蒙牛的比附定位

在刚启动市场时，蒙牛只有区区1300多万元的资金，名列中国乳业的第1116位，与乳业“老大”伊利根本不可同日而语。但蒙牛却提出了“为民族争气、向伊利学习”、“争创内蒙乳业第二品牌”、“千里草原腾起伊利集团、蒙牛乳业——我们为内蒙古喝彩”等广告口号。

这些广告看似是对伊利的赞赏，其实是把蒙牛和伊利放在了并驾齐驱的位置，在消费者心里留下深刻印象，其超常规的发展也被业界称为“蒙牛速度”。

（摘自郑方华《营销策划技能案例训练手册》，机械工业出版社，2011年7月）

3. 档次定位

不同的品牌常被消费者在心目中分为不同的档次。

品牌价值是产品质量、消费者心理感受及各种社会因素如价值观、文化传统等的综合反映，档次具备了实物之外的价值，如给消费者带来自尊和优越感等。高档次品牌往往通过高价位来体现其价值。

台湾顶新集团为了更好地占据国内方便面市场，在成功推出了“康师傅”品牌占据中档市场后，为进军低档方便面市场，又推出了“福满多”品牌。

4. USP定位

USP是英文Unique Selling Position的缩写，中文意思为“独特的销售卖点”，即一个产品只有一个卖点，这个卖点是独一无二的。

USP定位包含三个方面的内容：

一是要向消费者传播一种主张、一种忠告、一种承诺，告诉消费者购买产品会得到什么样的利益；二是这种主张应是竞争对手无法提出或未曾提出的，应独具特色；三是这种主张应该以消费者为核心，易于理解和传播，具有极大的吸引力。

运用USP定位，在同类产品品牌太多、竞争激烈的情形下可以突出品牌的特点和优势，让消费者按自身偏好和对某一品牌利益的重视程度，将不同品牌在头脑中排序，置于不同位置，在有相关需求时，更迅速地选择商品。

【案例4－4】

汽车品牌的USP定位

在汽车市场，宝马宣扬“驾驶的乐趣”，富豪强调“耐久安全”，马自达是“可靠”，丰田是“跑车外形”，沃尔沃定位于“安全”，菲亚特则“精力充沛”，奔驰是“高贵、王者、显赫、至尊”的象征。因为有了自己清晰的价值主张，这些金字招牌各自拥有了自己的固定消费群，在各自的区隔内占据最高的市场份额。

（摘自http：//www.docin.com.品牌定位的十大类别）

5. 消费者定位

按照产品与某类消费者的生活形态和生活方式的关联作为定位的基础，深入了解目标消费者希望得到什么样的利益和结果，然后针对这一需求提供相对应的产品和利益。

成功运用消费者定位，可以将品牌个性化，从而树立独特的品牌形象和品牌个性。

耐克以喜好运动的人尤其是乔丹的热爱者为目标消费者，所以它选择了乔丹为广告模特，广告不仅淋漓尽致地展现了乔丹的风貌，将其拼搏进取的精神、积极乐观的个性融入“耐克”之中，也成功地树立了耐克经久不衰的品牌形象。

百事可乐定位于“新一代的可乐”，抓住了新生代崇拜影视偶像的心理特征，请迈克·杰克逊做广告代言人，使新生代成了百事的俘虏，而百事可乐也成了“年轻、活泼、时代”的象征。

【案例4－5】

消费者定位的经典案例

20世纪30年代，美国菲利普·莫里斯烟草公司推出了万宝路香烟，然而在其上市之初，销售并不尽如人意。后来经调查得知，主要原因是由于万宝路香烟带过滤嘴，焦油含量较低，因此被人们认为是“女性香烟”，由此影响了销路。据此，该公司认为只有改变品牌的形象才能争取到更多的消费者，特别是男性消费者。于是，该公司开始煞费苦心地为万宝路引入“男性”因素：如改换代表热烈、勇敢和功名的红色包装，用粗体黑字来描画名称，表现出阳刚、含蓄和庄重；并让壮实粗壮的牛仔担任万宝路香烟广告的主角，反复强调“万宝路的男性世界”，终于使万宝路香烟的销量和品牌价值位居世界香烟排名榜首。

（改编自吴勇《市场营销》，高等教育出版社，2008年5月）

6. 比较定位

比较定位的策略是指企业为了突出品牌的特性，抓住知名竞争对手的弱点来向消费者推销自己的优点，从而获取市场认可的方法。温迪是美国一家有名的快餐店，为了突出其汉堡包牛肉分量十足这一特点，该公司制作了这样的一则广告：三名老太太相约一起去某连锁快餐店吃汉堡包，在食用时发现，大大的汉堡包里面竟然只加了一丁点牛肉，三人愤怒不已，对着镜头大喊：“牛肉在哪里？”电视旁白：“如果三位老太太去温迪快餐厅享用汉堡包，完全不用担心找不到牛肉了！”这则广告大获成功，被纽约国际广告大赛评为经典作品，温迪公司的营业额因此提高了18%。

7. 情感定位

情感定位是运用产品直接或间接地冲击消费者的情感体验而进行定位。

市场营销专家菲利普·科特勒认为，人们的消费心理变化分为三个阶段：第一阶段是量的阶段，第二阶段是质的阶段，第三阶段是感情阶段。在第三个阶段，消费者所看重的已不是产品的数量和质量，而是与自己关系的密切程度，或是为了得到某种情感上的渴求满足，或是追求一种商品与理想自我概念的吻合。显然，情感定位是品牌诉求的重要支点，情感是维系品牌忠诚度的纽带。

如果一种品牌不能深度引起消费者的情感共鸣，品牌将难以获得消费者的信任。

只有提升品牌文化意蕴，以情营销，培养消费者对品牌的情感，不断增强品牌的人性创意和审美特性，占据消费者的心智，激起消费者的联想和情感共鸣，才能使消费者对品牌“情有独钟”。太太口服液一贯走情感定位路线，曾以“做女人真好”、“让女人更出色”、“滋润女人，让美丽飞扬”等诉求来满足女性精神需求，加之“太太”这一品牌本身所隐含的“高贵、典雅、迷人、温柔”的感情形象，十几年来在保健品市场占据着一席之地，获得国内消费者的普遍认可。

“娃哈哈”可以说是十几年来中国市场上最成功的品牌命名之一。这一命名之所以成功，除了其通俗、准确地反映了一个产品的目标对象外，最关键的一点是将一种祝愿、一种希望、一种儿童的天性作为品牌命名的核心，从而使“娃哈哈”这一名称天衣无缝地传达了上述形象及价值，这种对儿童天性的开发和祝愿又恰恰是该品牌形象定位的出发点。

8. 功能定位

功能定位是将品牌与一定环境、场合下产品的使用情况联系起来，以唤起消费者在特定情景下对该品牌的联想。“白加黑”感冒药将感冒药的颜色分为白、黑两种形式，“白天吃白片，不瞌睡；晚上吃黑片，睡得好”，以此为基础改革了传统感冒药的服用方式，获得了不错的市场反应。香港手表制造商针对瑞士、日本手表的单一功能定位，推出了多功能定位的手表，设计制作了时装表、运动表、笔表、链坠表、情侣表、儿童表、计算表、打火表、时差表、报警表、里程表等，凭借功能性定位，香港表得以畅销全世界，获得空前成功。

9. 文化定位

将某种文化内涵注入品牌之中形成文化上的品牌差异。

文化定位不仅可以大大提高品牌的品位，而且可以使品牌形象独具特色。比如我们在喝可口可乐，吃麦当劳、肯德基之时，不仅是在解渴求饱，同时也是在进行一种代表美国文化的消费，这种消费代表了一种文化的象征、一种身份、一种时尚、一种观念。

【案例 4 –6】

文化品牌定位

无锡的“红豆”服装品牌和绍兴的“咸亨”酒店，分别借助人们早已熟悉和热爱的曹植和鲁迅的名篇挖掘出中华文化的沉淀。

“金六福——中国人的福酒”，这种定位已将品牌文化提升到一种民族的“福”。

“柒”牌服饰以中国文化打动世界，情系“中国心、中国情、中国创”，认真谱写“立民族志气，创世界品牌”战略，并提出了“中国，才是美”的口号。

“全聚德”烤鸭、“狗不理”包子等这些百年老字号，都是融入了中国传统的独特文化因子才获得如此巨大的影响力。

而今，国内的企业也已明白，仅仅依靠国外的技术和策略是很难取悦消费者的，中国企业唯有把中华民族五千年的优秀历史文化加以继承和发扬，才能打造出真正的世界级品牌。

三、品牌设计策划

品牌设计策划主要包括品牌名称设计策划与品牌标志设计策划。

（一）品牌名称设计策划

名称是品牌的基本的核心要素，是品牌认知和沟通的基础，更重要的是名称提供了品牌联想，而正是这种联想描述了品牌——它做了什么或它是什么。所以，名称是品牌概念的基础，好的品牌名称应有以下特征：

（1）容易认知和记忆。

（2）暗示了企业和产品类别。

（3）支持标识物和标识语。

（4）引发公司所渴望的品牌联想。

（5）独特、与众不同的品牌个性。

产品同质化程度愈高，消费者在选择品牌时，就越少动用理性思考，一个具有个性的品牌在市场上更易为消费者所接受。

1. 品牌名称设计的原则

设计品牌名称需要有灵感和创造力，同时也需要有基本的原则。美国品牌专家杜克大学营销学教授凯文·凯勒提出品牌名称设计要遵循五个原则。

（1）可记忆性原则。创立品牌的一个必要条件是使消费者对品牌有一个较高的认知度。为了达到这个目的，品牌名称应该从本质上是容易记忆的，这样可以促进消费者对品牌的回忆。

（2）有意义性原则。品牌名称本身就具有含义，而这种含义可以直接或间接地传递商品的某些信息，如商品的优点、性能以及使用它的好处。

（3）可转换性原则。品牌名称是否能扩展到其他产品品种上，是否能扩展到不同的国家或市场，在很大程度上，取决于品牌名称的文化内涵和语言特点。

（4）可适应性原则。设计品牌名称时要考虑名称在品牌的发展过程中应该有适应性，主要是要能够适应时代的变化。如可口可乐、百事可乐等在历史上都有多达十几次的变化标志，但品名却一直不变。

（5）可保护性原则。这种保护性一般是指法律意义上的保护，即能注册，并且最好可以在全球注册。在市场竞争意义上，也要注意不易被其他厂家模仿。

2. 品牌名称设计的方法

品牌名称的选择远比给人起名要复杂和重要得多。

品牌名称不仅要有助于新产品或服务的定位，有令人难忘的吸引力，还得经得起时间的检验并受到法律的保护。一个好的名称，看起来只有几个字或几个字母，但它凝结着命名者的全部智慧，既考虑了产品的功能与特点、企业的抱负与追求，又综合了消费者的兴趣与爱好、社会文化的价值与观念。

表 4－1　品牌名称设计的常用方法

序号	方　法	含　　义	案　　例
1.	以人名设计品牌名称	是一种古老的习惯，早在 19 世纪已十分流行，许多诞生于 19 世纪的国际品牌名就来源于创始人姓氏。既可以创始人的姓氏对商品起到信誉保障作用，同时也可以感到企业创办人的个性、精神	李宁牌、皮尔·卡丹、羽西
2.	以地名设计品牌名称	一般是商品的生产地、风景名胜地或小说中虚构的地名。以产地名为品牌名称一般是因为该地区的天然环境适合于生产这种商品，消费者会认为以该产地取名的商品质量好	羊毛服装品牌“天山”和“鄂尔多斯”、酒品“茅台”
3.	以动植物名设计品牌名称	利用动植物名称的象征作用。福特汽车公司的汽车品牌 Mustang（小野马），作为动力和性能的象征，是美国销售较好的运动车。以类似的动植物命名，最好是进行一定的加工，不要直接使用，以免类同	Apple（苹果电脑）、Lotus（荷花软件）、杉杉（西服）、白猫（洗涤用品）
4.	以数字字母来设计品牌名称	以数字、字母或二者的组合来设计品牌名称大多数是具有某种含义或能够传递某种信息。 IBM 全称为 International Business Machine	7—11（连锁店）表示这种商店的最初营业时间是从早上 7 点到晚上 11 点；“三九”胃泰主要含两种中药三桠苦和九里香
5.	以古典语言来设计品牌名称	这一种方法在西方国家运用得较为广泛。西方古典语言（拉丁语、希腊语）因其高雅的形象经常被用于西方品牌名称中	英国史密斯公司的护肤品品牌 Nivea，Nivea 取自拉丁文 niveus，意思是“雪白的”
6.	以新创词来设计品牌名称	利用西方语言的构词特点，创造出词典里查不到的新词。这些词采用能说明产品特点的词或词根，通过某种构词方法，创造性地设计出来，用作品牌名称。一方面能指出商品的特点，另一方面又具有显著性，不易违反商标法的规定	coca cola
7.	借美好寓意设计品牌名称	在品牌名称中包含有美好寓意，富有联想，能够使消费者间接地联想到商品的优点	奶粉 Carnation（石竹花），英文是“康乃馨”的意思，表示产品的新鲜和优质、红豆

续上表

序号	方法	含义	案例
8.	借雅字来设计品牌名称	借用典雅的字词设计品牌名称是中国特有的设计方法。因为中国受儒家思想的影响，传统上有一种重文抑商的观念，于是一些商人把商业性场所也命名为像文人的书斋一样，常用一些“斋”、“闻”、“轩”、“居”、“园”等	北京的荣宝斋、同仁堂
9.	借迎合之辞设计品牌名称	把公众喜欢的吉祥用语用在企业品牌或产品品牌的名称中，来迎合顾客求福心理，以此招揽生意	北京“内联升”，容易勾起希望升迁人的兴趣；杭州“老板”牌
10.	借企业名称设计品牌名称	采取公司名称与品牌名称一致的策略，花一笔广告宣传费可以既宣传了公司形象，又树立了品牌形象。这种设计选择形式较为适合某一大类商品品牌，不适合综合经营的企业的产品品牌名称	飞利浦电器、索尼电器、三洋电器以及诸多汽车品牌、TCL、长虹、熊猫、微软
11.	暗示产品特点设计品牌名称	一个品牌名称如果能够说明产品的某种特点，那么这个品牌名称将是一个比较好的名称，因为它有助于广告传播，有助于消费者记住该品牌名称。又可提示商品特点，有利于消费者对产品的理解	北极人

（二）品牌标志设计策划

1. 品牌标志设计的原则

（1）营销原则。品牌标志设计的最终目的是让公众和消费者通过标志了解和认知品牌，所以在品牌标志设计上一定要体现出营销原则。

品牌标志的设计必须与产品或服务的特征联系起来，能体现出品牌的理念，能够给公众和消费者准确传递产品和服务所包含的信息。

（2）创意原则。由于现在品牌名目繁多，如果设计出的标志缺乏创意，没有显著性特征，就不会给人以区别和启迪的作用。

品牌标志的本质用意就在于使消费者能够识别和宣传产品或服务，设计的标志要醒目直观，新颖独特，有冲击力，别出心裁，这样就易于给人留下较深刻的印象。

要达到企业国际化发展趋势的目的，标志的设计要考虑各种语言、各国的民族心理等因素。

（3）美学原则。品牌标志设计时应用美学、心理学等多方面的知识，把色彩、线条搭配得尽可能协调，让图案的设计用意清晰地表现出来。品牌标志在设计上，图案与名称应单纯醒目，易于传播，易于理解记忆，并有强烈的感染力。品牌标志设计要相对稳定，又要富有时代特征，符合消费者的审美标准。

（4）吉祥原则。发展顺利、见效快、效益好等是所有企业经营者的共同心愿，在品牌标志设计时往往都用吉祥的图案、吉祥的色彩来寄托这种愿望，从消费者的角度来考虑亦然。另外，要注意企业所在地的民风民俗、民族心理，一定要避开当地的禁忌，这样才能让更多的公众和消费者接受。

（5）传播原则。品牌标志不仅是消费者识别品牌、认知产品的依据，也是提高品牌知名度的一种手段。品牌标志在设计上其图案与名称应简洁醒目，易于认知，易于理解和记忆，也易于传播。

美国耐克公司的品牌标志是个小钩子，这个小钩子异常单纯简洁，使人过目不忘，小钩子的造型尖锐有力，疾如闪电，使人马上联想到产品的性能。

2. 品牌标志设计的方法

品牌标志的设计必须与企业名称、品牌名称紧密地联系在一起，与品牌标志的主题相一致，这样的品牌标志才能对品牌名称起到升华作用。

（1）文字和名称的转化。这一方法是直接运用一些字体符号或单纯的图形作为标志的组成元素。

这种方法的优点是识别力强，便于传播，容易为消费者理解记忆。在创意上，往往借助象征、装饰点缀和色彩的力量，来增强标识的美感和公众的接受。如 IBM、SONY、麦当劳的“M”标志、施乐的“X”标志、李宁体育用品的“L”标志，等等。

1995 年施乐公司设计了新的“施乐”标志：以红色替代原来的蓝色，给人朝气蓬勃、充满生机与活力的视觉效果。为了衬映“施乐”公司的产品技术从传统的模拟技术跨入数字技术的领域，施乐标志的首字母“X”被实际放大成在右上角作数字化处理的特殊效果，见图 4－3。

图 4－3　知名的品牌标志（1）

(2) 图形象征与寓意。以图形或图案作为标志设计的元素，都是采用象征寓意的手法，进行高度艺术化的概括提炼，形成具有象征性的形象。

图形标识因为较易被人在视觉上接受，故也得到普遍运用。特别是一些作为象征物，比如太阳、眼睛、女人的体态、星星、王冠等。在世界文化不断融合的进程中也受到了重视。虽然，这些商标在不同的国家里，象征意义有所不同，但普通大众对它们的熟知已跨越了异国传播的障碍。

美国雷诺兹公司推出的世界名牌“骆驼”香烟，其标志采用一只傲视俗世的骆驼驻足沙滩；苹果电脑公司采用彩色苹果图案，雀巢公司使用“两只小鸟在巢旁”的图案，均形象鲜明生动，给人留下实体形象感，见图4-4。

图4-4　知名的品牌标志（2）

四、品牌推广传播策划

品牌传播既是诉求品牌个性的手段，也是形成品牌文化的重要组成部分。通过何种媒体及其组合并向消费者传递品牌个性的信息，用何种方式演绎和传达品牌个性，都必须注意品牌个性与传播媒介的一致性。

（一）品牌有效传播的原则

1. 选择一套有效的途径

通常的传播渠道分为传统途径和网络途径。

传统途径主要是指报纸、杂志、电视、广播、户外广告、POP、交通广告、社区公益广告牌等，传播的内容一定要集中在消费者的兴趣上，对企业最重要的内容和消费者最感兴趣的内容一定要交代清楚。

网络途径是指搜索引擎登录、网络论坛和新闻组、友情链接登录和网站排行榜登记以及自身商务网站的建立等。

品牌最有效的传播途径应采用传统与网络相结合，双管齐下，并驾齐驱。

2. 通过一种简明的方式来表达

再好的品牌主张若无法准确表达，或表达方式选择不对，都会致使传播过程失真，传播对象不易于理解和接受，传播目标难以实现。

3. 整合传播保持一致

整合营销传播指将各种传播方式有机地组合运用，用同一种策略、同一种节奏，作用于消费者的各种感观，达到同一种信息的有效传达，也就是“同一种声音”。

4. 传播主张具有持续性

如果一种传播主张朝令夕改，消费者就会对某一具体的企业形象和品牌产生认知错乱。因此，品牌的独特销售主张（UPS）必须放到企业的战略蓝图里面去，企业的CI系统也要尽早定夺，将诉求的主体和主题定下来，在正确的方向走最佳的路径。

5. 传播主张的差异性

在品牌传播中，企业优势和独特卖点需要淋漓尽致的阐释和重复的表达。产品与服务的质量、功能等，都是可以被竞争者仿效、抄袭，甚至超越的。可以区分于同类，令消费者情有独钟的法宝，只有企业的品牌和品牌形象。

6. 基于消费者的心理与行为

了解目标传播对象的消费心理与消费行为，可以使传播设计更加有的放矢，加强企业与消费者的互动性，可收到事半功倍、立竿见影之效。

（二）品牌传播媒介的选择与实施

品牌传播媒介的选择是品牌传播策划的关键部分，直接关系到是否能够有效地将品牌特征信息传递给顾客或潜在的消费者。

选择正确适用的媒介是企业获得高品牌投资回报率的关键，一旦企业所选择的媒介不能有效地将品牌信息传递给目标顾客，那么用于品牌传播策划的投入大部分都将白白浪费了。

1. 媒介策划的目标

找到一种媒体组合，使品牌的传播推广以最有效的方式、最低的成本把品牌特征信息传播给尽量多的顾客或潜在消费者。

2. 媒介策划选择与实施的一般程序

（1）寻找目标顾客和品牌的接触点。媒介策划应该从顾客和消费者怎样与企业的品牌进行接触开始。要弄清楚那些人可能会成为企业品牌的最佳顾客或潜在消费者，可能会以何种方式、在什么时候、什么地点接触到企业的品牌。

（2）寻找目标顾客愿意接受品牌信息的方式。企业努力在顾客和消费者出现的地点和时机，以他们愿意接受的方式出现，传递必要的品牌信息。

（3）寻找关键的品牌信息和消费者激励手段。寻找在消费者和顾客与品牌信息的接触过程中，对于顾客和潜在消费者来说最相关、最重要的信息，以及他们认为最有意义的激励手段。

（4）选择媒体组合，并设计一套传播方式。根据目标顾客并结合自身的实力和媒体特点来进行媒体选择，挑选出最适合企业品牌传播的一组媒体，设计一套具体的行动方案，进行品牌的整合营销传播。

（5）传播方案的执行与督导。执行传播方案，并对执行过程进行监控与调整，保证品牌传播目标的实现。

第三部分　练习与思考

一、选择题

(1) 品牌的本质是（　　）。

A. 质量　　B. 文化　　C. 服务　　D. 管理

(2)"开开"品牌产品的目标市场是工薪阶层，它把工薪阶层分为三个层次：收入一般、消费俭朴的普通消费群；消费超前以款式为主的青年消费群；收入丰厚、重工重料的白领消费群，这属于品牌定位原则的（　　）。

A. 档次定位　　B. 比较定位　　C. 类别定位　　D. 功能性定位

(3)"五谷道场"方便面特意强调其"非油炸"的特性，这是采用（　　）。

A. 档次定位　　B. 比较定位　　C. 类别定位　　D. 功能性定位

(4)（　　）是品牌的脸面。

A. 文化　　B. 形象　　C. 广告　　D. 创新

(5)（　　）力图在消费者心目中形成该品牌等同于某类产品的印象，以成为某类产品的代名词或领导品牌。当消费者有了这类特定需求时就会联想到该品牌。

A. 比较定位　　B. 比附定位　　C. 功能定位　　D. 类别定位

(6)（　　）指企业可以通过各种方法和同行中的知名品牌建立一种内在联系，使自己的品牌迅速进入消费者的心智，借名牌之光使自己的品牌生辉。

A. 情感定位　　B. 消费者定位　　C. 比附定位　　D. 功能定位

(7)（　　）是运用产品直接或间接地冲击消费者的情感体验而进行定位。

A. 档次定位　　B. 比较定位　　C. 文化定位　　D. 情感定位

(8)（　　）的选择是品牌传播策划的关键部分，直接关系到是否能够有效地将品牌特征信息传递给顾客或潜在的消费者。

A. 品牌传播原则　　B. 品牌传播媒介

C. 品牌传播对象　　D. 品牌传播观念

二、简答题

(1) 品牌策划的内容包括哪些？

(2) 品牌名称设计的常用方法有哪些，试举例说明。

(3) 品牌推广传播策划的原则是什么？

(4) 品牌传播媒介选择的基本程序如何？

第四部分　实战训练项目

——北京市香妃烤鸡快餐有限责任公司品牌策划

一、项目目标

项目目标是使学习者掌握品牌策划的原则和方法，能够进行一般的品牌项目策划。

二、项目说明

（一）项目背景资料

1. 品牌基本情况

北京市香妃烤鸡快餐有限责任公司创建于20世纪90年代初，所经营快餐品种受到市场欢迎并赢得较好商誉，先后获得“消费者满意单位”、“工人文明先锋号”、“西城区重点企业”等殊荣。

香妃烤鸡以中国传统文化为基础，借鉴国外快餐加工工艺，经长期实践研制而成。

2. 香妃鸡的特点

其特点是：采用多种名贵中草药为调料，精选优质嫩肉鸡，通过独特加工工艺，使药物的有效成分均匀渗透于肉中，起到滋补健身、化浊祛腥之功效。

香妃烤鸡具有清香爽口、回味悠长之优点，再配以香妃火烧、风味小菜、红豆粥，即构成营养丰富、方便快捷、物美价廉的香妃烤鸡套餐。香妃烤鸡含有人体不可缺少的18种氨基酸和多种微量元素，充分体现了“药食同源”的民族饮食文化特色，赢得广大顾客的厚爱。

香妃烤鸡已成为区域性知名品牌，被国内相关部门评为“中国名菜”。

3. 系列与配套产品

系列产品有香辣鸡翅、玉米鸡块、香酥鸡、鸡米花。

配套品种与小菜有香妃鸡胗、香妃鸡颈、香妃凤爪、香妃泡菜等。

休闲食品及冷热饮品有甜粘玉米、炸香蟹、鸡腿串、骨肉相连等休闲食品及百事可乐、珍珠奶茶等知名饮品更为时尚青年朋友们钟爱。

4. 产品价位

（1）香妃烤鸡套餐价格（餐厅食用）：

大份16元/套

中份10元/套

小份9元/套

整只香妃烤鸡（外卖）：38元/只

香妃烤鸡块3元/块

烤鸡大腿10元/个

烤鸡小腿5元/个

黑椒鸭腿8元/个

黑椒鸭腿套餐（餐厅食用）13元/套

（2）配套主食品种及价格：

香妃火烧 1 元/个　　豆馅火烧 1.2 元/个（限时供应）
红豆米粥 1 元/碗　　香菇素包 0.8 元/个（限时供应）

（3）炸鸡系列产品及休闲食品价格：

香辣炸鸡翅 3 元/个　　鸡翅套餐 10 元/套　　玉米鸡块 6 元/盘
玉米鸡餐 9 元/套　　盐酥鸡 6 元/盘　　盐酥鸡餐 9 元/盘
鸡米花 6 元/盘　　鸡米花餐 9 元/盘　　炸香蟹 6 元/盘
香蟹套餐 10 元/套　　甜粘玉米 2 元/个　　炸羊肉串 2 元/串
鸡腿肉串 1.2 元/串　　骨肉相连 2.5 元/串

（4）米饭套餐价格

香妃鸡腿饭 16 元/套　　黑椒鸭腿饭 15 元/套
红烧牛肉饭 15 元/套　　黑椒牛柳饭 15 元/套

（5）送餐业务及品种

香妃烤鸡套餐 17 元标准/份
黑椒鸭腿套餐 15 元标准/份

（二）项目需求说明

以上根据 2007 年 3 月北京市香妃鸡快餐有限责任公司发布的资料改编而成，公司下一步战略目标是希望将香妃烤鸡品牌由区域性知名品牌推向全国，并力争在较短时间内成为国内快餐行业著名品牌。

请分组活动，根据以上信息以学习者所在区域（省、市）为目标进入市场，帮香妃鸡快餐有限责任公司做一份推广品牌策划方案。题目拟定：香妃鸡快餐 × × 地区（省、市）品牌邀请推广策划方案。

三、项目实训步骤

（1）学生 3～5 人为一组，组建各自的策划公司，给自己的策划公司取名。

公司名称：____。
队长：____。
队员：____。

（2）教师作为项目企业的代言人、策划公司的顾客，向策划公司进行需求说明。

（3）教师引导各策划小组，按照所学的品牌策划的知识和技能，进行项目策划。

（4）选择 1～2 个策划小组在班上进行现场通报，同学讨论，教师讲评。

（5）各策划小组对项目策划进行修改。

（6）召开仿真项目策划通报会，选择 1～2 个策划小组进行仿真演练，有条件的可提供模拟通报现场环境。

（7）教师对此次策划实战项目作总结，可向同学们展示讲解企业真实的项目策划。

四、项目实训要求

每个策划小组需完成策划书一份、现场通报 PPT 一份，教师根据实际情况确定。

五、项目考核方式

考核方式：每个组对其他组的策划方案进行评价（30%）+教师对每个组的策划方案书进行评价（70%）。有条件可引入企业或策划公司专业人员参与评价。

表4－2　教师用评分标准

项目策划小组：　　　　　　　　　　　　评阅人：

序　号	评分要素	分　值	评　分
1.	项目策划的完整性	20	
2.	项目策划合理、科学，思路清楚、结构清晰	20	
3.	项目策划的可操作性	20	
4.	项目策划的版面美观设计	10	
5.	项目策划的创意	10	
6.	项目策划的应用价值	10	
7.	合作默契、体现团队精神	10	
	总分	100	

表4－3　学生互评评分表

评价组：

被评组	你们认为该项目策划的最大优点	评分（1～100分）
1. 2. 3. 4. 5. ……		

表4－4　总评分表

被评组	教师评分（70%）	学生评分平均分（30%）	总评分
1.			
2.			
3.			
4.			
5.			
6.			
7.			
8.			
9.			
……			

【练习与思考】参考答案

一、选择题

（1）A　（2）A　（3）C　（4）B　（5）D　（6）C　（7）D　（8）B

二、简答题

略

单元五　价格策划

知识目标：

1. 掌握影响价格策划的基本因素。
2. 掌握基本的价格策划方法。
3. 掌握基本的价格策划策略。

技能目标：

1. 能够设计合理、灵活的价格策划方案。
2. 能够撰写价格策划方案书。
3. 能够组织实施价格策划方案。

第一部分　策划方案示例

——A 卖场的价格策划

封面（略）

前言

A 卖场是一个身处三级市场的“龙头”大卖场，一直习惯定比率加价销售，面对省级重量级超市集团对所处地区市场的攻击，A 卖场必须进行价格策略的调整。

环境分析

A 卖场位于华北一个人口约 200 万人的地级市下属的一个城镇，周围常住人口约有 20 万。

A 卖场所在的 A 集团是当地传统的巨头，其品牌已树立 20 余年，基本是该区域内的“消费核心目标”，它拥有 2 家大卖场、2 家中型超市、20 家便利店、8 家便利式加盟店。而当地官方数字显示：A 卖场在春节期间的销售额占据了 45% 的份额，控制了当地市场的绝大部分消费市场。

在国际零售巨头纷纷拼抢国内一、二级市场的时候，国内的重量级零售商早已开始渗透二、三级市场，2003 年这种现象在当地表现得尤为明显。短短一个月内，有 3 家省级零售大户到本地区签约——在元旦前 2 天的时候，一家仅距 A 卖场 1 公里左右的 15000 平方米的 B 超市宣布开业。同时，另一家重新装修以高档定位的 C 卖场也开门纳客。

这是本地零售市场格局的一次重新洗牌。

价格调整策略

B店开始签约的时候，A店就已开始密切关注它了。从B店的选址、商圈、商品定位、招商乃至对B店外地开店的调查，A店都进行分析、研究。发现：A店在当地已身处无竞争或微竞争的氛围中，使A店竞争的意识极微弱——这是非常危险的。这在采购环节中有可能导致以下局面的出现：A店在竞争最激烈的“敏感商品价格问题”上落后于对手。

经过公司各部门主管的激烈讨论，决定：要打破现有的价格统一顺加率的现状，结合公司多年来的经验，寻找出科学的定价策略，以此来解决价格竞争的瓶颈，阻击B店可能带来的价格之战。

通过对过去销售数据的收集和统计，把商品大体分为高销售量的商品（跑量商品）、高毛利额/率的商品（提供高毛利/率的商品）、赚取费用的商品（提供通道费的商品）三类，在采购部门的品类经理确定新产品引进计划时，就确定属哪种类型的商品，商品价格也可参考此分类来定价。

一类商品定价

第一类是“跑量商品”的定价策略。在大卖场，这类商品一般在同类商品中的销售量最大，一般统称为畅销品。根据系统数据的显示，占同类商品中总量的20%左右，销售量往往占同类商品总量80%左右。

“跑量”商品额定较低毛利，在1%～6%之间，甚至可以在短期内采用零毛利或负毛利的促销手段来提高销售额或带动客流量，也可采用“会员价”、“特价”等手段来推荐销售此类商品。

根据商品贡献率大小确定商品价格。

贡献率的公式为：贡献率 = 商品周转次数 × 毛利率。

贡献率数值高，说明商品销售额、库存额、毛利额相互间各要素协调得当，商品业绩良好。

二类商品定价

二类商品定价即“高毛利额/率”商品的定价策略。此类商品多属引导性、潮流性的商品。

这类商品的需求一般局限在高收入的消费者，商品可以参考其新颖度、时间性等来定价，比如，新型的工艺品、进口商品、其他非日常高消费品、非敏感性商品都可用此定价策略。

三类商品定价

三类商品定价即“赚取费用”的商品的市场定价策略。

这类商品生产商一般愿意提供较大的市场（通道）费用来培育其产品。对这类商品的定价策略可低可高，主要是分析商圈内的竞争程度。这类商品一般是厂家在商品投入期采取的快速渗透策略，厂家会以低价格和高促销费用推出新产品，目的在于快速打入市场，占据一定的市场占有率。

一般该商品的市场需求量大，潜在的消费者对产品不了解，且对价格非常敏感，同类商品的竞争激烈。所以，厂家愿意以各种通道的形式支付较大的费用来进入终端。

对于此类商品的定价应主要参考市场竞争的程度，最终确认售价，但毛利一般比较平稳或偏低，这之间的差距可通过通道费用的形式来弥补。例如，市场成熟的洗发水类、牛奶类等同质化的商品。

方案的实施（略）

（改编自《销售与市场》，《大卖场：学会定价才能阻击对手》，刘祥波，2004年第5期）

从本项目策划可以看出，价格策划是企业营销策划的一项重要内容，直接影响商品的市场销售状况、销量和利润额。不同的商品性质不同，销售时机不同，竞争状态不同，面对的市场需求特点不同，价格策划方案也应有较大差异。

第二部分 知识链接

价格是企业市场营销组合策略中一个重要且敏感的因素，产品或服务定价是否恰当，在很大程度上直接关系到消费者对产品和服务的接受程度，影响企业的销售量和营利水平。因此，价格的制定是企业营销战术策划的一个重要内容。

价格策划包括两个方面的内容。

一是定价策划。即分析影响定价的因素、选择定价的方法和定价的策略，制定一套具有可操作性的定价方案。

二是价格变动策划（调价策划）。随着市场竞争的加剧，企业还要考虑应对竞争而进行价格调整，针对竞争对手的价格变动和市场状况，制定行之有效的价格变动方案。

无论是定价策划还是价格变动策划，策划的最终，都要形成一套完整的与其他营销因素相配合的操作方案。

【案例5－1】

休布雷公司的巧妙定价

休布雷公司是美国生产和经营伏特加酒的专业公司，其生产的史密诺夫酒在伏特加酒市场享有较高的声誉，市场占有率达23%。20世纪60年代，另一家公司推出一种新型伏特加酒，其质量比不上休布雷公司史密诺夫酒，每瓶价格却比它低1美元。面对对手的价格竞争，按照常规的做法，休布雷公司有三种对策可以选择。

降价1美元，以保住市场占有率；

维持原价，通过增加广告费用和推销支出与竞争对手相对抗；

维持原价，听任其市场占有率降低。

然而，该公司的市场营销人员经过深思熟虑之后，却策划了对方意想不到的第四种策略，即将史密诺夫酒的价格再提高1美元，同时推出一种与竞争对手新伏特加酒一样的瑞色加酒和另一种价格低一些的波波酒。其实这3种酒的品质和成本几乎相同。但实施这一策略却使该公司扭转了不利局面：一方面提高了史密诺夫酒的地位，使竞争对手的新产品沦为一种普通的品牌；另一方面不影响公司的销售收入，而且由于销量大增，利润增加。

（摘自吴勇《市场营销》，高等教育出版社，2008年5月）

一、策划前的准备

（一）分析影响产品定价的因素（图5－1）

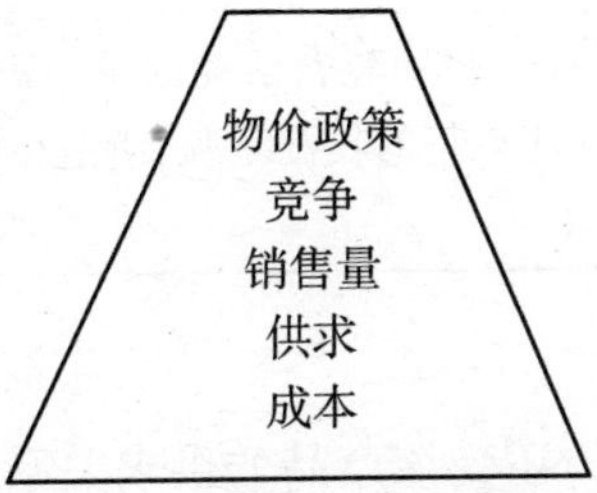

图5－1　影响产品定价的因素

1. 产品成本

产品价格是由成本、利润和税金三个基本要素组成。企业在实际定价中，首先要考虑的是产品成本，它是产品定价的基础。产品成本是企业经济核算的盈亏临界点，产品定价必须至少能够补偿产品成本，这是企业再生产的最基本条件。经营者需要理解和考虑的成本因素如表5－1所示。

表5－1　常用的成本概念

名　称	含　义	与价格（销售额）的关系
总成本	固定成本与变动成本之和	总成本与销售额相等时，利润为0
固定成本	为组织一定范围内的生产经营所支付的，不随产（销）量的变动而变化的成本，如固定资产折旧、租金、产品设计费、管理人员工资等	产（销）量的增加，带来单位固定成本的降低
变动成本	在一定生产经营范围内，随产（销）量的变动而变化的成本，如原材料、生产工人工资、销售税金及商品运输费用等	生产达到一定规模，工人熟练程度提高，批量采购原材料价格优惠，单位变动成本呈递减趋势
单位总成本	总成本除以产量所得的商数，也称平均成本	当单价与单位总成本相等时，利润为0
边际成本	每增加或减少一个单位产量所造成成本变动的数额	经营者关心的是找到一个能获得最大利润的产量，故对产量变动所发生的新增成本比对单位成本更重视，希望寻找边际成本最低点的规模

续上表

名　　称	含　　义	与价格（销售额）的关系
使用成本	消费者在使用产品时的花费，如汽油费、电费、维修费等	使用成本也是影响消费者购买的关键因素
机会成本	从事某项经营活动而放弃另一经营活动的机会，另一项经营活动所应取得的收益即为某项经营活动的机会成本	研究机会成本的实践意义在于充分利用有限的资源，以获得最大的收益

2. 供求

产品价格除受成本影响外，还受该产品的供求关系影响。市场上的产品供求关系平衡总是暂时的、相对的。

一般情况是，当产品供大于求时，价格下降；当产品供不应求时，价格上升。

对于不同的产品，由于其需求弹性大小不一，供求关系对价格的影响也是不同的。需求弹性小的产品，其供求关系对价格的影响较小；需求弹性大的产品，其供求关系对价格的影响较大。因此，企业必须预先测定产品的供求状况和需求弹性，作为产品定价的依据。

3. 销售量

由于企业盈利是单位产品实现的盈利与销售量两者的乘积，即：

企业盈利 = 全部销售收入 - 全部成本费用

= 产品销售数量 ×（单位产品价格 - 单位成本费用）

可见，价格与销售量这两个因素是负相关的，即价格过高可能导致需求量（销售量）的减少，从而影响企业的收入和盈利。因此，在其他条件既定的前提下，企业盈利状况最终取决于价格与销售量的组合。

当边际收入 = 边际成本时，其销售量为企业获得最大利润的销售量。

【案例5-2】

“格兰仕”的七次降价

中国微波炉龙头知名品牌格兰仕，在我国微波炉市场迅速发展的1996—2000年内，连续对竞争对手发动了七次价格战争，不断采用降价策略掠夺市场。把微波炉行业的利润降到低点，提高了行业进入门槛，使许多欲进入该行业的企业丧失了兴趣，避免了强大潜在竞争对手的出现。

格兰仕的这种进攻型价格策略，运用的是“降价—增加销量、扩大规模—成本下降—进一步降价的”思路。

格兰仕不仅在技术上，而且在价格上给竞争对手设置了很高的壁垒，既驱逐了市场上的中小竞争者，也树立了自己的品牌地位。

次　数	时　　间	减价幅度
第 1 次	1996 年 8 月	微波炉价格平均下调 24.6%
第 2 次	1997 年 7 月	最小型号产品 17L 微波炉降价 40.6%
第 3 次	1997 年 10 月	5 大机型价格下调，13 个产品品种全面降价，平均降幅 32.3%
第 4 次	1998 年 7 月	两个 17L 型号降价，平均降幅 24.3%
第 5 次	2000 年 5 月	“新世纪”系列产品价格大幅度下调并实施疯狂的赠送活动
第 6 次	2000 年 6 月	中档改良型 750“五朵金花”系列降幅达 40%，高档“黑金刚”系列让利回赠，效果显著
第 7 次	2000 年 10 月	所有产品全部锁定在 1000 元以内，市场降价平均幅度达到 40%

这种降价策略不断拉高竞争壁垒，驱逐竞争对手，规模每上一个台阶，价格就大幅下调。当生产规模达到 125 万台时就把出厂价定在规模为 80 万台的企业成本价以下；当规模达到 300 万台时，又把出厂价调到 200 万台规模的企业成本以下。此时，格兰仕还有利润，而规模低于这个限度的企业，多生产一台就多亏损一台。格兰仕每次降价的幅度都相当大，规模小、实力弱的微波炉生产商很难抵御这样的价格攻击。

（改编自 http：//www.doc88.com. 格兰仕的降价战略）

4. 竞争

对于定价来说，竞争的影响主要表现为价格竞争对产品价格水平的约束。

价格竞争仅是同类产品竞争的一个方面，它同其他形式的竞争存在着紧密的联系。

表面上看，价格竞争仅表现为价格的变动，但其实质是通过调整价格，改变企业产品的性价比，促使消费者对产品的质量和整体效用作出新的评价，从而对消费者的购买行为施加影响。

消费者的购买行为只是在期望得到满足与愿意支出的货币量相一致时才会发生。

5. 物价政策

政府各有关部门总是密切关注市场物价水平，并运用法律、政策等手段，对企业定价行为进行约束和调控，同时通过规定其所控制的产品或服务的价格，对价格水平施加影响。政府作为国内市场最大买主，特别是在某些工业（如国防工业）作为唯一的最大买主，对价格起着重要的制约作用。

（二）设计正确的定价程序

概括起来，企业产品定价策划的一般程序如图5－2所示。

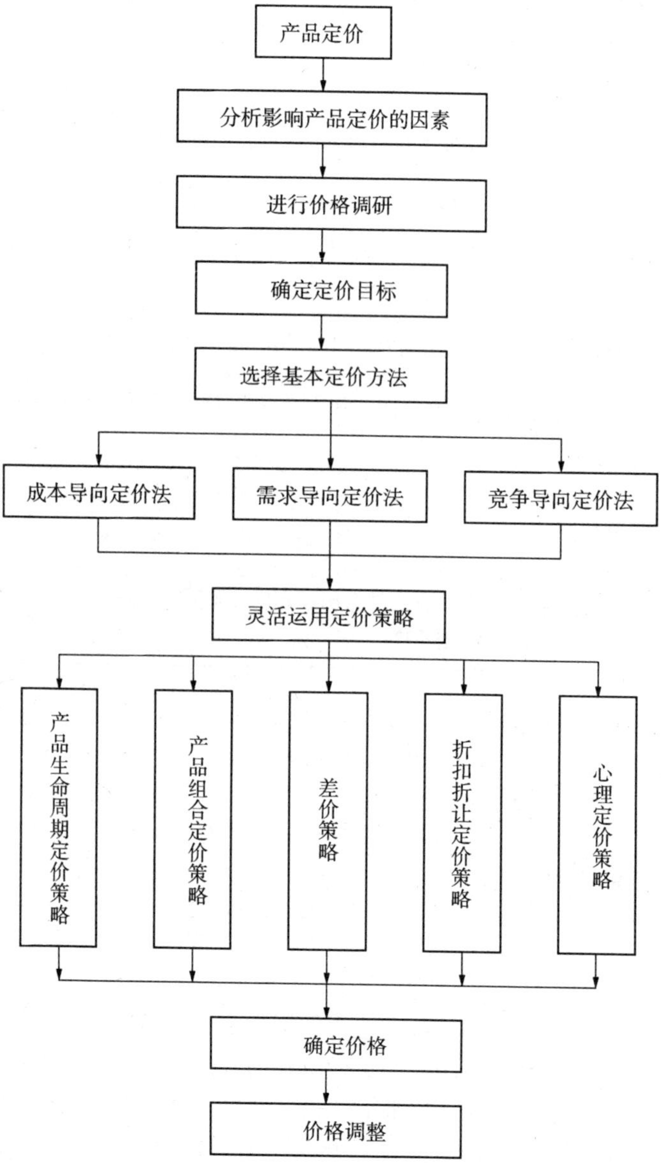

图5－2　企业产品定价策划的一般程序

（三）做好价格调研

制定产品价格，至少需要满足三方面的要求：

（1）消费者和经销商乐于接受。

（2）在市场上销售时，同竞争对手相比，价格要有竞争力。

（3）不能违反国家的价格政策。

做好价格调研除了前面提到的要了解定价的影响因素外，还要注意以下几个方面的调研。

1. 品牌影响力调研

品牌的价值也是产品价格的重要决定因素。一个新产品推出以后，要对它所使用的品牌是否具备一定的影响力进行调研。看自己产品的品牌影响力在一个什么层面上，这样在定价时，才能做到心中有数。常用的调查方法是问卷调查，可以在网上或雇佣调查员进行。如有必要，也可请专业的调查公司进行调查。

【案例5-3】

品牌的价值

温州是世界上最大的打火机生产基地，标有中国品牌的打火机在欧美市场只能卖几美元，但卖给外国企业，贴上知名商标后，却能卖到10倍以上的价格。为什么？

因为在消费者的心目中，这些品牌的价值感觉更高些，即消费者的心理价格高，因而虽然产品是一样的，但消费者却宁愿支付更高的价格购买有更高认知价值的产品。

（摘自卢泰宏《解读中国营销》，中国社会科学出版社，2004年10月）

2. 竞争对手价格调研

“知己知彼，百战不殆。”在做价格策划时，要时刻掌握竞争对手的报价信息。这种了解越详细越好，了解对方价格空白点、制高点等，从而寻找一些价格缝隙。

3. 消费者心理价位调研

就一般的消费心理而言，消费者在决定购买某种产品时，就会对这种产品定一个价格底线，如果超出这个底线，消费者可能就不会产生购买行为。因此，企业在制定产品价格时，要充分研究消费者对该类产品的价格接受程度，以及他们的最佳心理价位和最高心理价位，以此来制定一个能够让消费者更容易接受的价格。

（四）选择合理的定价目标

企业在产品定价之前，必须确定某次定价或价格调整预期要达到的目标是什么，企业常用的定价目标有以下几种，如图5-3所示。

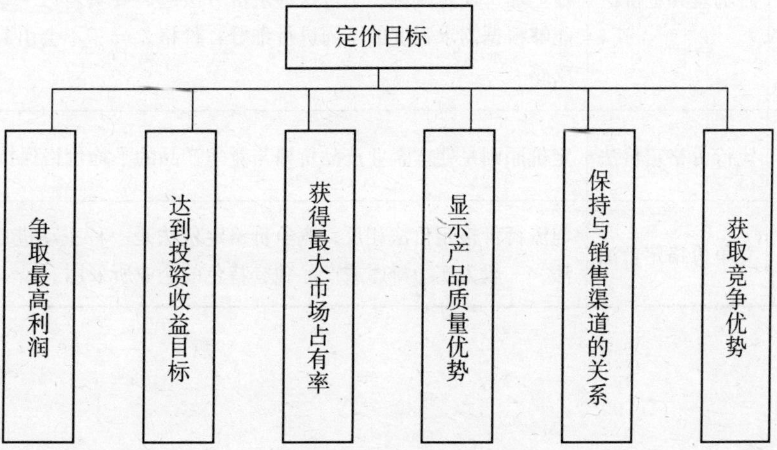

图5-3 企业的定价目标

二、确定定价导向和定价方法

企业基本的定价导向和定价方法如表 5－2 所示。

表 5－2　基本的定价导向和定价方法

定价导向	定价方法	操作方法
成本导向定价	成本加成定价法	产品的成本上加上一个标准的比例得出产品价格。 加成定价具有计算简单、简便易行的优点。但是忽视了市场竞争和供求状况的影响，缺乏灵活性，难以适应市场竞争的变化形势
	损益平衡定价法	首先找出公司的损益平衡点，然后确定公司产品的定价。 损益平衡定价法侧重于总成本费用的补偿。关键在于找出企业不亏不盈时的产量或销量，在此产量（销量）下，企业组织经营活动时，必须最大限度地缩小盈亏平衡点的销量或销售额，尽最大可能地扩大盈利销售量，实现企业利润的最大化。 保本价格＝固定成本/盈亏平衡点销售量＋单位变动成本
	目标收益定价法	这是根据企业产品总成本和计划总产量（销售量），加上目标利润，来确定单位产品价格的方法。 单位产品销售价格＝（总成本＋目标利润）/计划总产量
需求导向定价	理解价格定价法	根据购买者的价格观念来定价，而不是按卖主的成本费用水平定价。采用这种定价方法的条件是必须有产品质量、服务态度、广告宣传等非价格因素的密切配合，以影响消费者购买行为，从而使消费者易于接受产品定价
	需求差异定价法	这种定价法以销售对象、销售地点、销售时间等条件变化所产生的需求差异作为定价基本依据，根据各种具体差异，决定是在基础价格上加价还是减价。实行这种定价方法起码要具备以下条件：市场能够根据需求强度的不同进行细分；价格差异，不会引起消费者的反感
竞争导向定价	流行价格定价法	定价原则是使本企业产品价格与竞争产品的平均价格保持一致
	竞争价格定价法	与流行价格定价法相反，竞争价格定价法是一种主动进攻的定价方法，一般为实力雄厚或产品独具特色的企业所采用

三、价格策略策划

常用的定价策略及操作方法如表5－3所示。

表5－3　常用的价格策略

价格策略	具体形式	操作方法
折扣定价策略	数量折扣	对大批量购货的买主降价，折扣额不能超过大量销售所节省的成本
	交易折扣	厂商依据各类中间商在营销中所担负的不同职能，给予不同的价格折扣。目的在于刺激中间商更充分地发挥组织市场营销活动的功能
	季节折扣	对淡季购买商品或服务降低价格
地区定价策略	离岸价格策略	卖主在产地交货，由买方负担全部的运杂费和运输途中所受的损失
	统一交货策略	与离岸价格相反，这里运杂费和运输损失均由卖方负担
	区域价格策略	卖主将其供应的市场划分为几大区域，在每个区域内实行统一交货价格
	津贴运费价格策略	由卖主负担全部或部分货运费用，或减收一部分价款。这种情况一般在竞争比较激烈的地区或开辟新的市场时常采用，通过负担全部或者部分运费，可以使较远的中间商更愿意购买，从而增加市场占有率
	基本点定价策略	基本点定价要求卖方到指定的地点出售商品，然后由购买者自己负担从批发基点到自己所在地的费用
心理定价策略	整数定价	使价格体现高档次，以满足消费者的高消费心理。顾客感到消费这种商品与其地位、身份、家庭等方面协调一致，同时也增加了企业盈利
	尾数定价	保留价格尾数，采用零头标价。如9.98元、19.99元，使价格保留在较低一级档次。 尾数定价给人以便宜感，另一方面标价精确可以给人以信赖感。 尾数定价用以满足消费者求实消费心理，对于价格弹性较强的商品，尾数定价策略往往会带来需求量的增加
	声望定价	针对消费者“价高质必优”的心理，对在消费者心目中享有声望、具有信誉的产品制定较高价格。 价格档次时常被当作商品质量最直观的反映，特别是在消费者识别名优产品时，这种心理意识尤为强烈
	习惯定价	按照消费者习惯价格心理制定价格。 日常消费品的价格，通常易于在消费者心目中形成一种习惯性标准，符合其标准的价格被顺利接受，这类商品价格要力求稳定，避免价格波动带来不必要的损失。 在必须变价时，应同时采取措施，加深客户对该产品价格性能比的理解
	招徕定价	通过降低几种消费者熟知产品的价格，来诱导消费者产生此处价格低廉的心理，以促使消费者购买其他产品，带来总利润的增加

续上表

价格策略	具体形式	操作方法
新产品定价策略	投入期定价策略	取脂定价策略：企业利用高收入阶层愿意支付更高价格、实现其对新产品率先消费的特点，通过高价以撇取市场油脂的定价策略。可在较短时间内收回开发新产品的费用，获得较高的边际利润 渗透定价策略：把投入期产品的价格定在同类产品的价格水平下，通过低价销售，阻止竞争者进入市场，从而尽早最大限度地控制市场。但在投入期难以获得可观利润
	成长期定价策略	成长阶段，成本费用水平大幅下降，市场销售量扩大，价格应有条件地下调
	成熟期定价策略	在成熟阶段，市场竞争加剧，维持原价难以保持企业的市场份额。 定价以保持市场占有率为主要目标，采取竞争性低水平价格
	衰退期定价策略	衰退阶段，产品趋于淘汰，销售条件更加恶化，企业定价应以尽快收回占压资金为目标，必要时价格甚至与平均变动成本一致，以便尽快将有限的资金转入新产品的开发与生产
产品组合定价策略	产品线定价	在产品线各个品种中，合理的定价既要显出各个品种的质量差异，又要对顾客的需求和竞争者价格综合考虑
	相关产品的定价	某些行业的企业生产与主体产品一起使用的产品，如刮胡刀与刀架。主体产品（刀架）往往价格订得较低，而对供应品定出较高的价格

四、价格调整策划

在当今市场竞争愈演愈烈的情况下，企业的定价很难保持长时间的稳定，必须根据市场的状况，以及竞争者的价格变化情况，不断地进行调整。

价格的稳定是相对的，而不断的动态调整却是永恒的。

（一）分析顾客对企业变价的反应

企业无论提价或降价，必须预测和分析顾客对这种变价行为的反映，以及他们的接受程度，以做出更加科学合理的决策。

顾客对于企业降价可能会这样理解：

（1）这种产品的式样老了，将被新型产品所代替。

（2）这种产品有某些缺点，销售不畅。

（3）企业财务困难，难以继续经营下去。

（4）价格还要进一步下跌。

（5）这种产品的质量下降了。

(6) 这种产品竞争激烈，企业需要促销。

……

企业提价通常会影响销售，但是购买者对企业的某种产品提价也可能会这样理解：

(1) 这种产品很畅销，不赶快买就买不到了。

(2) 这种产品很有价值。

(3) 卖主想尽量取得更多利润。

……

价格调整策略运用不当，降价也未必带来销售量的增加，企业也会错失良机。

正确分析预测顾客对产品变价的心理反应，并能引导消费者的心理反应，才能使企业的变价行为真正达到其预期的目标。

一般来说，购买者对于价值高低不同的产品价格的反应有所不同。对于那些价值高、经常购买的产品的价格变动较敏感，而对于那些价值低、不经常购买的小商品，即使单位价格较高，购买者也不大注意。

此外，购买者虽然关心产品价目表的变动，但通常更关心取得、使用和维修产品的总费用。因此，如果卖主能使顾客相信某种产品取得、使用和维修的总费用较低，那么，它就可以把这种产品的价格定得比竞争者高，取得较多的利润。

（二）分析竞争者对企业变价的反应

企业在考虑改变价格时，不仅要考虑购买者的反应，而且必须考虑竞争对手的反应。当某一行业中企业数量很少，提供同质的产品，购买者颇具辨别力与知识时，竞争者的反应就愈显重要。

1. 企业在主动调价前必须明确的问题

(1) 本行业产品有何特点？本企业在行业中处于何种地位？

(2) 主要竞争者是谁？竞争者会怎样理解我方的价格调整？

(3) 针对本企业的价格调整，竞争者会采取什么对策？这些对策是价格性的还是非价格性的？它们是否会联合作出反应？

(4) 针对竞争者可能的反应，企业的对策是什么？有几种可行的应对方案？

在进行细致分析的基础上，企业方可确定价格调整的幅度和时机。

2. 预测竞争者反应

企业如何去估计竞争者的可能反应呢？

企业可以从以下两个方面来估计、预测竞争者对本企业的产品价格变动的可能反应：

(1) 假设竞争对手采取老一套的办法来对付本企业的价格变动。在这种情况下，竞争对手的反应是能够预测的。

(2) 假设竞争对手把每一次价格变动都看作新的挑战，并根据当时自己的利益作出相应的反应。在这种情况下，企业就必须断定当时竞争对手的利益是什么。企业必须调查研究竞争对手目前的财务状况，以及近来的销售和生产能力情况、顾客忠诚情况以及企业目标等。如果竞争者的企业目标是提高市场占有率，它就有可能随着本企业的产品价格变动而调整价格。如果竞争者的企业目标是取得最大利润，它就会采取其他对策，如增加广告预算，加强广告促销或者提高产品质量等。

总之，企业在实施价格变动时，必须善于利用企业内部和外部的信息，观测出竞争对手的思路，以便采取适当的对策。

实际问题是复杂的，因为竞争者对本企业降价可能有种种不同理解，竞争者可能认为企业想偷偷地侵占市场阵地，或者认为企业经营不善，力图扩大销售；还可能认为企业想使整个行业的价格下降，以刺激整个市场需求。

如果企业面对着若干个竞争者，在变价时就必须估计每一个主要竞争者的可能反应。如果所有的竞争者反应大体相同，就可以集中力量分析典型的竞争者，因为典型的竞争者反应可以代表其他竞争者的反应。

（三）降价策略策划

1. 降价动因

（1）企业急需回笼大量现金。

（2）企业通过降价来开拓新市场。

（3）企业决策者决定排斥现有市场的边际生产者。

（4）企业生产能力过剩，产品供过于求，企业希望扩大销售。

（5）企业决策者预期降价能扩大销售，由此扩大生产规模。

（6）成本降低，费用减少，使企业降价成为可能。

（7）企业降价有利于同中间商建立较为良好的关系。

（8）政治法律环境及经济形势的变化，迫使企业降价。

2. 降价的方式

降价最直截了当的方式是将企业产品的目录价格或标价绝对下降，但企业更多的是采用各种折扣形式来降低价格。

（1）数量折扣、现金折扣、回扣和津贴。

（2）赠送样品和优惠券，实行有奖销售。

（3）给中间商提取推销奖金。

（4）允许顾客分期付款。

（5）赊销。

（6）免费或优惠送货上门、技术培训、维修咨询。

（7）提高产品质量，改进产品性能，增加产品用途。

由于这些方式具有较强的灵活性，在市场环境变化的时候，即使取消也不会引起消费者太大的反感，同时又是一种促销策略，因此在现代经营活动中运用越来越广泛。在国际市场上，由于日本竞争者的产品质量较高，价格较低，使美国的汽车、电子产品、照相机、钟表等行业，已经丧失了一些市场阵地。在这种情况下，美国一些公司不得不降价竞销。在国内市场上，1996 年彩电行业的降价风潮也说明了类似问题。当时，长虹的降价幅度高达 30%，TCL 曾试图以保持原有价格，提高产品质量，加大宣传力度，扩大与竞争者的差异来应对，但因产品的价格弹性较强，未能奏效。为保持其市场占有率，TCL也被迫采取了降价策略。

（四）提价策略策划

1. 提价动因

（1）应付产品成本增加，减少成本压力。

（2）为适应通货膨胀，减少企业损失。

（3）产品供不应求，需求量不断上升。

（4）利用顾客心理，创造优质效应。

（5）季节性商品达到销售旺季。

（6）竞争对手产品提价。

（7）产品在市场上处于优势地位明显。

2. 提价方式

在提价方式的选择上，企业应尽可能多采用间接提价策略，把提价的不利影响减到最低程度，使提价既不影响销量和利润，又能被潜在消费者普遍接受。

企业提价时应通过各种渠道和方式向顾客说明原因，并以产品策略和促销策略与之配合，帮助顾客寻找节约途径，以减少顾客不满，维护企业形象，提高消费者信心，刺激消费者的需求和购买行为。

价格调整的幅度要根据消费者的反应测试进行精心计划。

调整价格是为了促进销售，增加企业利润，只有根据消费者的反应进行调价，才能收到预期效果。

（五）应对竞争者变价的策划

在现代市场经济条件下，企业经常会面临竞争者变价的挑战。如何对竞争者的变价作出及时、正确的反应，是企业定价策略的一项重要内容。

1. 分析竞争对手变价的原因

面对竞争者的变价，企业必须认真调查研究如下问题：

（1）为什么竞争者变价？

（2）竞争者打算暂时变价还是永久变价？

（3）如果对竞争者变价置之不理，将对企业的市场占有率和利润有何影响？

（4）其他企业是否会作出反应？

（5）竞争者和其他企业对于本企业的每一个可能的反应又会有什么反应？

2. 应对方式

（1）在同质产品市场上，如果竞争者降价，企业必须随之降价，否则顾客就会购买竞争者的产品，而不购买本企业的产品。

（2）在异质产品市场上，企业对竞争者变价的反应有更多的选择余地，因为在这种市场上，顾客选择卖主时不仅考虑产品价格因素，而且考虑产品的质量、服务、性能、外观、可靠性等多方面的因素。因而在这种产品市场上，顾客对于较小的价格差异并不在意。

（3）如果某一个企业提价，且提价会使整个行业有利，其他企业也会随之提价；但是如果某一个企业不随之提价，那么最先发动提价的企业和其他企业也不得不取消提价。

（六）市场领导者的价格应对策划

在市场上，市场领导者往往最易受到其他企业的进攻，这些企业的产品可与市场领导者的产品相媲美，它们往往通过进攻性的降价来争夺市场领导者的阵地。在这种情况下，市场领导者有以下几种策略可供选择。

1. 维持价格不变

维持价格不变的同时，要改进产品质量、突出产品差异、提高服务水平、加强促销沟通等，运用非价格手段打击竞争者。许多企业的市场营销实践证明，采取这种策略比降价和低利经营更好。

2. 降价

市场领导者之所以采取这种策略，主要是因为：降价就会使销售量增加，从而使成本费用下降；市场对价格很敏感，不降价就会使市场占有率下降。

但是，企业降价以后，仍应尽力保持产品质量和服务水平，维持领导者的信誉形象，有利于市场占有率的进一步提高和新的高利润的产品和服务的市场推广。

3. 提价

提价的同时，还要致力于提高产品质量，或推出某些新品牌、新款式、新服务，以便与竞争对手争夺市场。

第三部分　练习与思考

一、选择题

（1）影响产品定价的因素（　　）。

A. 成本　　B. 供求

C. 销售量　　D. 竞争

（2）常用的定价导向有（　　）。

A. 政策导向定价　　B. 成本导向定价

C. 需求导向定价　　D. 竞争导向定价

（3）出现下列哪些情况时，企业一般采用降价策略（　　）。

A. 企业急需回笼大量现金

B. 企业通过降价来开拓新市场

C. 产品供不应求，企业希望增加销售

D. 企业决策者决定排斥现有市场的边际生产者

（4）变相降价的主要形式有（　　）。

A. 赠送样品　　B. 赠送优惠券

C. 有奖销售　　D. 分期付款

(5) 从事某项经营活动而放弃另一项经营活动的机会，另一项经营活动所应取得的收益即为某项经营活动的（　　）。

A. 固定成本　　B. 变动成本

C. 边际成本　　D. 机会成本

(6) 常用的心理定价策略有（　　）。

A. 整数定价　　B. 尾数定价

C. 声望定价　　D. 习惯定价

E. 招徕定价

二、判断题

(1) 总成本是固定成本与变动成本之和。（　　）

(2) 变动成本是指为组织一定范围内的生产经营所支付的，不随产销量的变动而变化的成本，如固定资产折旧、租金、产品设计费、管理人员工资等。（　　）

(3) 当单价与单位总成本相等时，单位利润为0。（　　）

(4) 消费者在使用产品时的花费，如汽油费、电费、维修费等，被称为使用成本。（　　）

(5) 降价最直截了当的方式是将企业产品的目录价格或标价绝对下降，企业一般很少采用各种变相降价的形式来降低价格。（　　）

(6) 每增加或减少一个单位产量所造成成本变动的数额为变动成本。（　　）

(7) 一般情况是，当产品供大于求时，价格下降；当产品供不应求时，价格上升。（　　）

(8) 企业降价一定会带来销售量的增加，而提价一定会带来销售量的减少。（　　）

(9) 企业在考虑改变价格时，不仅要考虑购买者的反应，而且必须考虑竞争对手的反应。（　　）

(10) 如果竞争者降价，企业必须随之降价，否则顾客就会购买竞争者的产品，而不购买本企业的产品。（　　）

三、简答题

(1) 联系实际谈谈如何设计定价程序，并举例说明。

(2) 如何做好价格策划调研？

(3) 常用的心理定价策略有哪些，并举例说明。

(4) 处于产品生命周期不同阶段的产品，企业在定价策划时应如何考虑？

(5) 企业在什么情况下，会考虑提价？

(6) 当竞争对手降价时，企业应如何应对？

第四部分　实战训练项目

——舞动全城汇“商百（拟名）”

一、项目目标

通过该策划项目，使学习者掌握灵活多样的价格策划技巧，并完成策划书撰写。

二、项目说明

（一）项目背景

商百（拟名）是某地的大型百货公司，在当地商业流通领域具有广泛的知名度和良好的口碑，是当地零售的龙头企业，具有多家连锁百货门店。

五一节（国庆节）即将来临，该企业拟利用“五一”（“十一”）假期在百货公司开展《舞动全城汇“商百（拟名）”》大型系列促销活动，既实现销售量增加的目标，又借此宣传企业的品牌形象，保持企业品牌在消费者心目中的位置。

（二）执行时间

20××年5月1～7日（10月1～7日）。

（三）执行地点

市区内各连锁百货门店。

（四）价格促销建议

（1）直接降价手段与间接降价手段综合运用。

（2）不同类型的产品，由于产品本身的利润率，产品流行周期等不同，降价的幅度不同。如：

1）男女服饰、鞋类、皮件箱包、针织、内衣、童服等折算后最低6折；

2）运动休闲服饰最低7折；

3）钟表最低8折；

4）家品、床品最低7.5折；

5）电器9.5折

……

（3）可以通过增加积分的方式吸引VIP消费者。

（4）提前一周在本地媒体进行活动信息传播。

（五）促销活动目标

（1）实现优异的销售目标。

（2）借此宣传企业的品牌形象。

（3）保持企业品牌在消费者心目中的位置。

三、项目实训步骤

（1）3～5 人组成策划公司或策划小组，以策划小组为单位进行讨论、资料收集、现场调查、策划方案制定、谈论与修改、策划成果展示。

公司名称：______________________________。

策划小组负责人：__________________________。

策划小组成员：____________________________。

（2）教师作为企业策划需求宣讲人，介绍项目背景和企业需求。

（3）教师引导策划小组分析策划项目、进行现场调查，学习相关知识点，进行资料收集。

（4）各策划小组在教师的指导下共同完成项目策划初稿（策划书或者项目通报 PPT）。

（5）教师选择 1～2 个策划小组，对策划项目进行通报，由其他同学进行评价后，老师进行整体评价，讲解企业真实的策划方案。

（6）各策划小组根据老师的评价意见，修改策划方案。

（7）组织仿真项目策划通报会，教师选择 1～2 个策划小组，对策划项目进行通报。

（8）教师对本次项目实训进行整体总结。

四、项目实训要求

本项实训活动有两个重要组成部分。

（1）实地市场调查。

可选择当地一家知名百货公司为策划对象。由教师担任项目总指导，组织学生了解百货公司的经营模式和产品类别，感受百货公司的一次大型价格促销活动，并记录。如表 5－4 所示。

表 5－4　百货公司促销活动策略一览

百货公司：　　　　调查时间：　　　　调查员：

序号	运用的促销策略	适用产品种类	主要的操作方式

（2）以小组为单位，完成策划方案和项目通报 PPT 各一份。

五、项目考核方式

项目考核可引入本地百货公司的专业人员参与。校内外专、兼职教师公共评价。

表 5－5　教师用评分标准

项目策划小组：　　　　　　　　　　　　评阅人：

序号	评分要素	分值	评分
1.	项目策划的完整性	10	
2.	项目策划合理、科学，思路清楚、结构清晰	20	
3.	项目策划的可操作性	20	
4.	项目策划的版面美观设计	10	
5.	项目策划的创意	10	
6.	项目策划的应用价值	10	
7.	合作默契、体现团队精神	10	
8.	项目通报现场表现	10	
	总分	100	

【练习与思考】参考答案

一、选择题

（1）ABCD　（2）BCD　（3）ABD　（4）ABCD　（5）D　（6）ABCDE

二、判断题

（1）√　（2）×　（3）√　（4）√　（5）×　（6）×　（7）√

（8）×　（9）√　（10）×

三、简答题

略

单元六　分销渠道策划

知识目标：

1. 掌握分销渠道的含义、类型和模式。
2. 掌握选择中间商的方法。
3. 掌握分销渠道策划的方法。
4. 掌握分销渠道管理方法。

技能目标：

1. 能进行分销渠道各环节的策划工作。
2. 能进行分销渠道的评估和管理。
3. 能编制分销渠道设计和推广策划书。

第一部分　策划方案示例

——“奥岚雪”（OVID）化妆品湖南市场分销渠道策划方案

封面（略）

一、产品背景

20 世纪 80 年代以来，中国科学院成都生物研究所、国家天然药物工程技术研究中心、中科院成都地奥制药公司数十位生物学专家长期致力于“人体组织衰老与抗原机理”的课题研究。

科学家们在研究中发现：从黄芪、银杏、紫锥菊等天然草本植物中提取的复合免疫活性多糖——黄芪多糖因子（DAF），具有惊人的抗衰老作用。DAF 黄芪多糖因子参与细胞多种生命活动，能高效清除氧自由基，减少细胞的氧化过程，通过控制细胞的分裂与分化，激活细胞的生理机能，有效对抗细胞的衰老和病变。DAF 黄芪多糖因子作用于人体表皮肌肤，表现出极强的渗透能力与生物活性，具有延缓皮肤衰老、促进皮肤幼化及修复皮肤问题的显著功效。1998 年 6 月，地奥集团天然植物护肤品牌“奥岚雪”隆重上市，并以其优秀的品质赢得消费者的好评。

1999 年，地奥集团以战略发展的眼光，与欧洲著名的化妆品核心原料研制与护肤技术研究机构——法国爱西美公司启动国际技术合作，共同开展亚洲人皮肤生理结构、皮肤保养与日常护理、组织衰老与病变、皮肤问题与抗原机理等领域的研究，法国爱西美公司、中国科学院成都生物研究所、国家天然药物工程技术研究中心数位生物学与皮肤学专家历经 6 年的艰苦研究，成功研制出针对亚洲女性的天然护肤品配方体系——CCYD（Complexe Contour Yeux Diao）配方体系。根据地奥集团与法国爱西美公司的一致约定：成都地奥化妆品有限公司拥有 CCYD 配方体系的全球独家使用权。

2005 年 8 月，“奥岚雪”全面启用 CCYD 配方体系进行产品技术升级，标志着一贯倡导品质的“奥岚雪”品牌实现新的技术飞跃。以 DAF 黄芪多糖因子为基础的全新“奥岚雪”革命性升级配方，所有成分经国家天然药物工程技术研究中心提取、分离、测试和评价，确保原料天然纯正、安全有效。经法国爱西美公司、中国科学院成都生物研究所、国家天然药物工程技术研究中心检测评价，通过中外专家测试认可，“奥岚雪”天然植物护肤品已形成国内一流、具有国际竞争力的技术品质，并达到抗衰老技术领域国际先进水平。

经过严密的试用人群跟踪测试，以及来源于广大客户及消费者的客观评价，“奥岚雪”的卓越品质集中表现于以下体系：

明眸眼部系列——眼霜及眼贴膜类；

姣妍新生系列——抗衰老护肤类；

亮颜美白系列——美白护肤类；

水漾滋润系列——保湿护肤类；

特殊修护系列——皮肤问题修护类。

地奥集团一如既往地奉行品质理念，依托国家天然药物工程技术研究中心、中国科学院成都生物研究所强大的科技研发能力，不断加强国际技术合作与科技创新，秉承严谨负责的医学态度，实现健康纯洁的美学目标。

二、策划目的

将奥岚雪成功打入湖南市场，并获得较高的知名度和销售额。

三、市场分析

（一）化妆品行业状况分析

经过十几年的培育和发展，我国已成为亚洲第二大、全世界第八大化妆品市场，行业内品牌化竞争格局已经形成，日益成为集产业化、市场化、国际化于一体的综合性产业。

1. 化妆品市场保持快速、稳定增长

根据中华全国商业信息中心的统计，从2002年开始，全国重点大型零售企业化妆品销售始终呈现稳定快速的增长态势，零售额同比增长速度逐年提高，2005年已达到28.6%，在所有商品零售额中所占比重也逐年增长。

2. 白领是化妆品的主要消费者

逐渐扩大的中产阶层成为支撑中国化妆品市场最积极的消费群体，职业女性更是这一群体中的主力，她们在化妆品方面的消费支出占生活总支出的比重越来越大。

3. 化妆品市场的构成

构成这一市场的主要产品的品牌有国际知名品牌：兰蔻、SK-II、倩碧、碧欧泉、雅诗兰黛、资生堂、香奈儿、娇兰、赫莲娜；中档知名品牌：欧珀莱、羽西、欧莱雅、薇姿、高丝、雅芳、露华浓、玉兰油、蝶妆、清妃；大众知名品牌：旁氏、大宝、郑明明、小护士、妮维雅、夏士莲、奥岚雪、雅倩、东洋之花。

目前我国化妆品的人均年消费量远远低于世界发达国家，因此，市场潜力巨大。随着经济的增长，人民生活水平的提高，化妆品消费将继续快速增长。

（二）湖南化妆品市场状况分析

虽然湖南的经济发展水平比不上发达地区。但是，湖南地区近几年经济也处于不断发展的状态，湖南省的大中型城市具有较大的购买潜力。政府还在不断地完善法律制度，改善投资环境和市场环境。

在湖南的化妆品市场，比较受消费者欢迎的中高档品牌有欧莱雅、雅芳、玫琳凯、资生堂、妮维雅等。这些品牌的化妆品都通过专卖店、精品店，或是在各大商场里专卖柜销售产品。除此之外，还有许许多多不知名的低档化妆品充斥着湖南化妆品市场。

爱美之心人皆有之，尤其对于女性来说，美显得更为重要。有资料显示，中国女性在化妆品和护肤品上的消费平均占去她们收入的10%～15%。每一位女性都有自己的化妆品。据资料显示，湖南的人口有6000多万，人口相对密集。再加上奥岚雪的化妆品质量好，效果好，具有自己的竞争优势。总体来说，湖南化妆品市场的需求量很大，是具有发展前景的。

（三）奥岚雪进入湖南市场的SWOT分析

优势（S）	劣势（W）
①成都地奥医药专业形象，有利于奥岚雪的品牌传播，容易建立专业形象，使产品更专业； ②独特的穴位贴敷以及植物香薰疗法具有特色； ③独特的碟型设计，可以起到美学视觉冲击； ④品质保证，面贴膜、眼贴膜投入市场后消费者对其效果反应良好； ⑤在浙江沿海一带已形成稳固市场，良好的品牌形象容易在全国进行推广	①新的市场介入者，对市场缺乏透彻的了解； ②对分销渠道缺乏统筹策划能力； ③市场的渠道建设不够完善，分销渠道单一； ④经销商缺乏市场操控能力和品牌运作能力

续上表

机会（O）	威胁（T）
①在整个美容化妆品市场细分下，面部、眼部护理已形成一个较大的市场空间； ②符合当前人们“健康＋美丽”的消费理念	①市场先行进入者，如欧莱雅、雅芳、资生堂等品牌已建立了牢固的市场基础； ②消费者对一些高端品牌形成品牌忠诚度

四、奥岚雪化妆品在湖南省分销渠道的设计

1. 渠道类型设计

渠道类型	说　　明
短渠道	①目标市场范围不是很大，顾客集中程度较高，只是在湖南省的各大市区而已； ②节约成本； ③容易管理和控制； ④突出中高档品牌定位

2. 渠道模式设计

渠道模式	说明
奥岚雪公司 —网络分销 —消费者	①通过奥岚雪品牌官方网络品牌，建立奥岚雪化妆品专门网站； ②此分销模式成本低，不受时间的限制。随着网络营销的发展，观念的改变，网上购物的人也会越来越多
奥岚雪公司 —区域代理 —零售商 —消费者	①在湖南地区选择一个优质代理商，赋予湖南整个销售区域的代理权； ②区域代理商把奥岚雪的化妆品铺到湖南各大市区中。 区域代理商可以在各大市区的大卖场设立具有奥岚雪化妆品品牌的专卖柜，并对专卖柜的营销人员进行专业的培训。也可通过药店、大型连锁超市、美容院、发廊等进行产品销售。这个渠道模式效率较高，稳定性较强
奥岚雪公司 —专卖店 —消费者	①奥岚雪公司自行在湖南地区建立专卖店。专卖店的位置应选择顾客流量比较多的地带，并且要有针对性； ②专卖店的建立必须有一定的规模，环境舒适，店内文化必须与奥岚雪相符合；公司直接委派专业的销售人员，专卖店是最短的分销渠道，奥岚雪可以完全控制产品的营销策略，有利于奥岚雪的品牌形象的建立和维护，有利于与消费者建立良好的人际关系，有利于奥岚雪节约销售成本、提高自身的利润

3. 渠道政策设计

政　　策	说　　明
会员制	定期向会员邮寄免费的产品目录和杂志，用户不仅第一时间能够了解到产品的最新资讯，还能免费索取试用装。会员还可以通过购买产品获得积分。这种积极回馈用户的会员制度抓住了用户希望得到更多实惠的消费心理

五、项目经费预算（略）

（摘自 http：//www. m448. com“澳岚雪”湖南市场分销渠道策划方案）

从以上策划方案可以看出，奥岚雪作为大众化妆品，目标消费群体为一般大众，定价适中。

本案例在认真分析了湖南化妆品市场状况后，有针对性地提出了奥岚雪湖南市场渠道类型、渠道模式、渠道政策的策划方案。

方案从市场分析到设计分销渠道，思路清晰，措施比较详细，具有可执行性。

第二部分　知识链接

一、认识分销渠道的类型

（一）分销渠道的含义

分销渠道，是指产品由企业（生产者）向最终顾客（消费者）转移过程中所经过的各个环节，即企业通过中间商（转卖者）到最终顾客的全部市场营销结构（图 6－1）。

企业是分销渠道的起点；顾客是分销渠道的终点；企业与最终顾客之间，参与了产品的销售活动或者帮助了这种销售活动的一切单位和个人，称之为中间商，见图 6－1。

图 6－1　分销渠道示意图

（二）分销渠道的层次

1. 渠道层次

在产品从生产者转移到顾客的过程中，任何一个对产品拥有所有权或销售权的机构就叫一个渠道层次。

2. 渠道长度

渠道的长度是指产品从生产者流向最终顾客的整个过程中，所经过的渠道层次或环节数。

中间层次或环节越多，则渠道的长度越长；反之越短。

零层渠道也叫直接市场营销渠道，是指产品流向顾客的过程中，不经过任何中间商转手的销售渠道。

一层渠道是含有一个销售中间机构（代理商、批发商、零售商等）的渠道。

二层渠道是含有两个销售中间机构的渠道。

3. 渠道宽度

渠道宽度是指组成分销渠道的每个层次或环节中，使用相同类型中间商的数量。同一层次或环节的中间商较多，渠道就较宽；反之，渠道就较窄。

（1）广泛分销策略。这种策略是指生产企业在同一地区同时选择较多的同一层次的经销商或者代理商来推销本企业的产品。它适用于一般消费品及生产资料中的经常耗用品或标准品。

（2）选择性分销策略。生产企业在一定的市场上选择少数几个经销商来推销本企业的产品。它一般适用于消费品中的选购品、特殊品和生产资料中的零件、辅助设备。

（3）独家专营分销策略。这种策略是指生产企业在一定时间、地区内只选择一个经销商来推销本企业的产品。它一般适用于生活消费品中的特殊品（如高级乐器）和需要现场操作表演、介绍使用方法、加强售后服务的产品。

（三）分销渠道的类型

分销渠道从不同的角度划分，可分为不同的渠道类型，具体见表6－1。

表6－1 常用分销渠道类型及其优缺点

标准	类型	形　式	优　点	缺　点
是否有中介	直接分销	上门推销、直销中心	交易快捷、成本低	推广力度小
	间接分销	经销商、代理商	推广力度大	提高产品成本
中间环节多少	长渠道	二级、三级分销	推广力度大	控制性差、成本高
	短渠道	零级、一级分销	成本低、速度快	推广力度有限
选用中间商数	宽渠道	密集性分销	推广力度大	渠道控制力降低
	窄渠道	选择性分销、独家分销	渠道控制力强	推广力度有限

续上表

标准	类型	形　　式	优　　点	缺　　点
选用渠道模式多少	单渠道	一种渠道模式	渠道控制力强	推广力度小
	多渠道	两种以上渠道模式	渠道控制力弱	推广力度大

营销策划人员应该根据渠道类型及其优缺点，为客户企业选择一套有较强执行力的渠道系统。

企业选择合适的分销渠道模式，目的在于提高流通的效率，不断降低流通过程中的费用，确保在市场竞争中的优势地位，增加销售量，并合理分配渠道成员的利益，保持渠道的相对稳定。

二、选择渠道的类型与模式

影响渠道选择的因素一般有：

（1）产品因素（大小、重量、标准与否、新产品、性质）。

（2）市场因素（季节性和购买习惯）。

（3）公司本身因素。

（4）竞争因素（渠道方式、独卖权）。

（5）中间商情况。

（6）环境限制（宏观经济环境等）。不同渠道因素影响下的渠道选择如表6－2所示。

表6－2　不同渠道因素影响下的渠道选择

影响因素 \ 渠道选择		长渠道	短渠道	宽渠道	窄渠道	影响因素 \ 渠道选择		长渠道	短渠道	宽渠道	窄渠道
产品	价值	低	高	低	高	企业	企业实力	弱	强	强	弱
产品	属性	稳定	不稳	稳定	不稳	企业	管理能力	弱	强	强	弱
产品	体积重量	小	大	小	大	企业	控制愿望	小	强	小	强
产品	技术性	弱	强	弱	强	中间商	积极性	高	低	高	低
产品	通用化	高	低	高	低	中间商	经销条件	低	高	低	高
产品	寿命周期	后期	前期	后期	前期	中间商	开拓能力	强	弱	弱	强
市场	市场规模	大	小	大	小	环境	经济形势	好	差	好	差
市场	市场分布	分散	集中	分散	集中	环境	国家政策法规	依法设计分销渠道			
市场	购买习惯	便利	选购	便利	选购						

三、合理选择中间商

（一）选择中间商的原则

1. 选择最接近目标消费者的中间商

企业选择分销商，建立分销渠道，就是要把自己的产品打入目标市场，让那些需要企业产品的最终用户或消费者能够就近、方便地购买，随意消费。

分销管理人员应当注意所选择的分销商是否在目标市场拥有其分销通路（如是否有分店、子公司、会员单位或忠诚的二级分销商），是否在哪里拥有销售场所（如店铺、营业机构）。

2. 选择经营方向和专业能力与企业分销政策相适合的中间商

选择的中间商应当在经营方向和专业能力方面符合所建立的分销渠道功能的要求。

长期从事某种商品的经营，通常会积累比较丰富的专业知识和经验，因而在行情变动中，能够掌握经营主动权，保持销售稳定或乘机扩大销售量。一般来说，经营历史较长的分销商早已为周围的顾客或消费者熟悉，拥有一定的市场影响和一批忠实的顾客，大多成为周围顾客或消费者光顾购物的首选之地。

尤其在建立短分销渠道时，需要对中间商的经营特点及其能够承担的分销功能严格掌握。

一般来说，专业性的连锁销售公司对于那些价值高、技术性强、品牌吸引力大、售后服务较多的商品，具有较强的分销能力。

各种中小百货商店、杂货商店在经营便利品、中低档次的选购品方面力量很强。

只有那些在经营方向和专业能力方面符合所建分销渠道要求的分销商，才能承担相应的分销功能，组成一条完整的分销通路。

3. 选择具有良好形象的中间商

在一个具体的局部市场上，显然应当选择那些目标消费者或二级分销商愿意光顾甚至愿意在那里出较高价格购买商品的分销商。这样的分销商在消费者的心目中具有较好的形象，能够烘托并帮助树立品牌形象。

4. 选择与企业经营理念相一致的中间商

分销渠道作为一个整体，每个成员的利益来自于成员之间的彼此合作和共同的利益创造活动。从这个角度上讲，联合分销就是把彼此之间的利益“捆绑”在一起。只有所有成员具有共同愿望、共同抱负，具有合作精神，才有可能真正建立一个有效运转的分销渠道。在选择分销商时，要注意分析有关分销商合作的意愿、与其他渠道成员的合作关系，以便选择良好的合作者，选择中间商的影响因素如图 6－2 所示。

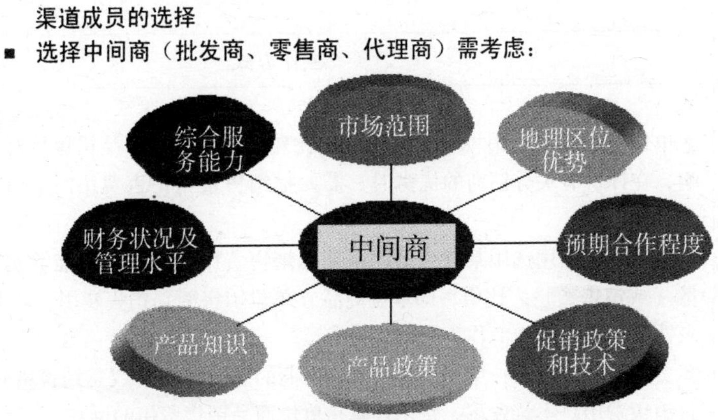

图6－2 选择中间商的影响因素

（二）选择中间商的定量方法

定量研究方法可以作为企业选择中间商的参考（表6－3）。

表6－3 选择中间商的定量方法

方法	操作方式
强制评分选择法	对拟选择作为合作伙伴的每个分销商，就其从事商品分销的能力和条件进行打分评价。设置评分标准很重要，注意到不同因素对分销渠道功能建设的重要程度的差异，可以分别赋予一定的重要性系数。强制评分选择法主要适用于在一个较小地区的市场上，为了建立精选的分销渠道网络而选择理想的零售商，或者选择独家经销商
销售量分析法	销售量分析法是通过实地考察有关分销商的顾客流量和销售情况，并分析其近年来销售额水平及变化趋势，在此基础上，对有关分销商实际能够承担的分销能力（尤其是可能达到的销售量水平）进行估计和评价，然后选择最佳的方法
销售费用分析法	联合分销商进行商品分销是有成本的，主要包括分担市场开拓费用、给分销商让利促销、由于货款延迟支付而带来的收益损失、合同谈判和监督履约的费用。这些费用构成了销售费用（或流通费用），它实际上会减少生产厂商的净收益，降低利用有关分销渠道的价值。 销售费用的大小主要取决于被选择的合作伙伴的各方面条件和特征。可以把预期销售费用看作衡量有关“候选人”优劣程度的一种指标比较的办法有三种： ①总销售费用比较法：在分析“候选人”的合作态度、营销战略、市场声誉、顾客流量、销售记录的基础上，估算各个“候选人”作为分销渠道成员，执行分销功能过程中的销售费用。然后，直接选择总分销费用最低的“候选人”。

续上表

方　　法	操作方式
	②单位商品（单位销售额）销售费用比较法：考虑到商品销售量对销售费用的影响，在评价有关分销商的优劣时，需要把销售量与销售费用两个因素联系起来综合评价。 方法之一就是用选用某分销商的预期总销售费用与该分销商能够实现的商品销售量（或销售额）之比值，即单位商品（单位销售额）销售费用，作为比较的依据，来选择最佳的分销商作为分销渠道成员。 ③费用效率分析法：费用效率 = 某分销商的总销售额（或总销售量）/该分销商的总销售费用。不难发现，费用效率是单位商品销售费用的倒数

四、渠道方案评估

分销渠道方案确定后，生产厂家就要对各种备选方案进行评价，找出最优的渠道路线。通常渠道评估的标准有三个，即经济性、可控性和适应性。其中最重要的是经济性标准。

（一）经济性标准评估

主要是比较每个方案可能达到的销售额及费用水平。

（二）可控性标准评估

一般说，采用中间商可控性小些，企业直接销售可控性大，分销渠道长，可控性难度大，渠道短可控性较容易些，企业必须进行全面比较、权衡，选择最优方案。

（三）适应性标准评估

企业选择分销渠道应具有自身适应性，与产品特点、企业需求相一致。

具体来说渠道的评估标准可以分为以下 9 项：

（1）顺畅：这是渠道最基本的功能。

（2）增大流量：即追求铺货率，广泛布局，多路并进。

（3）便利：最大限度地接近消费者，使消费者感到方便。

（4）开拓市场：这主要依靠中间商，只有等渠道稳定成熟，自己在市场开始占有一席之地后才比较容易组建自己的营销网络。

（5）提高市场占有率：这是渠道维护的重要因素。

（6）扩大品牌知名度：即争取顾客的忠诚度。

（7）经济性：即所谓的成本最小原则。

（8）市场覆盖范围和密集度：这是多家分销和密集分销的重要目标。

（9）控制渠道：企业不断增强自己的实力来培植自己的分销系统，掌握渠道的主动权。

五、分销渠道管理策划

在选择了分销渠道的模式并确定了具体的中间商之后，企业还应当对其分销渠道进行管理，即对中间商进行激励、评估和必要的调整。

（一）对中间商的激励

（1）向中间商提供物美价廉产品。
（2）合理分配利润。
（3）授予独家经营权。
（4）利用广告扩大产品知名度和对中间商进行技术支持。
（5）资金资助。
（6）提供市场信息。

（二）对中间商的评估

企业必须定期评估中间商的销售指标完成情况、向顾客交货的快慢程度、对损坏和损伤商品的处理、与企业宣传及培训计划的合作情况以及对顾客的服务表现等。企业要公布对各个中间商的考核结果，以鼓励那些销量成绩显著的中间商。

（三）分销渠道的调整

为了适应多变的市场需求、确保分销渠道的畅通和效率，要求企业对其分销渠道进行适时调整。调整分销渠道主要有以下几种方式。

1. 增减分销渠道成员

在某一分销渠道里增减个别中间商，而不是只减某种渠道模式。企业决定在其目标市场增加一家批发商，就要考虑这样做会给企业带来多大的盈利、有何影响、这种调整是否会引起渠道中其他成员的反应。一旦决定增减某个中间商就要采取相应的措施，防止出现一些不必要的矛盾。

2. 增减分销渠道

增减某一渠道模式，而不是只增减渠道里的个别中间商。如果增减渠道成员不能解决问题，企业可以考虑增减分销渠道的模式。

3. 调整分销系统

改变整个分销渠道系统，即对企业原有的销售体系、制度进行通盘调整。此类调整难度较大，它不是在原有分销渠道的基础上进行完善，而是改变企业的整个分销系统，将会引起市场营销组合的一系列变化。

第三部分　练习与思考

一、选择题

（1）（　　）是指组成分销渠道的每个层次或环节中，使用相同类型中间商的数量。

A. 渠道层次　　B. 渠道的长度

C. 渠道的宽度　　D. 渠道的类型

（2）选择分销商的定量方法有（　　）。

A. 强制评分选择法　　B. 销售量分析法

C. 销售费用分析法　　D. 感情评价法

（3）以下属于分销渠道设计应考虑的因素有（　　）。

A. 产品　　B. 环境　　C. 中间商　　D. 市场

（4）评估分销渠道要遵循以下哪些原则（　　）。

A. 经济性原则　　B. 可控性原则　　C. 适应性原则　　D. 优先性原则

（5）（　　）指生产企业在同一地区同时选择较多的经销商或者代理商来推销本企业的产品。它适用于一般消费品及生产资料中的经常耗用品或标准品。

A. 广泛分销策略　　B. 选择性分销策略

C. 独家专营分销策略　　D. 混合分销策略

（6）对中间商的激励手段，可以采用（　　）。

A. 向中间商提供物美价廉产品

B. 合理分配利润

C. 授予独家经营权

D. 利用广告扩大产品知名度和对中间商进行技术支持

二、判断题

（1）分销渠道是指产品由企业（生产者）向最终顾客（消费者）转移过程中所经过的各个环节，即企业通过中间商（转卖者）到最终顾客的全部市场营销结构。（　　）

（2）顾客是分销渠道的起点；企业是分销渠道的终点；企业与最终顾客之间，参与了产品的销售活动或者帮助了这种销售活动的一切单位和个人，称之为中间商。（　　）

（3）企业选择中间商时，规模越大越应优先考虑。（　　）

（4）一般说，采用中间商可控性小些，企业直接销售可控性大，分销渠道长，可控性难度大，渠道短可控性较容易些，企业必须进行全面比较、权衡，选择最优方案。（　　）

（5）高价值商品一般适合长而且宽的渠道。（　　）

三、简答题

（1）对比常用的分销渠道类型及优缺点。

（2）举例说明，企业应如何选择中间商。

（3）分销渠道策划的主要工作思路如何？

第四部分　实战训练项目

——“体饮”分销渠道策划

一、实训目标

掌握分销渠道策划的流程、方法，能够编写分销渠道策划方案，能够完整清晰地讲解策划方案。

二、实训项目需求说明

（一）项目背景资料

1. 产品背景

如今的饮料市场，最鲜明的特点是群雄混战，概念众多。虽然各个产品之间有着鲜明的门类之分，但消费群体的购买却呈模糊化倾向发展，不同门类之间的产品替代性非常强。这种倾向在广告方面的体现是总体广告力度加大，终端的表现则是促销力度增强。

“体饮”于2002年4月，在饮料竞争白热化的时候进入市场，在一年多的时间里就迅速蹿升至市场前列，源于其运用“模糊概念打特殊渠道”的做法。“模糊”概念其实成功组合了“饮料”和“功能”两个概念，打特殊渠道是以特殊渠道带动卖场销售。

“体饮”上市以前，其母公司巨能实业有限责任公司以做保健品见长。在巨能所涉及的产业门类中，饮料基本上是个空白。当巨能想向饮料行业进军的时候。饮料市场已经打得不可开交了。想在这个行业有所建树，其外部环境和内部环境都不容乐观。从外部环境来看，饮料市场进入门槛较低，各种饮料的竞争已经非常激烈。碳酸饮料虽被百事可乐和可口可乐两大巨头所占领，但市场份额却有逐渐下滑的趋势；茶饮料和果汁饮料的上升势头强劲，但市场细分程度开始加大，除了红茶、绿茶、乌龙茶、花茶，娃哈哈还推出了有机绿茶；果汁饮料细分程度则更是惊人，各种口味应有尽有。以农夫果园为代表的混合果汁的出现表明了果汁细分已经不仅是品类细分，很可能到了心理细分的阶段。大企业的“回马枪”和“大军团”入市更不必说，健力宝、汇源投巨资打造市场，燕京等啤酒强势介入，更加剧了市场竞争的难度。从内部环境分析，巨能实业虽有操作食品和医药保健品的经验，但产品本身如果没有新的吸引消费者的亮点和“差异”，想在市场上分一杯羹恐怕没那么容易。

在功能饮料市场，虽然红牛早在7年前就进入了中国市场，并占据了功能饮料的70%的市场份额。但这个市场仅指的是功能饮料市场，而且50%来自广东。其他几家功能保健品如力保健、宝矿力等投入巨大，奋斗多年，但市场业绩却没有突破性进展。

从巨能自身来看，品牌和渠道也是其进攻饮料行业的软肋。2003年新出现的品牌，无论是农夫果园、康有利、脉动等都以一个成熟饮料品牌的第二品牌或子品牌的面目出现。品牌和渠道优势明显。巨能品牌虽然在保健品行业是一块金字招牌，但在饮料行业却不具号召力。另外，从渠道上看，巨能在饮料行业没有一个成形的销售网络。也没有一支成熟的销售队伍。毕竟药品保健品的销售通路与饮料的通路是不同的。做保健品的销售人员在操作饮料上缺乏实战经验。

2. “体饮”定位：科学补水

“体饮”从产品定位、价格定位上走了一条中间路线，打了一张“平衡”牌。“体饮”不能当成保健品，也不能当成功能性饮料去操作。功能饮料强调饮料的功能性，主要是抗疲劳或补充人体机能的某种需要。由于其功能性，功能饮料的价位一般较高，消费者在没有功能需要只是口渴时，一般不会想到喝功能饮料。

“体饮”也不能将自己定位成普通流行性饮料，首先，其口感不是流行的口感，很难一下子被大众接受。其次，“体饮”没有强大的资金支持和品牌知名度，不能像其他饮料那样以强大的广告力度获得消费者的认同，在流行性饮料市场很难占得一席之地。

“体饮”将自己的定位模糊掉，仅仅强调自己是“体饮”，“体饮”就是一种饮料，将人们喝水微观化，从细胞需求角度去研究饮水，告诉消费者细胞补水的重要性，从概念上向消费者倡导科学饮水的理念。

虽然“体饮”与宝矿力同样以补充因流汗而失去的电解质的功能为诉求点，但“体饮”更多地倡导健康饮水，将自己定位于随时要喝的“水”。这样，弱化了自己的功能性，使自己更接近于大众、更接近于普通饮料。站在了“科学补水”的角度去展现自己，这是“体饮”的一个重要的差异化定位。

“体饮”在价格策略上也体现出其中间路线。一般果汁饮料和茶饮料500 ml的每瓶定价都在3.5元左右，而功能饮料定价则比较高，红牛通常在6元左右，宝矿力的终端定价是3.5元，一般的店售价在5元左右。“体饮”定价是在3元，这基本上符合500 ml的价格，也是普通消费者易于接受的价格。既走了群众路线，又有意识地与普通饮料区分开来，找到一个平衡点。

3. “体饮”的特殊渠道

“体饮”将目标锁定在几种场所。

首先是运动场馆、健身房等，经常出入运动场馆的人通常都是高素质有文化的人士，他们接受新事物较快，而且这部分爱好运动的人士也是“体饮”的最核心的目标消费者。通常做完运动的人对于碳酸饮料和甜型饮料都有抵触情绪，但运动后要补水也是非常重要的，“体饮”抓住了这一点，在健身场馆里大做“科学补水”概念。打出了运动后喝水既要解“口渴”也需要解“体渴”的口号。喜欢运动的人士很快接受了这一理念，“体饮”从此成功地摆上了健身场馆的售卖点。

另一个市场就是学校，从经验来看，最容易接受新品牌和新口味的是中小学生，但是中小学生也是最不忠实的消费者。因此，“体饮”虽未将中小学生锁定为其目标消费者，但并没有忽视中小学生的力量。

铺货中小学校的售卖点，不仅是刺激中小学消费群，更主要的是利用中小学生对新鲜事物的好奇消费从而带动其父母消费。在这个过程中，很大一部分中小学生的父母由被动消费者转为主动消费者。

高校也成为“体饮”格外“照顾”的对象，大学生是有知识的一群，很容易从科学的角度来理解“体饮”的补水原理。北京的50多所高校都有“体饮”的联络员，他们去跟学生讲为什么要喝“体饮”，并派发一些宣传单页，竭力培养这个渠道的忠诚的消费者。

网吧也是“体饮”的“特殊通路”。小商店、小卖铺都是“体饮”重要的终端。

在大卖场，当消费者面对很多选择的时候，选择陌生产品的几率很小。“体饮”的策略是用特殊渠道带动大卖场，这样会形成在特殊渠道购买“体饮”的忠实消费者也会在大卖场中购买。大卖场成了“体饮”打市场的收尾战。

4. 渠道推广活动

大卖场不是“体饮”的生存之本，“体饮”还处于市场发育期，虽然与一些老牌饮料比起来在渠道上没有总体优势，但“体饮”做到了体现特殊渠道的优势。在网吧、高校做一些推广活动。这些活动可口可乐可能一周做一次，但“体饮”一周就搞两三次。由于“体饮”非常重视特殊渠道的推广，所以经常在这些场所进行宣传。如在网吧、健身房散发广告彩页进行宣传，在一些大学提供赞助，如赞助足球对抗赛、篮球赛等活动。

（二）项目策划要求

“体饮”产品欲进入某地（省、市）场，请你根据该产品的市场定位和渠道策略，为该公司制定进入该地区市场的具体渠道策划方案，并完成项目策划书。

三、项目实训步骤

（1）3～5人组成策划公司或策划小组，以策划小组为单位进行讨论、资料收集、现场调研、策划方案制定、谈论与修改、策划成果展示。

公司（小组）名称：____。

策划小组负责人：____。

策划小组成员：____。

（2）教师作为企业策划需求宣讲人，介绍项目背景和企业需求。

（3）教师引导学生策划小组分析策划项目，进行现场调研，学习相关知识点，进行资料收集。

（4）各策划小组在教师的指导下共同完成项目策划初稿（策划书和项目通报PPT）。

（5）教师选择3～5个策划小组，对策划项目进行通报，由其他同学进行评价后，教师进行整体评价，有条件地讲解企业真实的策划方案，培训策划方案的讲解技巧。

（6）各策划小组根据教师的评价意见，修改策划方案。

（7）组织仿真项目策划通报会，教师选择3～5个策划小组，对策划项目进行通报。有条件的可提供模拟现场通报会现场。

（8）教师对本次项目实训进行整体总结，特别对现场通报技能和注意事项进行总结。

四、项目实训要求

以小组为单位，完成策划方案和项目通报 PPT 各一份，并能清晰讲解策划方案，进行策划项目通报。

五、项目考核方式

以教师评价为主，条件允许的，可以采用各小组互评、企业兼职指导教师参与的共同评价方法。

考核标准除了包含策划方案完整性、结构思路清晰、具有可操作性、富有创意和应用价值外，对策划小组现场通报的表现，如着装仪态、讲解清晰、PPT 制作质量等也纳入考核标准。

【练习与思考】参考答案

一、选择题

（1）C　（2）ABC　（3）ABCD　（4）ABC　（5）A　（6）ABCD

二、判断题

（1）√　（2）×　（3）×　（4）√　（5）×

三、简答题

略

单元七　广告策划

知识目标：

1. 掌握广告定位策划的方法。
2. 掌握广告创意策划的方法。
3. 掌握广告媒介策划的方法。
4. 掌握广告效果评估的方法。

技能目标：

1. 能进行广告定位策划。
2. 能进行广告创意策划。
3. 能进行广告媒介策划。
4. 能对企业广告投放效果进行评估。
5. 能够有效进行系统的广告策划，撰写广告策划书。

第一部分　策划方案示例

——“金六福”聚焦婚庆广告策划案

封面（略）

前言

婚庆是中国最盛大、最热闹、最古老传统的庆贺风俗。新婚之日，新郎新娘会广邀亲朋好友前来祝贺，民间传统称为喝喜酒。随着人们生活水平的提高，婚礼也办得越来越红火，喜庆酒的档次和品位也越来越高，喜酒市场的需求也越来越旺盛。据相关资料显示，喜酒作为婚宴消费品之一，约占婚宴消费总额的8%。婚庆用酒是一块市场份额大、口碑传播广泛、互动影响较强的大蛋糕，越来越受到众多的白酒企业的重视。金六福酒已经聚焦婚庆这一细分市场，希望不断寻找机会寻求更快更好的发展。

广告策划目标

在婚庆细分市场越来越白热化的竞争下，聚焦婚庆，制定广告策划方案，强化“婚宴第一用酒”的形象。

市场现状与分析

1. 市场环境

农历丙戌年（2006年），是一年有两个“立春”的“双春年”，加上这一年是闰七月，中国的“七夕”节又恰逢七月，于是就有了两个“七夕”节。所以按中国传统民俗，这一年自然成了不少新人中意的“结婚年”。再加上丙戌年是狗年，狗年本身就有“旺”的寓意，因此不少新人选在“双春年”、狗年结婚，以求吉利幸福。2006年刚开春，婚庆市场就一片红火，全国到处都是一片喜气洋洋的景象，各白酒企业不断涌入婚庆市场，瓜分市场份额。

2. 竞争环境

消费者对白酒品牌认知度较高的有五粮液、茅台、剑南春、泸州老窖等，但用于婚庆成本较高，一般消费者难以接受。

目前婚庆市场无稳固品牌；消费者对于婚庆用酒也无固定的选择，对于品牌选择主要跟感觉走，受广告、价格等因素的影响最大。

3. 分析与结论

婚庆用酒的竞争尚未达到品牌相对集中的程度，占据消费者心目中的“第一”品牌有较大机会。广告将会成为争夺市场份额的有力武器。

广告定位

金六福酒作为中国“福”文化的代表，其喜庆、吉祥的形象深入人心。自2005年以来该产品就将产品定位为“中国人的福酒”，2006年将是金六福企业成立10周年，借此契机，企业继续从婚庆用酒这一细分市场入手，以一种朴实的人文关怀感动受众，选择以传唱度很高的广西民歌为创意的《对歌篇》，宣传“有福酒更吉祥”的概念。

广告方案

全年两轮大型电视媒体传播，广泛传播“我有喜事，金六福酒”的广告语。同时配合“结婚喝福酒，一辈子福都有”和“六福呈祥贺新婚”等促销活动的执行，由浅及深，前呼后应，全方位强化“婚庆第一用酒”概念，为品牌创造出既关联又独立的细分形象，帮助金六福在2006年两个婚宴高峰期创下良好的增长佳绩。

1. 两次促销活动预热

为了在五一婚宴的黄金旺季形成热销态势，实现销售额大幅增长；也为了将新婚风俗的概念成功传达给消费者，为新人送去吉祥的祝福，金六福酒计划在2006年春节后先进行两次全国性的促销活动，为后继的广告策划作铺垫。

（1）第一次促销活动。

时间：2006年2月26日至4月25日。

主题：“六福呈祥贺新婚”。

活动内容：只要消费者一次性购买金六福酒活动产品达到1999元，就会赠送价值999元“老凤祥”黄金钻饰一对。

（2）第二次促销活动。

时间：2006年4月25日到5月25日。

主题：“结婚喝福酒，一辈子福都有”。

活动内容：只要一次性购买金六福活动产品满 660 元，就会得到价值 128 元的“多喜爱双人舒适空调被”一张。

2. 创意喜庆广告

促销活动预热后，紧跟全国性喜庆广告，《对歌篇》将在全国最有影响力的各大媒体广泛传播，不仅见证千万新人的美好姻缘，也使“中国人的福酒”的形象再次深刻印记在消费者心目中，与众不同的广告创意拉开与竞争对手的距离。

（1）广告创意。

广告创意从改编的广西民歌开始，以一种新颖独到的视角，传达出“有福酒更吉祥”的主张，把“金六福”的名称置于歌词每个设问的答案中，使得金六福酒的名称更加深刻地烙印在消费者心中。在喜庆的时刻、幸福的时刻和需要祝福的时刻，人们都会不由自主地想到金六福酒，这也深深体现了金六福酒在婚宴市场持续发力的良好效果。

整个广告画面在吉祥欢快的气氛中展开，喜庆的鞭炮声、此起彼伏的对歌声、脍炙人口的广西民歌，将金六福三个字的吉祥意味陆续呈现。

（2）广告中的接新娘对歌设计。

什么不怕火来炼？　　金！
什么当头事事顺？　　六！
什么过年贴门面？　　福！
什么有事更吉祥？　　金六福！

整个广告策划案从 2006 年年初一直持续到 2006 年年底，强化金六福在婚宴市场上的领导地位和影响力，深化消费者对“大品牌”、“婚宴第一用酒”的印象。

广告策划实施方案（略）

广告效果评估与经费预算（略）

（改编自李文龙《实战广告案例》，中国人民大学出版社，2007 年 9 月）

在 2006 婚庆高峰年，金六福酒利用大力度广告传播与婚宴促销活动相结合的方式，成功实现品牌提升，强化了“婚宴第一用酒”的领导品牌形象，抓住年度两个婚宴高峰期，继续扩大金六福酒在婚宴市场的份额，2006 年创造了 20% 的增长佳绩。

本案例获得 2007 年“中国案例奖企业类银奖”。从此案例我们也可以获得很多启示：

其一：“金六福”酒最关键的成功之处在于准确的定义“中国人的福酒”的广告定位，勇于选择婚庆用酒这一细分市场进行广告宣传策划。

“金六福”酒的福文化始于 2005 年，定义为幸福之酒。中国福、奥运福、团圆福、新婚福、除夕福、新年福等——一年四季，金六福都伴随其中。在持之以恒的、准确的广告定位下，进行市场调研，选择恰当的目标市场进行细分。2006 年就选择婚庆这个细分市场。

其二：运用民族文化于广告创意中，个性化的广告表现成功抓住了消费者的趋吉、喜福的心理，将中国喜庆的传统文化进行了生动的诠释。

在中国消费者心中，酒作为一种特殊的文化载体，已经渗透到人类社会生活中的各个领域，金六福在进行广告宣传时，以广西民族婚庆对歌场景为铺垫，成功地将品牌和中国传统民俗文化完美融合。这种将文化作为产品竞争力的广告创意使得金六福酒在各白酒品牌中脱颖而出，显示出产品独特的吸引力。

最后值得一提的是，一个成功的营销策划案往往是糅合了各种策划方式，而不是单一的策划方式。本案例就是先采用了个性化的促销方式进行铺垫，然后才采用浓郁的民族风格和始终如一的广告定位的广告表现方式。两者相辅相成，达到较好的策划效果。

第二部分　知识链接

一、认识广告策划的流程

广告策划，是根据广告主的营销计划和广告目标，在市场调查的基础上，制定出一个与市场情况、产品状态、消费群体相适应的经济有效的广告计划方案，并加以评估、实施和检验的活动。

广告策划的目的是使广告准确、独特、及时、有效地传播，以刺激需要、诱导消费、促进销售、开拓市场。

一个较完整的广告策划主要包括四方面的内容：①确定广告定位；②设计广告创意；③选择广告媒介；④测定广告效果，如图 7－1 所示。

其中重点是广告定位和设计广告创意。在广告策划中，广告预算可先于其他策划内容，即根据广告预算确定广告的具体目的与要求，设计制作广告产品和选择广告媒体；也可在广告目的和具体要求的基础上设计策划广告方案，确定所需预算。

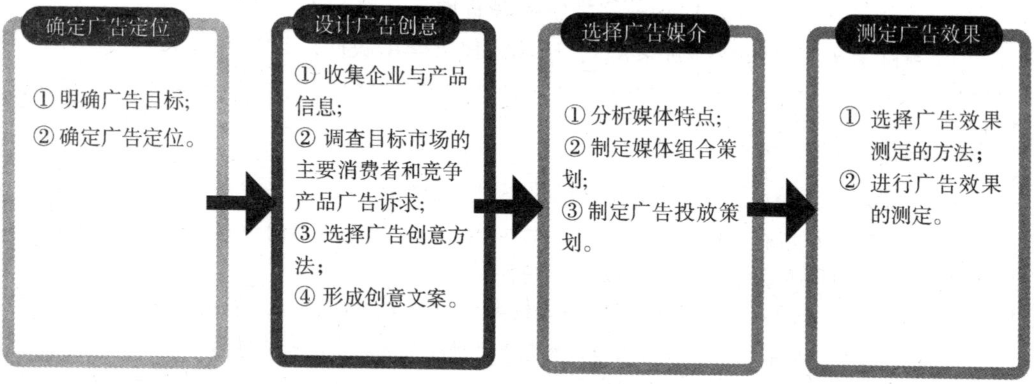

图 7－1　广告策划流程图

二、广告定位策划

（一）明确广告目标

广告有广义和狭义之分，广义广告包括非经济广告和经济广告。

非经济广告指不以营利为目的的广告，又称效应广告。

狭义广告仅指经济广告，又称商业广告，是指以营利为目的的广告，通常是商品生产者、经营者和消费者之间沟通信息的重要手段，或企业占领市场、推销产品和服务的重要形式，主要目的是扩大经济效益。

广告目标根据产品的市场生命周期、市场需求、竞争状况、企业的经营目标等来确定。它与企业的营销、促销目标有紧密联系。企业主要的广告目标及适用情况如表 7 – 1 所示。

表 7 – 1　企业主要的广告目标

序号	广告目标	适用情况
1.	告知	①产品引入期； ②当产品刚刚进入市场或市场推出新品牌新款时，向公众或目标消费者介绍该产品能满足的消费需要； ③告知广告比较简单，广告词及相关说明很短，传播频率不必很高，我国电视中常见的“5 秒”广告大多是告知性广告
2.	劝说	①应用于产品生命周期的成长期； ②产品知晓度提高，准备购买产品的顾客增多，需要引导、劝说消费者购买产品； ③劝说广告应突出产品的性能和优点，强调产品能给消费者带来的诸多利益，提高广告促销的频率，增强消费者对产品的兴趣和信心； ④劝说广告需采用版面较大的报刊和时间较长的电视广告来容纳文字、图示和使用效果等信息； ⑤制定促销策略时，将劝说广告和销售促进相结合，促销的效果会更加明显
3.	辨别	①应用于产品生命周期的成熟期； ②由于竞争者的大量介入，产品、价格和促销竞争全面展开，产品广告需要更加突出产品个性，体现与竞争者的差别，方便顾客在竞争性品牌中做出选择； ③产品的特殊功效和形体方面的创新设计应当在广告信息中尽可能地体现； ④辨别广告需要利用影响大的传播媒体，抢占有利的传播时段、版面或地理位置
4.	提示	①目的是保持顾客对产品的记忆，提醒消费者增加消费数量和加快产品更替，影响用户的消费观念和生活习惯； ②根据不同的营销目的，在同一广告中，企业也可以将两种以上的广告形式体现于同一广告设计中

USP 即“独特的销售主张”（Unique Selling Proposition）或“独特的卖点”。USP 是罗塞·里夫斯（Rosser Reeves）在 20 世纪 50 年代首创的，他当时是美国 Ted Bates 广告公司董事长。里夫斯比较早地意识到广告必须引发消费者的认同。他认为，USP 是消费者从广告中得到的东西，而不是广告人员硬性赋予广告的东西。

USP 的基本要点是：

第一，每一则广告必须向消费者“说一个主张”，必须让消费者明白，购买广告中的产品可以获得什么具体的利益。

第二，广告所强调的主张必须是竞争对手做不到的或无法提供的，必须说出其独特之处，在品牌和说辞方面是独一无二的。

第三，所强调的主张必须聚焦在一个点上，集中打动、感动和吸引消费者来购买相应的产品。向消费者讲各种共有的东西毫无意义，唯有专注于那些微不足道的不同之处才能体现广告创意的独创性。

（二）确定广告定位

广告定位选择主要包括产品广告定位的选择和企业形象广告定位的选择。

好的广告定位一般具有如下特点：

（1）能够体现广告差异化。优秀的广告策划定位应与消费者的需求相吻合，不单是指出产品的具体的、特殊的功能利益差别，更要显示和其他品牌内涵的区别。

（2）更容易说服消费者产生购买行为。准确的广告定位能够更加集中精力，寻找消费者最想要的东西，从而做出更能够打动消费者的广告来，并以更有效的沟通方式接近消费者，从而使消费者对产品产生“信得过”的购买信心与动力，促进商品销售。

（3）为广告传播和广告评价打好基础。广告传播是以广告定位为核心展开工作。准确的广告定位既是广告表现的基础与基准，又应该是广告评价的前提基础之一。

1. 产品广告定位选择

产品广告定位可分为两大类：实体定位和观念定位，如表 7－2 所示。

实体定位就是在广告宣传中突出产品的新价值，强调本品牌与同类产品的不同之处以及能够给消费者带来的更大利益。

观念定位是在广告中突出宣传品牌产品新的意义和新的价值取向，诱导消费者的心理定势，重塑消费者的习惯心理，树立新的价值观念，引导市场消费的变化或发展趋向。

表 7－2　产品广告定位类型

大类	类型	具体形式
实体定位	市场定位	把市场细分的策略运用于广告活动，确定广告宣传的目标； 只有向市场细分后的产品所针对的特定目标对象进行广告宣传，才可能取得良好的广告效果
	品名定位	企业开发和生产的产品，不仅仅是产品本身，而且是在创造一种文化现象，这必然要求产品的名称与文化环境相适应，以品名作为广告定位
	品质定位	广告将其产品定位在品质上，以产品质量是否卓越决定产品能否拥有一个稳定的消费群体
	价格定位	广告定位在产品价格上，以使该品牌产品的价格与同类产品价格相比较而更具有竞争实力，从而在市场上占领更多的市场份额
	功效定位	在广告中突出广告产品的特异功效，以增强竞争力
观念定位	逆向定位	当大多数企业广告的定位都是以突出产品的优异之处的正向定位时，可采取逆向定位反其道而行之，利用社会上人们普遍存在的同情弱者和信任诚实的人的心理，反而能够使广告获得意外的收获
	观念引领定位	打破既定思维模式下的观念体系，创立一种超乎传统理解的新观念
	情感定位	借助消费者的感情诉求，进行广告定位

【案例 7－1】

日本产品的品名定位

品名定位：日本在 20 世纪 60 年代末和 70 年代初开发、进军美国市场之前，曾派调查人员赴美国实地调查。结果发现，美国人所使用的单词中，最普通的第一个字母是：S、C、P、A 及 T。许多企业在随后的产品名称定位时，大都采用了在美国人那里比较熟悉和经常采用的字母，日本企业的产品比较迅速地占领美国市场，与此不无关系。

（摘自 http：//wenku. baidu. com. 广告定位属于心理接受范畴的概念）

2. 企业形象广告定位选择

企业形象是组织的识别系统在社会公众心目中留下的印象，是企业物的要素和观念的要素在社会上的整体反应。

现代企业形象的理论是以 CIS 理论，即理念识别（mind identity）、行为识别（behavior identity）和外在表征识别（visual identity）所构成的企业识别系统（corporate identity system）为基本理论框架，企业形象广告定位应该围绕理念识别、行为识别和外在表征识别所展开，如表 7－3 所示。

表7－3　企业形象广告定位分类

大类	类型	形　　式
理念识别的定位	经营宗旨的定位	经营宗旨的定位事实上是企业自我社会定位。 经营宗旨的定位类型大体可分为三类： 一类是经济性，它突出的是企业经济效益； 二类是经济社会型，它讲求经济效益和社会效益并重，或者把重心偏向社会效益； 三类是经济、社会、文化并重型，它既讲求经济效益，也要求社会效益，亦十分注重对人类社会的文化贡献
	经营方针的定位	经营方针是企业运行的基本准则。在为企业经营方针定位时，既要注意行业自身的特点又要注重经营方针的指导性
	经营价值观的定位	企业的经营价值观是企业文明程度的标志，反映出企业的文化建设水准。 经营价值观的定位，就是要使企业的形象连同它的口号深入公众心目中
行为识别的定位	实力定位	指在广告中突出企业的实力，其中主要是展示企业在生产技术、人才、营销和资金，企业历史、现在和未来等方面的实力
	产品形象定位	突出企业的名牌产品在同类产品中具有的优势和特质，这种优势和特质与企业整体形象的优势与特质具有某些方面的融合性，即具有企业整体形象的鲜明代表性
	经营风格定位	经营风格定位即在广告中突出高层决策者、经营管理者、技术人员、销售人员乃至全体员工的管理水平、经营特点和风格，其目的是使企业从众多经营同类产品的企业中脱颖而出
	企业行为定位	这是指通过把企业经营管理活动在广告中进行定位宣传，把企业经营行为、企业社会责任感传递到社会公众中，以达到赢得支持和赞誉的效果
	文化定位	就是在广告中突出、渲染出一种具有个性的、独特的文化气氛，其目的是使公众自然而然地为其所吸引，从而树立起企业在公众中的形象。文化定位是使广告的内容不仅显示商品本身的特点，更关键的是展示一种文化，标示一种期盼，表征一种精神，奉送一片温馨，提供一种满足
外在表征识别的定位	外在表征的定位	企业的外在表象特征又被称为企业的视觉识别或企业的感觉识别，它是企业的静态识别符号，是对企业形象具体化、视觉化的直观传达形式，其传播力量和感染力量最为直接和具体

【案例7-2】

著名的广告定位策划

经营风格定位：
麦当劳广告："Q、S、C+V（即品质、服务、清洁和附加值）"

文化定位：
品全兴万事兴——四川全兴大曲
孔府家酒，叫人想家——孔府家酒
团团圆圆——达利圆

品质定位：
愉悦一刻，更享丝滑——德芙巧克力
上上下下的享受——三菱电梯
农夫山泉有点甜——农夫山泉

功效定位：
美味营养，快乐成长——达能饼干
排出毒素，一身轻松——排毒养颜口服液
去头屑，用雨洁——雨洁洗发露
就是让你白——白大夫
喝了娃哈哈，吃饭就是香——娃哈哈饮品

观念引领定位：
因爱而生——强生
送礼就送脑白金——脑白金

经营价值观定位：
全心全意，小天鹅——小天鹅电器
原来生活可以更美的——美的电器

企业实力定位：
中药世家——霸王洗发露
车到山前必有路，有路必有丰田车——丰田汽车

经营方针定位：
让无力者有力，让悲观者前行——《南方周末》

经营宗旨定位：
海尔，中国造——海尔集团

让世界了解中国，让中国了解世界——《中国日报》

逆向定位：
不要太潇洒呀——杉杉西服

情感定位：
我的眼里只有你——娃哈哈纯净水
飘柔，就是这么自信——飘柔洗发水

三、广告创意策划

广告创意在英语中的表达为 idea & creative。用中文来阐述，就是通过大胆新奇的手法来制造与众不同的视听效果，最大限度地吸引消费者，从而达到品牌传播与产品营销的目的。广告创意由两大部分组成，一是广告诉求；二是广告表现。

广告创意是广告策划的核心和关键，也是策划方案的生命和灵魂。广告定位所要解决的是“做什么”，广告创意所要解决的是“怎么做”，只有明确做什么，才可能知道怎么做。一旦广告定位确定下来，怎样表现广告内容和广告风格才能够随后确定。除了告知广告，其他属性的产品广告对广告创意均有很高的要求。德国大众甲壳虫车的一则广告很有意思，该广告是针对一般人误以为甲壳虫车无法在高速公路上超车加以澄清。广告标题是：“他们说它根本就办不到。”画面则是一位驾驶摩托车的警察，正在高速公路上给一位驾驶甲壳虫车的青年开超速的罚款单。

（一）收集企业与产品信息

企业的内外部环境分析是进行创意的依据。

了解和熟悉产品性能、特点非常重要。设计人员必须确认产品质量，分析产品与竞争产品的差异，进而在掌握产品特点的基础上大胆设计，凸显产品新的定义和不为人知的效用，表达产品对用户的特殊利益和增量价值。

（二）调查了解目标市场的主要消费者和竞争产品广告诉求

如果希望消费者对产品产生兴趣并形成识别能力，就必须依据目标市场的消费群的喜好进行创意的设计，确保广告形式和艺术上的创意得到潜在用户的普遍认同。

另外，广告创意策划前后，收集竞争企业及产品的广告信息，避免产生广告诉求的混同，缺乏广告创新性。

（三）选择创意策划的方法

在实际工作中，选择广告创意一般按照先通用，后专用，最后特用的顺序，思维方法的难度也由低到高。每种创意方法都有它的优缺点，应按照最适用的原则来选择。表 7-4 介绍六种比较常用的广告创意方法。

表7-4 常用的广告创意方法及运用方式

常用广告创意方法	定　义	运用成功的关键
移植法	是将某一领域的成熟的原理、方法、技术、构思，或者成功的事物、做法、经验移植到另一领域而形成新事物的方法	要有充分的信息和判断能力，寻找移植对象与策划对象之间的共同点，从而产生新的创意
组合法	是将多种因素通过建立某种关系组合或整合在一起，从而形成组合优势的方法。组合法是最常用的创意方法之一	通过一定的程序、规则、方法等，将若干分立因素巧妙地结合或重组，各组成要素必须能建立某种关系而成为整体
分解法	是指把一个事物按照一定的规则、程序和方法，分解成若干个相对独立的部分的方法。是与组合法相反的一种方法	将一个整体按照一定的规则划分为细小的部分。要抓住关键要素按照规律分解
联想类比法	是指通过对已知事物的认识而联想到未知事物，并从已知事物的特性去推测未知事物也有类似特性	要充分了解和熟悉已知事物，再通过已知事物去产生联想或进行类比
模仿法	是指仿照已知事物来构造未知事物的方法	是适时、适地地采取最适合的方法对已知事物进行借鉴和仿照
奥本斯法	是利用各种事物的基本属性，通过感觉的主动引导，产生新的想法，是一种专门用于创新思维的方法	提出以下9个问题，有没有其他用途？有没有类似的创意？如果改变某些要素会怎样？变大？变小？替换？对调？颠倒？结合起来？这样从9个不同角度或变换角度进行思考或尝试，看能否产生新的创意

【案例7-3】

联想类比法

飞利浦剃须刀

在飞利浦剃须刀电视广告中，将一个剥了皮的鸡蛋涂上剃须膏，剃刀刮过以后干干净净，鸡蛋分毫不损。它运用联想类比的手法传达出竞争优势：飞利浦刀片锋利、舒适、安全，所有的戏剧化都集中在鸡蛋与刀片的关系上。

（摘自 http：//www. philips. com. cn. 飞利浦剃须刀的创意广告）

【案例7-4】

奥本斯法

"幽默"的警示牌

由于西方国家车祸多，到处都有警告司机的大牌子。美国伊利诺伊州有一十字路旁的牌子上写道："开慢点吧，我们已经忙不过来了!"署名是："棺材匠"。

"智激"

缅甸仰光的妇女有戴帽子看电影的习惯，许多观众因为被前排妇女的帽子挡得无法正常欣赏电影，愤怒地向电影院经理提出抗议。电影院也一再告知妇女观众看电影时不能戴帽子，均无效果。最后一位经理灵机一动，贴出一张广告。那广告词内容是："本院为照顾衰老高龄女客的装饰需要，允许她们照常戴帽子看电影，不必取下。"

（摘自冯章《广告创意与策划》，经济管理出版社，2009年9月）

（四）形成广告创意文案

当形成创意构思，就要把他们形成书面的、易于交流的文案，用于广告制作。

创意文案一般包含七部分：

（1）命名。命名要简洁明了、容易理解、立意新颖、意蕴深远。

（2）文案说明。说明策划者相关信息。

（3）创意的目标。目标概述用语要准确、肯定。避免概念不清和表达模糊。

（4）创意的内容。此部分也是文案的主体，要说明创意依据、创意的详细内容、创意的内涵以及表现的特色。

（5）费用预算。详细列出创意计划实施所需要的各项费用，分析可能收到的效益，以及围绕效益进行的可行性分析。

（6）参考资料。列出完成创意的主要参考资料。

（7）备注。说明创意产生及实施过程中的注意事项。

【案例7-5】

雀巢咖啡广告创意文案

电视广告篇（用一杯咖啡的时间来想你）

产品名称：雀巢咖啡

广告客户：雀巢集团

广告长度：30～60秒

从历史的角度来看，雀巢咖啡的广告经历的3个阶段：

第一阶段，强调因速溶带来的便利性。

第二阶段，强调产品的纯度、良好的口感和浓郁的芳香。

第三阶段，广告的重点转变为生活形态导向，广告尤其注重与当地年轻人形态相吻合。由此得知三个阶段从程度上是不断递进的，但三个阶段都没把雀巢咖啡上升到文化阶段。

这则广告创意文案以雀巢咖啡发展的第三阶段为目标，意在表达通过雀巢咖啡向消费者所传递出的情感。将雀巢咖啡和年轻人为爱情奋斗联系起来，向人们传递雀巢咖啡已不是一种咖啡，更是一种文化，一种精神象征。

产品说明：雀巢咖啡起源于1930年。当巴西政府开始与雀巢公司接触时，咖啡权威马克思·莫根特尔立刻同他的研究队伍着手研究一种调配一杯高品质咖啡的方法——一种只要用水冲调同时又能保持咖啡原汁原味的方法。经过在瑞士实验室长达7年的调查研究，最终他们找到了答案。雀巢咖啡现已成为世界知名的品牌，据权威统计，平均每秒有近3200杯雀巢咖啡被饮用。

广告说明：根据我们的问卷调查，雀巢咖啡主要的消费群是19岁到35岁的年轻人。广告采用年轻人普遍接受的感情诉求方式，意在说明雀巢咖啡与爱情一样，伴人奋斗。用一杯咖啡的时间来想你，同时表现出雀巢咖啡“浓情”的主题。

广告语：用一杯咖啡的时间来想你。

广告构思：这则广告主要是为了突出雀巢咖啡“浓情”这一主题。广告通过分居两地的情侣互相思念对方，共同饮用雀巢咖啡回忆起过去的点滴，虽然相隔万里，但为了两个人的未来努力奋斗的故事。

广告片设计：通过一对异地恋情侣配合雀巢咖啡。突出雀巢咖啡“浓情”的主题，整片运用一系列富有美感的镜头的连接、叠化，给人以温暖。“用一杯咖啡的时间来想你”，向人们传递雀巢咖啡已不仅仅是一杯咖啡，更是一种感情，一种精神的象征。

拍摄要求：

A. 镜头连接力求自然、平稳。镜头富有美感，在忙碌情景中给人温暖，催人奋进。

B. 演员要求：男主角表演自然，帅气干练；女主角清新宜人。要求若干名群众演员表演到位。

C. 音乐：以钢琴为主，中速愉快，温暖观众的同时催人奋进。

D. 场地：一间带有休息室的办公室和大学的图书馆，这两个场地都必须有窗户，形成一个便于拍摄的角度。

分场景脚本：

场景一：办公室忙碌的工作中，打印机、上级交代工作的声音夹杂在一起，男主角疲惫地从忙碌的工作中抽身出来，走到休息室的窗边，手里端着一杯雀巢咖啡，想起在外国读大学的女友，回忆起两人的甜蜜时光，想起两个人对彼此的承诺，嘴角上扬，喝下一口雀巢咖啡。（心中想着要为了对方的未来应该继续奋斗），喝完整杯雀巢咖啡，继续投入忙碌的工作中。

场景二：就在男主角想女主角的时候，女主角正坐在大学图书馆内，休息时，身边放着一杯雀巢咖啡，女主角端着咖啡，眼睛望着窗外，想起在国内的男友，此刻的疲惫和孤单仿佛随着喝下去的雀巢一起消失了。

画外音：用一杯咖啡的时间来想你，雀巢咖啡。（伴随音乐）

场景三：展示雀巢咖啡标志。

费用预算（略）

（改编自 http：//wenku. baidu. com. 雀巢咖啡广告创意文案）

（五）优秀广告创意的特点

1. 贴切达意

“贴切”的“贴”是指贴近产品，“切”是指切中消费者心理，这是最为重要的两个着眼点。贴近产品就是要找出产品的特点和个性。个性存在于产品概念中，广告创意所要做的就是发掘产品可见的或非可见的感性差别。

广告创意要表达得贴切，关键在于紧扣产品和消费者，并采用简单、关联、创新、震撼人心的点子，而这些点子就藏在产品的背后、消费者心里以及日常生活当中。

2. 有创新

有创新的东西才叫创意。广告创意力求在创新上做文章，这个不单要求策划人员不断学习新的东西，观察新的事物，还要善于借鉴一些伟大的创意来提升创意的高度。

3. 融入文化

卓越的广告创意必须能对产品的文化内涵进行深层开发，从文化内涵的边际效应中寻找创意的切入点，以更好地满足市场中的消费者的个性化消费思维和多元化的文化价值观。广告创意的文化底蕴主要表现在三个方面：

（1）精神寄托。广告创意可以从产品低层次的物质需求入手，暗示或寓意高层次的消费，让消费者从单纯的物质产品演绎成有文化内涵的精神寄托。旺旺这个名字本身就带有好、财的意味，“让你旺一下”是贯串整个广告的主题。正是相同的文化传统，使台湾企业运用广告成功迎合了中国人“图吉利、爱热闹”的心理。

（2）人文精神。广告创意文化通过把握某一阶段社会情感的流向，从而提炼出能够成为广大消费者知音的广告创意。张艺谋在 1997 年为爱立信拍了一则广告：一个年轻男孩从外地回到家里．对父亲说要出去与朋友一起开心，父亲默默地点了点头。当男孩走到楼下时无意抬头，却看见父亲正站在窗前默默地观望着他。男孩轻轻地走了回去，对父亲说：今天我陪您吃顿饭。

这段广告有三句广告词，细细琢磨都能让人感动：“沟通就是爱”、“沟通就是理解”、“沟通就是关怀”。这对嚷着与父辈有“代沟”的下一代而言，何尝不是一种振聋发聩的声音。

（3）精神价值。广告创意通过创建独特的精神价值，反映一种社会导向和一种精神追求。摩托罗拉以高空飞人来诠释其跨越时空、“飞跃无限”的理念这一条广告真可以算得上是“以险取胜”的典范。一个胆气过人、沉着自信的白领在数百米高空抓住秋千大幅度摆动，具有一种凌空出世、飞越天堑的潇洒豪迈之感。该广告创意独特、诉求明确，并且极好地调动了人们的心理感受，险则险矣，但非常到位。

四、广告媒体策划

（一）广告媒体是广告产品传播的渠道

广告媒体与广告产品是两个完全不同的概念。

广告产品是经设计并完成制作的成果，是广告内容及信息的物质载体，广告内容及其创意通过广告产品体现出来。

广告媒体是广告产品传播的渠道。

广告媒体是指借以实现广告主与广告对象之间联系的物质或工具。凡是能刊载、播映、播放广告作品，在广告宣传中起传播广告信息作用的物质都可称为广告媒体。例如，大众传播媒体（包括电视、广播、报纸、杂志）、路牌、交通工具、互联网、霓虹灯、商品陈列、橱窗、包装物以及产品说明书、企业名录等。

（二）分析广告媒体的类型及特点

广告媒体从不同的角度，有不同的分类。

1. 按媒体的传播功能分，如表 7－5 所示

表 7－5　按广告媒体的传播功能分类

分类	具体内容	主要特点
视觉媒体	报纸、杂志、邮递、海报、传单、招贴、日历、售点广告以及户外广告、情景布置、实物和交通广告等媒体形式	通过对人的视觉器官的信息刺激，影响人的心理活动中的感觉过程，从而使人对广告的内容留下一定印象
听觉媒体	无线电广播、有线广播、宣传车、录音机和电话等	通过对人的听觉器官的信息刺激，激发人的心理感知过程，使人留下对所感知的事物的印象
视听媒体	包括电影、电视、表演性媒介、网络等	用语言、音响、文字、形象、动作、表情等综合方式，通过刺激人的视觉和听觉器官来激发其感知过程，完成其信息传递
嗅觉媒体	如各种香味广告媒体	通过刺激人的嗅觉器官激发购买欲望

美国香水厂商在各种杂志中埋设“香水地雷”。当人们翻阅杂志，触及“香水地雷”时，名牌香水的芬芳就扑鼻而来，引起人们的购买欲望。现在，美国人也把香味广告推广到其他行业。制造商将巧克力、水果、鸡肉、咖啡、皮革等的味道制成味浆，然后掺进印刷材料中印成广告，附在杂志中，以招徕更多顾客。还有将酒类、食物和调味品的香味“注入”杂志里的嗅觉广告。

2. 按媒体传播途径分类，如表 7－6 所示

表 7－6　按广告媒体的传播途径分类

分　类	具体内容
印刷媒体	以文字为传播符号，以印刷品为符号载体的媒介。主要包括报纸、杂志、小册子、传单、商品目录和说明书、年历、包装纸等

续上表

分　类	具体内容
电子媒体	又称电信媒体，是一种光电性能的媒体，包括电视、广播、电影、霓虹灯、电子显示屏幕、网络等
邮寄媒体 DM	通过邮寄信函的方式传递信息的媒体。它包括广告信函、商品目录、产品说明书、征订单等。邮寄媒体的针对性强、形式简单、效果明显，在现代广告战略中使用较多
销售现场媒体	在销售场所开辟的传播媒介，如橱窗等
户外现场媒体	室外露天的各种广告媒体的总称。包括招贴、路牌、屋顶、霓虹灯、灯箱等形式。户外媒体具有周期长、美观醒目、成本低等特点，较常用
交通媒体	利用移动的交通工具和交通场所的建筑物传递广告信息的媒体。轮船、火车等交通工具和交通宣传车以及车站、码头、机场的建筑物、墙壁等

3. 按广告传播的规模分，如表 7 –7 所示

表 7 –7　按照广告传播的规模分类

分　类	具体内容
大众传播媒体	主要指报纸、杂志、广播、电视、网络等受众比较广泛的传播工具
其他传播媒体	其他传播媒体则是指邮寄品、传单、橱窗、包装纸、招贴、路牌等

4. 按传播广告信息时间的长短分，如表 7 –8 所示

表 7 –8　按传播广告信息时间的长短分类

分　类	具体内容	主要特点
瞬时性媒体	是指那些传播广告信息的时间短暂快捷的媒体，如电视、广播、电影等	信息传播转瞬即逝，不易记忆；表现形式上别出心裁，引人注意；诉求重点明确单一；在一段时间内要连续发布广告，进行周期性的反复传播
短期性媒体	短期性媒体是指在一段时期内使用的媒体，如报纸、杂志、传单、橱窗、POP 广告等	人们对广告信息有较充裕的时间仔细阅读，品味广告内容，增强记忆，可对产品作较详细的介绍和较复杂的说明

续上表

分　类	具体内容	主要特点
长期性媒体	具有较长使用时期的媒体，如霓虹灯广告、路牌广告等。还有能伴随产品进入流通或进入用户或最终消费者甚至家庭的媒体。如产品的销售包装、专用运输包装、产品说明书、产品自身的厂牌和商标、专业性杂志或书刊等	有使消费者主动或被动地保留、收藏和使用的价值，具有相当潜在的极大的重复宣传的功能，广告设计注重美观，或注重实用，或注入留存价值，或使其具有艺术品般的欣赏乃至收藏价值

POP广告是企业在营业现场为宣传产品、刺激顾客消费欲望所布置的特殊广告物，如悬挂小旗、张贴宣传画或是在店门口设置大型夸张物件等。它是一种历史悠久的广告形式。现在所有能在消费现场促进经营的因素都被纳入了POP广告的范畴，甚至店内的音响、色彩、光线及员工的仪容装扮等也被有的营销学家列入POP的范围之中。

POP的种类：

(1) 悬挂POP。

吊牌、饰物、彩条、旗帜等。

(2) 墙面POP。

张贴海报、招贴画、装饰旗等。

(3) 路牌POP。

招贴海报牌、橱窗等。

(三) 对比常用广告媒体的优劣势

常用广告媒体各有优势和劣势，对比情况如表7-9所示。

表7-9　常用广告媒体的优劣势对照表

媒　体	优　势	劣　势
报纸	①传播面广、发行量大、触及面广、传播迅速； ②具有新闻性，阅读率较高； ③文字表现力强； ④便于保存和查找； ⑤传播费用较低	① 时效性短； ②传播信息易被读者忽略； ③理解能力受限； ④色泽较差，缺乏动感
杂志	①时效性长； ②针对性强； ③印刷精美，表现力强	①出版周期长； ②声势较小； ③理解能力受限

续上表

媒　体	优　　势	劣　　势
电子媒介	①传播面广； ②传播迅速； ③感染力强； ④多种功能。与当代科学技术联系紧密，所以具有极强的时代特征	①传播效果稍纵即逝，信息的储存性差，难以查询和记录； ②内容按时间顺序依次排列，受节目顺序限制，只能被动接受既定的内容，选择性差
国际互联网	①范围广泛； ②突破时空和地域的限制； ③双向互动； ④个性化； ⑤多媒体、超文本等多种表现形式； ⑥低成本	①如网站点击率低，广告宣传受限； ②网络制度不完善，广告可信度较低； ③不易了解广告效果

（四）组合广告媒体策划

不同的广告媒体，有各自的优势和劣势，没有企业只选择一种广告媒体进行广告传播。

企业应该根据设定的广告目标，结合产品特点和媒体特点，制定切合实际的媒体组合策略，如表7－10所示。

当然，广告传播需与公关、促销、营业推广等手段综合运用，才有利于达到企业的经营目标。

表7－10　组合广告媒体策划方法选择

主要考虑因素	媒体组合策划选择
扩大销售额	要求广告能够促使消费者缩短购买决策过程，尽快地做出购买决策。 在媒介上较为理想的选择顺序应该是电视、广播、售点（POP）、直邮（DM）、报纸、杂志等
增加市场占有率	增加市场占有率就是争取新的消费者，甚至把自己竞争对手的消费者吸引过来，以加强企业自身的竞争地位。 选择的媒介以报纸、杂志的效果为最佳，其次是电视与广播，再次是焦点、POP、直邮及户外等媒介
树立企业或产品形象	使消费者产生对企业或产品的好感，提高企业或产品的知名度与美誉度。在媒介选择上，报纸、户外交通和赛场等媒介较为适宜，同时，在电视、杂志上进行形象广告宣传，也会产生良好的效果

续上表

主要考虑因素	媒体组合策划选择
区域市场	如果目标市场为全国范围的话，媒体的选择应尽可能寻求一个成本低、广告信息总暴露量大的媒介组合，如国家一级的电视台、电台、杂志和全国范围内发行量较大的报纸。 如果主要针对某个区域市场进行广告传播，则需选择当地目标消费者和顾客能高频接触到的地方性媒体
消费群体	根据消费者的年龄、性别、职业、受教育程度、收入等因素，把广告集中投放到最有可能购买企业产品的消费群体中去，根据消费群体的需求选择最能适应的媒介
社会意识形态	许多国家，由于社会意识形态的限制，导致在某类媒体上的偏重，如挪威、瑞典、丹麦等国家，禁止在电视、广播上播放广告。 有的国家法令禁止香烟、酒类在电视和广播上做广告。 在伊斯兰国家，对于电视、电影的限制比较严格，这些国家的广告选择便偏向于其他的媒介
人口密度	人口密度与广告媒介的传播范围与传播速度有一定关系，在人口密度低的地区，对于媒介传播的速度与范围要求就高
受教育程度	对于受教育程度低的目标消费者，宜于用电视及广播这两类媒介，售点（POP）和户外广告两种媒介也可以在文盲率高的地区经常使用

（五）广告投放策划

在选择好广告媒体及媒体组合方式之后，就要考虑广告信息发布的时间、持续时间的长短、广告发布的频率以及采用什么样的排期策略等问题。

1. 选择广告发布的时序

广告发布的时序问题是指广告发布与企业其他相关营销活动在时间上如何配合，一般可有三种考虑：

（1）领先发布。广告在产品导入市场或者其他相关营销活动开始之前就发布。目的是先制造气氛，为新产品的入市或其他营销活动的开展作铺垫。

（2）同步发布。指广告的发布与相关活动同时展开。目的是使广告发布配合新产品的投放，或与其他营销活动相互配合，造成整合传播之势，形成强大的市场影响力。

（3）延迟发布。在产品进入市场后一段时间，或者其他营销推广活动开展一段时间后，根据市场反映进行更有针对性的广告传播。

2. 选择广告发布的时点

广告发布的时点是指广告在某种媒体发布的具体时间和时段，广告发布的时点策略主要是选择最佳的广告时间点来发布广告。

广告发布的时点选择，企业要考虑不同媒体的特点、消费者在不同时点的媒体接触习惯等关键因素。

3. 选择广告发布的持续时间

广告发布持续的时间是由企业的经营目标、营销活动总体持续时间、广告预算等因素决定的。

在总的时限确定的情况下，广告的发布可以进一步细分出不同长度的时间单元、各单元的持续时间等。

4. 选择广告发布的频率

广告发布的频率是指在一定时间内广告发布的次数。一般来讲，新进入市场的企业和产品、销售旺季来临前、处于市场竞争激烈的产品等，广告的发布频率要高一些，而在其他情况下，广告的频率可以低一些。

广告发布的频率可以根据市场情况进行不断的调整。

5. 选择广告排期的方式

（1）集中式排期。将广告安排在一个特定的时间集中发布。

这种策略的优点在于能够在较短时间内集中多种媒体进行广告宣传，引起消费者的注意和兴趣。

季节性商品、企业强力推出新产品时可以采取此方式。

这种方式具有一定风险，短期强大的广告之后，如果没有传播和营销手段的跟进，容易造成新产品市场导入的夭折或者产品销售的不利影响。

（2）连续式排期。指在一段时间内有计划地匀速投放广告的形式，目的是保持记忆。

连续式排期常用于消费者频繁购买的日常用品或当广告主要进行市场拓展的时候。

连续式排期也可以是产品广告持续地出现在消费者面前，不断地积累广告效果，防止广告记忆下滑。但是这种排期方式需要足够的广告投放费用的支持，需要根据产品的淡旺季进行必要的调整。

（3）起伏式排期。指在一段时间内大量投放广告，然后间歇一段时间，又在下一阶段内大量投放广告。这种间歇性排期常用于季节性产品。

这种排期方式可以根据市场和竞争的需要来调整最有利的广告露出时机，提高广告费用的利用率，集中火力以获得较大的有效到达率。但要合理掌握间歇期的时间长短，因为间歇期可导致消费者对广告记忆下降，品牌的知晓度下降、竞争品牌的威胁等。

（4）脉冲式排期。指广告主连续地以一般水平投放广告，但在某些特定阶段加大投放力度。它是一种将连续排期和起伏排期结合在一起的一种排期策略。适用于全年排期比较稳定，但又有一定季节性特征的产品。

脉冲式排期可以持续积累广告效果，并根据产品的市场特点加强在重点期间广告的强度，缺点是需要强有力的广告经费的支撑。

五、广告效果测定

（一）广告效果测定的内容

狭义的广告效果是指广告所获得的经济效益，即广告传播促进产品销售的增加程度，也就是广告带来的销售效果。

广义的广告效果则是指广告活动目的的实现程度，是广告信息在传播过程中所引起的直接或间接变化的总和，它包括广告的经济效益、心理效益和社会效益。

广告效果测定就是运用科学的方法来鉴定广告的效益。

广告效果的测定主要包括三个方面的内容，如表7－11所示。

表7－11　广告效果测定分类

分　类	具体内容
广告传播效果	广告在消费者心理上的反应程度，产品所树立的品牌印象
广告销售效果	广告活动促进商品销售或劳务销售和利润增加的程度
广告社会效果	广告所达到的社会教育作用

（二）选择广告效果测定的方法

常用的广告效果测定方法如表7－12所示，企业根据具体情况进行选择。

表7－12　选择广告效果测定方法

方　法	执行方式
实验法	主要在事前测定与事中测定中使用，采用实验法必须选择与目标销售区域或对象具有类似特征的实验范围与对象。对于接受实验者来说，一切都必须是全新的，不带任何假想，甚至是一无所知地接受实验，这样才能使所获结果尽量接近真实
问卷法	可以通过邮寄、公开征集回函或访问员上门访问进行。给予被调查者一定的利益回馈是需要的，这是一个比较费时、费力的方法，但测定对象覆盖面广，问题可以比较全面地了解。比如消费者的品牌认知度、品牌忠实度等
产品销售效果分析法	产品销售额与广告费用之比，当然需排除其他因素的影响
市场占有率变化分析法	广告活动前与广告活动后产品在市场中的位置和力量对比
利润与利润率变化比较法	事实上，企业能够享用的不是销售额，而是利润。利润率则是衡量付出与得到是否相当的天平

第三部分　练习与思考

一、选择题

（1）广告策划的主要内容包括（　　）。

A. 确定广告定位　　B. 选择广告媒体

C. 测定广告效果　　D. 广告公司选择

E. 设计广告创意

（2）利用各种事物的基本属性，通过感觉的主动引导，产生新的想法的一种专门用于创新思维的广告创意方法是（　　）。

A. 移植法　　B. 组合法　　C. 分解法

D. 模仿法　　E. 奥本斯法

（3）报纸作为常用广告媒体具有（　　）的劣势。

A. 声势较小　　B. 传播信息易被读者忽略

C. 理解能力受限　　D. 时效性短

E. 色泽较差，缺乏动感

（4）企业主要的广告目标有（　　）。

A. 告知　　B. 劝说　　C. 辨别　　D. 提示

（5）USP 的基本要点是（　　）。

A. 告诉消费者，我的产品是最好的

B. 每一则广告必须向消费者“说一个主张”，必须让消费者明白，购买广告中的产品可以获得什么具体的利益

C. 广告所强调的主张必须是竞争对手做不到的或无法提供的

D. 所强调的主张必须聚焦在一个点上，集中打动、感动和吸引消费者来购买相应的产品

（6）常用的广告定位类型有（　　）。

A. 市场定位　　B. 品名定位　　C. 品质定位

D. 价格定位　　E. 功效定位

（7）常用的广告创意方法有（　　）。

A. 移植法　　B. 组合法　　C. 分解法

D. 联想类比法　　E. 模仿法

（8）按广告媒体的传播功能分，广告媒体有（　　）。

A. 视觉媒体　　B. 听觉媒体　　C. 视听媒体

D. 嗅觉媒体　　E. 平面媒体

（9）电子媒体的优势有（　　）。

A. 传播面广　　B. 针对性强

C. 传播迅速　　D. 感染力强

E. 多种功能，与当代科学技术联系紧密，所以具有极强的时代特征

(10) 互联网媒体的优势有（　）。

A. 范围广泛　　B. 突破时空和地域的限制

C. 双向互动　　D. 个性化

E. 多媒体、超文本等多种表现形式

(11) 广告排期的方式有（　）。

A. 集中式排期　B. 连续式排期　C. 起伏式排期　D. 脉冲式排期

二、判断题

(1) 广告策划，是根据广告主的营销计划和广告目标，在市场调查的基础上，制定出一个与市场情况、产品状态、消费群体相适应的经济有效的广告计划方案，并加以评估、实施和检验的活动。(　)

(2) 广告媒体按媒体的传播功能，分为大众传播媒体和其他传播媒体。(　)

(3) 为了树立企业或产品形象，最好选择售点（POP）、直邮（DM）媒体。(　)

(4) 美国麦当劳广告"Q、S、C + V（即品质、服务、清洁和附加值）"体现了产品形象定位。(　)

(5) 劝说广告需采用版面较大的报刊和时间较长的电视广告来容纳文字、图示和使用效果等信息。(　)

(6) 经营价值观的定位，就是要使企业的形象连同它的口号，深入公众心目中。(　)

(7) 将多种因素通过建立某种关系组合或整合在一起，从而形成组合优势的创意法是分解法。分解法是最常用的创意方法之一。(　)

(8) 将某一领域的成熟的原理、方法、技术、构思，或者成功的事物、做法、经验移植到另一领域而形成新事物的创意方法叫移植法。(　)

(9) 广告媒体是广告产品传播的渠道。(　)

(10) 企业应该根据设定的广告目标，结合产品特点和媒体特点，制定切合实际的媒体组合策略。(　)

(11) 广告效果测定就是运用科学的方法来鉴定广告的经济效益。(　)

(12) 广告主连续地以一般水平投放广告，但在某些特定阶段加大投放力度，将连续排期和起伏排期结合在一起的一种排期策略是集中排期方式。(　)

(13) 广告发布的频率是指在一定时间内广告发布的次数。(　)

三、简答题

(1) 简述广告策划的基本工作流程。

(2) 简述广告创意的基本步骤。

(3) 广告创意文案由哪些部分组成？

(4) 如何进行广告时机的选择？

第四部分　实战训练项目

——酒之头××（城市）广告策划方案

一、项目目标

通过对市场的全面分析，了解白酒行业的竞争状况，能给该品牌以正确的广告定位，并以小组为单位设计广告创意。学生能掌握广告策划的基本方法和执行步骤。

二、项目说明

（一）公司和产品基本情况

（1）酒之头是五粮液集团生产、纵横千里销售公司进行销售的一款白酒品牌。开发酒之头产品的目的是配合企业的多品牌策略，更大效益地发挥五粮液的名牌资源，对于企业来说，产品品质是关键。

（2）虽然酒之头已经上市，但有较多消费者认为："酒之头是五粮液集团出品的又一新产品，质量、口感应该不错，外观包装比较高档，价格还可以接受，好像没做什么广告，所以不知道这种酒还有什么特点。"

（3）产品定位：是让人感到可信服的、有品位的、有档次的、有情感的名优白酒；是五粮液集团倾心打造的经典之作。

（4）品牌核心："五粮嫡传、豪门典范，大气、高贵、典雅、目光独到、思想超前、做事投入、饱含激情"。

（5）消费者定位：高人一头的准成功人士。

1）社交应酬类的消费群体是酒之头前期主要争取的对象；

2）助兴消费类群体是酒之头将要影响的对象；

3）习惯类消费群体是酒之头远景的发展对象；

4）传播上肯定酒之头与五粮液的一脉相传性；

5）酒楼是酒之头长期利润的增长点；

6）消费者基本情况：25岁以上、男性、大专以上文化程度，月收入在2000～5000元之间的都市白领、政府工作人员，认为酒的品质、知名度给自身的感觉同样重要。

生活方式：是单位部门主管或经理，工作能力强；生活圈子大，社交活动频繁；知识面广，关心国内、国际时事；做事有原则性，事业心强，从不停止对自己的要求；日常购物中偏重于质量、品牌的选择，通常会在1～2个品牌中作出选择；认同好品牌有好品质；潜意识中认为拥有的物品必须是其身份的象征，但绝对不属于爱慕虚荣的人。

性格特征：性格外向、开朗；处世不甘平凡，思维敏捷；具有豁达的人生态度；气质好，具有感染力；为人处世讲究风度。

（二）项目要求

根据以上材料，各小组进行广告创意和广告媒体策划，并完成策划方案和策划通报 PPT 一份。

（建议：可考虑影视、网络、报纸、户外、杂志、车体、POP 等广告媒介，并进行相应的创意策划和媒体策划）

三、项目实训步骤

（1）3～5 人组成策划公司或策划小组，以策划小组为单位进行讨论、资料收集、策划方案制定、讨论与修改、策划成果展示。

公司（小组）名称：________________________________。

策划小组负责人：________________________________。

策划小组成员：________________________________。

（2）教师作为企业策划需求宣讲人，介绍项目背景和企业需求。

（3）教师引导学生策划小组分析策划项目、学习相关知识点，进行资料收集。

（4）各策划小组在教师的指导下共同完成项目策划初稿（策划书和项目通报 PPT）。

（5）教师选择 1～2 个策划小组，对策划项目进行通报，由其他同学进行评价后，教师进行整体评价，有条件者讲解企业真实的策划方案。

（6）各策划小组根据老师的评价意见，修改方案策划。

四、项目考核方式

教师考核为主，有条件的可引入企业、策划公司专业人员进行考核。

【练习与思考】参考答案

一、选择题

（1）ABCE　（2）E　（3）BCDE　（4）ABCD　（5）BCD　（6）ABCDE

（7）ABCDE　（8）ABCD　（9）ACDE　（10）ABCDE　（11）ABCD

二、判断题

（1）√　（2）×　（3）×　（4）×　（5）√　（6）√　（7）×

（8）√　（9）√　（10）√　（11）×　（12）×　（13）√

三、简答题

略

单元八　营业推广策划

知识目标：

1. 掌握营销推广策划的各种方式。
2. 掌握营业推广策划的工作程序。
3. 掌握营业推广策划的组织实施流程。

技能目标：

1. 能够进行营业推广策划。
2. 能够编写营业推广策划方案。
3. 能够组织实施营业推广活动策划方案。

第一部分　策划方案示例

——“××”太阳能热水器A县促销活动方案

封面（略）

前言

“××”太阳能热水器2009年开始投入生产，2010年开始大力推广，在大力推广的前提下，“××”的年销售额在国内同类产品的年销售额排名处于第61位。而“××”太阳能热水器的市场计划是要在5年内市场排名达到中国全部太阳能企业的前3名。

中国有将近4000个太阳能热水器生产厂家，6000多个品牌，因此要想达到企业既定目标，就需要通过不断地进行促销活动提高品牌的整体形象，展示良好产品与服务并提升营业额，这对吸引和稳定消费群体有着非常重要的战略意义。

这次促销活动的A县属于县级市场。越是县级的市场越是杂牌的温床，因为二、三线品牌营销重心低，分销彻底，价格优势明显，而品牌的影响又因信息阻隔在这里少有积淀。所以县级市场往往出现价格低的卖赢价格高的，活动多的卖赢活动少的，杂牌卖赢名牌的现象。

一、“××”太阳能热水器促销活动目标

A县的促销活动目标在于：

第一，提高该品牌新产品太阳能热水器的知名度，树立品牌形象。

第二，为“××”太阳能热水器激活A县的市场，让县级代理更好地展开网点的开发。

第三，通过一系列的惠民政策刺激终端客户的消费，增加与顾客之间的情感交流，增加该品牌太阳能热水器在顾客中的亲和力，提高顾客的忠诚度，提高市场占有量，打击竞争对手。

二、“××”太阳能热水器促销活动主题

这次活动主题定为：“××”太阳能 、惠民千镇行。

副主题是：全省第7站，以十抵千。

三、“××”太阳能热水器促销活动

（一）活动时间与地点

活动时间：2012年2月19日至2012年2月24日。

活动地点：A县文化广场。

（二）促销内容

（1）本次促销活动主推2款单品：JC 58183045 – D和JC 58163645 – D，其中JC 58163645 – D送价值高的赠品（如冰箱、洗衣机），JC 58183045 – D送价值低的、数量多的礼品包（如电压力锅、浴巾三件套、保温杯）。

（2）活动形式为循环累计抽奖，即满10名抽出1个大奖，交全款未中大奖者送小奖浴霸（小奖价值在100元以内）。

表8 – 1　“××”太阳能A县促销活动抽奖形式

序　号	购机台数	奖　品
1.	满10台	电压力煲1台和9台浴霸
2.	满20台	豆浆机1台和9台浴霸
3.	满30台	微波炉1台和9台浴霸
4.	满40台	洗衣机1台和9台浴霸
5.	满50名	冰箱1台和9台浴霸
6.	满60台	电动车1台和9台浴霸
7.	满70台	洗衣机1台和9台浴霸
8.	满80台	冰箱1台和9台浴霸
9.	满90台	电动车1台和9台浴霸
10.	满100台	家电大礼包（冰箱、洗衣机）

活动期间购机者即获得抽奖机会
购机满上述台数即抽出1个大奖

（3）配合促销活动的宣传工作：

1）派发宣传单；

2）张贴宣传海报；

3）悬挂宣传横幅；

4）游车宣传；

5）派发团购券；

6）广告牌宣传；

7）乡村广播。

（4）“××”太阳能A县促销活动物料及人员需求表。（提前10天，如表8－2所示。）

表8－2　“××”太阳能热水器A县促销活动物料

类别	内容	数量	布置要求
礼品	小礼品：圆珠笔、钥匙扣、气球、围裙、小伞	200	可用于预热过程中公关，及演出过程中聚集人气
	赠品奖品：保温杯、浴巾三件套、电饭煲、浴霸、电压力煲、洗衣机、电冰箱、电动车等	100	可置于演出舞台上，购买用户上台领奖
宣传	单页	10000	①进老百姓的家中，发到老百姓的手中； ②递上单页时要强调活动当天有表演看、有礼品送
	海报	500	①各类商店的店内或店外、乡村信息栏、电线杆、集市等路旁的墙上； ②多张连续贴，形成视觉吸引
	条幅	30	乡镇网点门口、集市入口、主要村庄路口
	游车（配录音）	4	①寻找对外出租的小货车以每天200元左右的价格租下，再统一由广告公司制作喷绘； ②车辆行驶速度要慢； ③尽可能多地走百姓家门口
	团购券	500	①配合上门发单页卖券； ②每个乡镇集市设点卖券； ③扫集市、扫农村、扫商店卖券； ④凭券到现场即送精美礼品一份
	广告牌		对有条件的地方，做城区主要路段临时广告喷绘，提高品牌信誉度
	乡村广播		对有条件的村庄进行高频次广播宣传

续上表

类　别	内　　容	数量	布置要求
现场	拱门	2～3	
	帐篷	>15	
	刀旗	50	分布活动现场四周
	样机	>15	主推型号大量出样，其他型号展示为主
	样机物料	若干	各系列产品的展板、价格牌、大红花、促销展板、展架等
	开单处布置		简单整洁
	大红纸		用于填写已购太阳能热水器顾客名单和参与抽奖顾客名单
人员	宣传预热	10	县代 2 人 + 公司 5 人 + 乡镇 3 人
	活动现场	15	县代 3 人 + 公司 5 人 + 乡镇 7 人

(5) 确定人员分工。

活动分工，设组长 1 名（负责全面协调工作、物料及赠品跟进和宣传组织工作），成员若干（负责活动的各项执行工作），发动县代及乡镇的力量。

活动现场分工：

总指挥 1 名（负责全面协调工作）；

开单组（负责开单及赠品发放）；

路演组（负责路演及抽奖协调）；

销售组（负责现场卖货及现场秩序维持）；

后勤组（负责各小组后勤工作及红榜张贴）。

四、"××"太阳能热水器促销活动参与商费用承担及利润分配

"××"公司承担宣传单页、海报、条幅、团购券、刀旗、飞字、广告牌、现场布置物料等宣传费用，以及赠品费用；

县代理商承担路演费、小礼品费用、游车费用（可协商解决），及其他杂费；

乡镇经销商承担场地费、接送顾客费用，以及大、小奖品费用；

具体费用和利润分配方案（略）。

五、"××"太阳能热水器促销活动预热

（一）碰头会（提前 8 天）

碰头会要求以正式会议形式举行，参会人员包括乡镇网点老板及协助活动人员、县代老板及协助活动人员、公司支持所有参与活动人员。

碰头会详细讲解活动内容、抽奖规则、活动分工、利润分配、费用承担、宣传操作方式等。

与会人员共同制定出乡镇提货政策。

（二）宣传预热（提前7天）

参与活动人员按要求张贴海报、悬挂条幅、派发单页，并在店门口出样3款以上，定点集市搭帐篷设点销售团购券。

表8-3 “××”太阳能热水器A县促销活动人员日程规划样表

日期	村	组长	人员配置	卖券任务量	券销量

制定游车“镇村大扫荡”日程规划。

将此次活动游车分2组，每组配2～3人，统一着装，佩戴工作证，携带纸、笔，协助乡镇网点扫集市、扫农村、扫商店，销售团购券，时间上把握三个饭点时间段和重点村庄，要求每日统计、每日总结。

团购券销售：强调预存10元购机抵100元现金，再送大礼包（包含赠品礼包、控制仪、电加热、安装辅材），不购机的群众到现场也送精美礼品一份，同时登记好顾客信息，做好记录。

利用乡镇客户资源发展乡村广播站的力量，来宣传促销信息。

六、“××”太阳能热水器促销活动营销链安排

（一）老用户营销（提前7天）

老用户不仅是最好的宣传员，还是最好的销售员。动员好老用户，能极大地提高活动执行效果。

制定以老带新的促销政策，老用户每推荐一名新用户，老用户可获得100元回报，激发他们的能量。

在活动开展前5天即应通知老用户（尤其要通知有影响力的老用户），询问使用情况，并讲解说明本次活动信息。

组织老用户在活动开始时进行抽奖、赠送小礼品等活动，以聚集人气。

（二）其他营销链方式（提前7天）

水电工、供销社商店老板、装修建筑工工头、村支书爱人、妇联主任、农村信贷员、媒婆、农资化肥经营者，这些都是最直接的导购员。

制定好他们的激励政策，充分调动他们的积极性，对活动以及后期的销售都有极其深远的影响。

七、“××”太阳能热水器促销活动现场控制

（一）战前沟通会（提前1天）

（1）要求所有活动参与人员全部参加。
（2）明确分工，各司其职，详细讲解活动细则。
（3）销售组分小组PK，提高销售积极性。
（4）不断用真空管集热演示、消费者触觉演示增强产品说服力。

（二）乡镇顾客集结（提前1天，非常重要）

（1）乡镇老板提前1天电话和短信告知所辖乡镇准顾客集结时间与地点，并于活动当天派专车送达活动现场。
（2）对于不能按时集结的准顾客，活动当天直接上门邀请。
（3）用最大的努力不放走任何一个准客户。

（三）现场造势（提前1天）

（1）样机出样15款以上，主推单品集中出样。
（2）现场布局形成围式。
（3）利用游车、拱门、空飘、条幅、旗帜、海报、单页等方式营造气势。
（4）利用路演音响不断宣传活动信息吸引人关注。
（5）现场工作人员要求统一着装，佩戴工作证。
（6）赠品区堆放成山，显出气势。
（7）礼品堆大量放在舞台上，增强抽奖气氛。

（四）提高销售

（1）抓住现场有利条件，快速促成销售。
（2）促销人员强调讲解，在讲解产品和服务的同时，要反复强调机不可失，时不再来。
（3）营造热销氛围：事先做好满满的热销台账（哪个村哪位用户购买了该产品）；当地消费者安装的照片；入口位置张贴红纸实时更新购买者信息及参与抽奖信息。

（五）路演造势

（1）促销信息、抽奖、表演穿插进行，强调“大品牌、大力度、大服务、送大礼”。
（2）吸引老用户参与问答活动及小抽奖活动，表达使用感受，营造现场购买气氛。
（3）不断强调抽奖规则，做到公平、公正、公开。
（4）不断强调奖品价值、中奖几率，让顾客有紧迫感。
（5）每抽出一个大奖即鸣炮祝贺，吸引顾客快速成交。

(6) 路演结束后强调老顾客凭购物小票下次参与活动均有精美礼品赠送。

(六) 延续销售

(1) 延长现场摆放时间2～3天，继续卖货。

(2) 对刚购买的用户马上进行电话回访，顺便开展营销链营销，不断扩大营销链队伍，扩大“××”太阳能热水器的影响力。

附件：

(1)“××”太阳能热水器促销活动费用预算。

(2)“××”太阳能热水器促销活动物料模版。

1)“××”太阳能热水器A县促销活动单页样板（图略），16开，157克双铜纸，四色印刷；上门派发使用；指导价：0.09元/张；

2)“××”太阳能A县促销活动海报样板（图略），对开，200克铜版纸，四色印刷；张贴墙体，指导价：1.5元/张；

3) 太阳能热水器A县促销活动舞台背景：8米（宽）×3米（高）（图略）。指导价：1500元/场。

（此策划方案根据学生优秀作品改编而成）

营业推广策划是刚刚迈入社会从事市场策划活动的人员最常遇到的活动策划，虽然此类策划技术难度不大，但流程复杂，且环环相扣，要求具有极强的可操作性和实效性，任何一个小问题都可能破坏整个策划活动。营业推广策划属于营销策划中最基本的也是最经常的一类策划活动。

此策划有亮点也有不足之处。亮点在于：

(1) 此促销活动形式上来说有效做到了一线品牌做势，先造声势后造市——势场决定市场，重销售更重传播，声音决定销量；

(2) 在市场各类产品功能雷同的情况下，抢先向客户宣传产品的卖点，优先在消费者心里占据一席之地，较好配合了产品市场定位；

(3) 通过采用多种促销方式：人员促销、渠道促销、广告促销相融合，把有意向买太阳能热水器的，但还没决定买什么品牌的客户牢牢地把握在自己的手里，如通过卖预售卡的形式，把想买太阳能的客户控制在手里。不定期地对他们进行回访，提高他们的忠诚度。

但是，本策划方案也存在人员分工方面细化分工没有做到位、现场造势考虑不够完善、没有设置客户体验区而使客户现场感触不强烈等问题。

第二部分　知识链接

一、营业推广策划的工作流程

(一) 营业推广策划

营业推广策划，是指在企业营销战略指导下，制定阶段性的营业推广的活动（行动）方案，并组织实施。

营业推广策划通常由制造商和中间商主导，覆盖的目标人群一般是最终消费者、商业客户、零售商、批发商以及销售队伍。

营业推广往往是一种辅助性促销方式，一般不单独使用，常常配合其他促销方式使用。

（二）营业推广策划的特点

（1）营业推广策划通常是作短期考虑，在某一特定时间提供给购买者一种激励，以诱使其购买某一特定产品。

（2）营业推广策划注重的是行动，要求消费者或经销商的亲自参与，行动指向的目标是立即销售。

（3）营业推广策划工具的使用具有多样性。

（4）营业推广策划见效快，销售效果立竿见影，但不可频繁使用，以免影响品牌形象。

（三）营业推广策划的工作流程

营业推广策划需要明确推广目标，把握正确的执行时间，进行合理的经费预算，以实现理想的促销效果。因此，在组织一项具体的营业推广策划活动之前，必须掌握营业推广策划的工作程序，如图8－1所示。

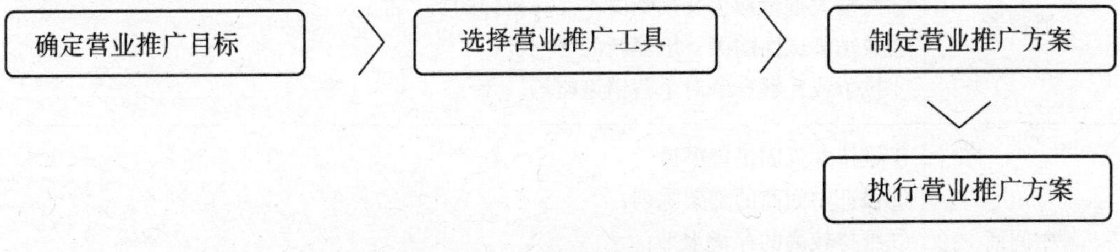

图8－1　营业推广策划流程

二、确定营业推广策划目标

企业营业推广的目标应与企业在该时期的市场营销总目标及促销目标相结合，针对不同时期、不同对象来制定具体的营业推广目标，如表8－4、表8－5所示。

（一）企业在产品生命周期不同阶段的营业推广目标

表8－4　产品生命周期不同阶段宜采用的营业推广目标

所处阶段	营业推广目标
投入期	①使顾客和消费者认识与了解新产品； ②缩短产品与顾客之间的距离； ③增加新顾客群体等

续上表

所处阶段	营业推广目标
成长期	①鼓励重复购买； ②吸引潜在消费者； ③形成品牌偏好； ④增进中间商的信任等
成熟期	①刺激大量购买； ②抗衡竞争品牌； ③提升销售量； ④保持原有的市场占有率等
衰退期	①保持利润； ②处理积压库存等

（二）企业针对不同对象的营业推广目标

表8－5　针对不同对象的营业推广目标

对　　象	营业推广目标
消费者	①鼓励再次购买和批量购买，把延时性购买变为即时性购买； ②鼓励大批量购买及接受由本品牌延伸的新产品； ③鼓励尝试性购买，培养新的客户群； ④抗争或瓦解竞争对手营销策略等
中间商	①维持并巩固销售渠道； ②保证中间商的货架陈列； ③维持较高的存货水平； ④配合消费者市场的营业推广； ⑤激励销售产品的积极性等
推销人员	①鼓励开拓新客户； ②调动销售积极性； ③鼓励销售公司的指定产品

三、选择营业推广的工具

在选择营业推广工具时，企业应充分考虑以下因素：

（1）营业推广目标。

（2）产品生命周期。

（3）产品品种。

（4）企业的竞争地位。

（5）企业在销售渠道中扮演的成员角色。

（6）竞争者的促销行为。

（7）营业推广费用的预算。

在考虑上述影响因素的基础上，针对不同的对象、营业推广的产品生命周期不同，选择的营业推广方式也不同，如表8-6、8-7所示。

表8-6　针对不同对象的常用营业推广的方式

针对消费者	针对中间商	针对推销人员
①赠送样品； ②赠送代价券； ③酬谢包装； ④价格折扣； ⑤产品展示会； ⑥比赛、抽奖； ⑦现场演示； ⑧赠品； ⑨以旧换新； ⑩搭配商品 ……	①交易折扣； ②提供贴补； ③经销奖励； ④交易会； ⑤展览会 ……	①销售红利； ②推销竞赛； ③推销回扣； ④职位提拔 ……

表8-7　产品生命周期不同阶段营业推广方式的选择

所处阶段	营业推广方式		
	对销售人员	对中间商	对消费者
投入期	培训、推销手册、销售竞赛	企业刊物、新产品发布会、派人指导	POP广告、现场演示、赠送样品
成长期	销售竞赛	价格折扣、派员协助	POP广告、产品展示会、现场演示、赠品、酬谢包装
成熟期	加强培训、新的销售用具和资料	价格折扣、销售竞赛	赠品、比赛、抽奖、搭配商品、以旧换新
衰退期	以折扣、降价方式处理库存，减少促销投入		

从大类分，商品可分为生产资料和消费品两类，消费品又可按购买习惯分为日用品、耐用品和特殊品三类。企业对这些不同类别的产品，由于促销对象及促销目标的不同，也应选用不同的营业推广工具。

处于竞争优势的企业，考虑为企业创造一支忠诚的顾客队伍，一般选用能产生长期效果的营业推广工具，如消费者教育、消费者组织等方式。而处于竞争劣势的企业，则以为消费者和中间商提供更多的实惠为原则，采用即时性的营业推广方式。

企业在销售渠道中扮演的角色不同，其销售任务和促销目标也不同。制造商营业推广的对象是中间商和公司推销人员。批发商营业推广的对象主要是公司销售人员和零售商。零售商营业推广的对象则是广大消费者。不同的促销对象，其营业推广工具也有所不同。

【案例 8－1】

娃哈哈促销形式的选择

娃哈哈 1.5 L 果汁在某市上市时，汇源是 1.5 L 果汁销量最大的品牌。汇源当时的 1.5 L 果汁促销是 6.2 元买一赠一（500 ml 果汁）的捆绑形式。

如果娃哈哈也做买大赠小的话，按果汁品牌的分量，其销量都不能分得汇源的一半。于是娃哈哈提高了产品售价，高出汇源 1.3 元，这样就可以赠送 1.25 L 的非常可乐了，因赠的是碳酸饮料，最终核算的费用比汇源略低，但是销售直观的效果比汇源好多了。

结果，娃哈哈 1.5 L 果汁促销当天的销量就大大提高。

（摘自 http：//www.docin.com. 终端反拦截如何更有效）

四、制定营业推广策划方案

（一）确定营业推广的范围

1. 产品范围

推广活动是针对整个产品系列还是仅针对某一项产品进行？

推广活动是针对目前市场上正在销售的产品，还是针对特别设计包装的产品？

2. 市场范围

一次推广活动是在所有的销售地区同时开展，还是仅在某一特定的市场区域进行？

在确定这一问题时，主要应考虑营销目标、企业的财务支出能力、企业推销队伍的力量和不同地区的销售状况。

（二）确定营业推广诱因量的大小

诱因量是指活动期间运用某种营业推广工具提供给消费者的利益大小。

诱因量的大小直接关系到企业的促销成本，当诱因量很小时，消费者反应也很小，促销效果几乎为零；当诱因量增大时，消费者的反应也会随之增强。

当然，消费者反应与诱因量并不是按比例增长的。

销售效果不仅受诱因量的影响，也受诱因使用选择、诱因使用方式、使用对象的心理预期等多种因素的影响。

（三）选择传播媒体

确定传播媒体即确定通过何种媒体将销售促进的信息传递给目标顾客和消费者。

不同的媒体有不同的传达对象和传达成本，促销效果也不一样。

例如，优惠券，可以邮寄、由人员发送、作为报纸杂志广告发送，也可随商品包装分送，等等。

（四）确定参与的条件

确定参与条件即确定参与促销活动对象的资格。

如优惠券对购买额达到一定量的消费者发放，免费赠品对集齐一定包装的消费者发送，样品赠送给符合特定条件的对象。

（五）确定营业推广活动的时间

营业推广活动时间的确定包括三个方面的内容。

1. 举行活动的时机

要考虑时机的选择如何能提高促销效果。

2. 活动持续的时间

活动持续的时间太短，信息传达面有限，可能使许多目标顾客来不及接受促销的信息；而促销活动持续的时间过长，又会使消费者的兴趣降低，甚至对产品的品质与品牌产生怀疑。

3. 举办活动的频率

科学地确定促销活动的频率，通常要考虑销售促进目标、竞争者的促销表现、消费者的购买习惯和反应、活动本身持续的时间和效果、促销的整体计划等因素。

（六）营业推广费用预算

营业推广费用通常考虑两项：

一是推广的费用，包括印刷费、邮寄费、赠品费、对推销员的教育和培训费等；

二是推广成本，如优惠或减价的成本、兑奖成本等。

（七）确定其他条款

为了保证营业推广活动顺利进行，还要制定除以上内容以外的一些条款，如奖励兑换的具体时间、优惠券的有效期限、活动的游戏规则、中间商的付款期限等。

【案例 8－2】

AA 卡幸福无障云南游活动策划

一、活动概述

20 世纪 80 年代以来，世界旅游市场出现了散客旅游潮，欧美各主要旅游接待国的散客市场份额达到 70%～80%，有的甚至高达 90%，而我国散客旅游人数远远低于发达国家。

目前，我国散客游的条件已逐渐具备：

首先，越来越成熟的景区被开发出来，旅游区的服务接待能力不断增强，消费者有了更大的选择范围。

其次，消费者的经济实力不断提升，有了现代的通讯、交通等手段，他们开始不满足于规范化团队旅游对个性的压抑，有着强烈的自主消费意识，对旅游体验性要求较高。

此外，景区也意识到吸引散客的重要意义。以往，许多景区的主要消费渠道还是依靠旅行社，由于一些弱、小、散、乱的小旅游公司的介入，滥价竞争，使旅行社整体声誉受损，同时，由于业内实行的是先游后付的经营模式，使三角债问题越来越阻碍景区的发展。

散客大多数要比团队客户在景区停留时间长，消费支出的可能性加大，无论从规模还是人均收入上，都超越了团队市场。散客旅游的发展是旅游业进入更高层次、更新阶段的产物，也是旅游业发展的必然趋势。

二、寻找差异化，找准新卖点

云南是旅游大省，旅游资源丰富，充满神秘色彩，是许多人向往之地，同时因其气候原因，旅游无明显的淡旺季之分，客流量很大。但是，云南旅游整体宣传力量不足，个别小的活动形式陈旧，宣传力度薄弱，无法形成记忆点。

AA 卡的核心卖点：不集中在传统的打折积分上，卡的宣传要突出它给游客带来的幸福感。这些幸福感一方面来自景区的风景，另一方面则是通过互动娱乐及献爱心、抽大奖等宣传推广活动体现出来。

这些活动不但使旅游者自己或家人快乐，还能给他人（社会弱势群体）带来快乐，这样，云南旅游给人带来的感觉就比较美好厚重，是一种发自心底的幸福。

通过这一核心卖点可提升此卡及云南旅游业的品牌价值，满足消费者精神层面的需求，从而吸引老、中、青三代散客。

三、AA 卡的广告语

持 AA 卡，幸福无障云南游！

四、促销活动

活动主题为“献爱心、赢大奖——AA 卡圆梦云南”活动。

（一）AA 卡圆梦云南活动启动仪式及媒体发布会

（1）主题：AA 卡圆梦云南活动仪式及媒体发布会。

（2）合作机构：中国红十字会、宋庆龄基金会、上海知青网、中国知青联谊会。

（3）活动分析：

1）在北京与宋庆龄基金会合作，举办 AA 卡圆梦云南活动启动仪式及媒体发布会，邀请国内知名媒体记者组成记者报道团对 AA 卡的功能、意义、实施办法予以广泛报道；

2）邀请 ××等社会文化艺术节知名人士做爱心大使，为此活动进行造势，增强 AA 卡的品牌美誉度，让其一面世就与献爱心、为云南弱势群体谋幸福联系起来，为第二部分的大规模娱乐互动活动打好舆论宣传基础。

（4）操作方式：

1）在北京钓鱼台国宾馆（拟定）召开 AA 卡宣传活动新闻发布会，并邀请政府领导、专家、特别嘉宾（采用打折卡的其他省市旅游管理机构领导）、媒体记者与会，为发布会助阵；

2）在媒体发布时，邀请著名导演 ××、著名舞蹈艺术家 ××作为公益形象大使，以深化云南旅游的形象宣传；

3）通过对参与AA卡活动的企业及云南各景区的强力报道，最终将幸福无障云南游的概念传播出去，以吸引散客对云南旅游的关注，确立云南散客旅游的领导地位。

（5）媒体配合宣传主题：

1）AA卡圆梦云南活动启动仪式及媒体发布会在北京隆重启动；

2）AA卡出资数百万元援助云南弱势群体；

3）著名导演××深情演绎云南情节；

4）著名舞蹈艺术家××舞姿诠释云南魅力。

（二）“爱心圆梦、共同飞翔”——AA卡捐助贫困的云南少数民族儿童活动

（1）主题：“爱心圆梦、共同飞翔”——AA卡捐助贫困的云南少数民族儿童。

（2）活动分析：在圣诞节期间，要满足孩子的一些美好愿望，这一观念已被多数中国人熟知并接受，所以在圣诞节期间，同云南电视台全程推出帮孩子实现愿望的电视节目，引起大家的关注，以此强化AA卡能实现大家美好愿望的品牌形象。

（3）操作方式：

1）与云南著名景区的教育部门合作，挑选出若干名家庭贫困的少数民族儿童，予以援助，其中有厂家赞助产品的儿童100名，助学金1000元，另挑选10名儿童，发助学金3000元，实现他的一个愿望；

要为每一个儿童找到一个爱心大使（由当地名人或企业家担当），帮他们实现愿望（费用控制在3000元以内，愿望内容要提前设计出大概范围，由孩子自己挑选）。

2）此活动由云南电视台以纪实手法录成节目播放，在圣诞节期间播出。

3）邀请省内外主流媒体对活动加以全面报道，并通过互联网加以大力宣传，扩大此次活动的影响力，提升云南旅游的知名度和美誉度。

（4）媒体配合宣传主题：

1）AA卡派送圣诞礼物，贫困孩子圆了梦；

2）以名人在做爱心大使时发生的一些感人事件为主题，进行深入报道。

（三）让贫困母亲露出笑容——AA卡捐助少数民族贫困母亲找工作活动

（1）主题：让贫困母亲露出微笑——AA卡帮助少数民族贫困母亲找工作。

（2）活动分析：在贫困的家庭中，母亲往往是最能吃苦的人，让母亲能有一份稳定的工作，一个家庭也就可以走向小康，过上幸福生活，树立AA卡的良好品牌形象。

（3）操作方式：

1）与云南各少数民族地区的民政及旅游机构合作，在景区筹建免费摊位，免费（或第一年免费）租给贫困母亲经营旅游纪念品，并在摊位上标明“AA卡帮助少数民族贫困母亲专用摊位”；

2）组织专业人员教授贫困母亲制作旅游纪念品；

3）邀请省内外主流媒体对活动加以全面报道，并通过互联网加以大力转载宣传，扩大此次活动的影响力，提升云南旅游的美誉度。

（4）媒体配合宣传主题：

1）为贫困母亲建摊位为主体的相关报道；

2）有一技之长，贫困母亲才能彻底摆脱贫困。

要点：扶贫要从根上抓起，不能走过场、作秀，贫困母亲有一份稳定的工作，学到一技之长，才是摆脱贫困的根本。

（四）圆梦第二故乡——AA 卡知青游故乡、建故乡

（1）主题：

圆梦第二故乡——AA 卡知青游故乡、建故乡。

（2）活动分析

20 世纪 60 年代，全国有大批知青奔赴云南少数民族居住地，插队落户。据资料显示，仅上海市在 1969—1971 年，就有 1044 人到云南插队。这些知青如今多数都已回城，并在事业上有所成就。因为在云南居住多年，对当地很有感情，且这些人已近老年，开始回忆自己的青春岁月，可借此组织他们回第二故乡旅游，为第二故乡的发展献计献策，慰问那些仍留在当地的知青，同时在第二故乡投资。

通过这些活动造势，凸显 AA 卡厚重的人文色彩，加大其对中老年精英阶层的影响。

（3）操作方式：

1）与各地知青协会联系，组织“圆梦第二故乡”代表团免费游昆明和西双版纳，慰问当地知青；

2）与当地政府联系，举行为第二故乡献计献策联谊会，争取让知青能回乡投资或开展扶贫项目，帮助留在云南的贫困知青或当地村民脱贫致富；

3）邀请省内外主流媒体对活动加以全面报道，并通过互联网加以大力转载宣传，扩大此次活动的影响力。

（4）媒体宣传：

1）圆梦第二故乡，慰问留守云南知青；

思路：突出留守云南知青以及来访知青对云南的热爱，突出云南这些年的巨大变化。

2）圆梦第二故乡，知青到云南投资扶贫。

（五）我为父母分重担——AA 卡帮助贫困大学生筹学费活动

（1）主题：

我为父母分重担——AA 卡帮助贫困大学生筹学费。

（2）活动分析：

周六、周日和五一期间，旅游景点都需要大批工作人员，可挑选 50 名贫困大学生，到景区当志愿者，为游客服务，满足景区的需求。同时这些大学生可作为 AA 卡的宣传大使。最后评选出 5 名表现优秀的大学生，为其每人捐赠 4 万元奖金作学费。

通过这次活动，加强 AA 卡在年轻人中的影响，增强其品牌美誉度。

（3）操作方式：

1）与旅游风景区附近的大学联系，让其学生在景区作志愿者，销售并宣传 AA 卡；

2）活动结束后，评选出表现最佳的 5 名大学生，每人获得 4 万元的奖金作学费；

3）邀请省内外主流媒体对活动加以全面报道，并通过互联网加以大力转载宣传，利用线上线下媒体结合宣传，扩大此次活动的影响力。

（4）媒体宣传：

1）AA 卡为大学生勤工助学创造机会；

2）为贫苦大学生父母分重担，AA 卡为 5 名大学生各捐 4 万元。

（六）《欢乐中国行》AA 卡圆梦云南演唱会（或圆梦云南大型义演）

（1）主题：

《欢乐中国行》AA 卡圆梦云南演唱会（或圆梦云南大型义演）。

(2) 活动分析：

邀请《欢乐中国行》栏目组到云南西双版纳或大理演出，对前一阶段所做爱心工作进行总结，并由此唤起更多的人为少数民族地区儿童、贫困母亲及大学生提供切实可行的帮助，圆他们实现幸福美满生活的梦想。

以此进一步加大AA卡在全国的影响，促进其销售。

(3) 操作方式：

1) 凡是购买AA卡的游客，可有机会通过抽奖获得免费门票，可优先获得8折的演唱会门票；

2) 邀请《欢乐中国行》到西双版纳或大理演出，同时，一些演员组成小分队奔赴少数民族村寨进行演出；

3) 邀请受过捐助的儿童、母亲和大学生代表出席演唱会，并呼吁能有更多的人投入这项活动当中；

4) 在现场要强化的内容：购买一张AA卡，就等于为贫困儿童、母亲和大学生捐了10元。晚会现场揭晓买AA卡的获奖名单。主管云南旅游的副省长或云南旅游局局长讲话，强调AA卡在实现云南无障游中发挥的巨大作用。接着是赞助企业领导讲话；

5) 邀请省内外主流媒体对活动加以全面报道，并通过互联网加以大力转载宣传，扩大此次活动的影响效应，使AA卡的爱心概念深入人心。

(4) 媒体配合宣传：

1)《欢乐中国行》走进云南，为少数民族贫困群众圆梦；

此类宣传围绕AA卡与《欢乐中国行》携手献爱心，帮少数民族贫困群众圆梦的新闻点。

2) AA卡圆梦云南演唱会上一些感人的花絮。

(改编自海阔《营销总监实战手册》，广东省出版集团，2011)

五、执行营业推广策划方案

营业推广方案形成以后，就要组织实施，并对执行结果进行评价。

(一) 实施前的准备工作

(1) 商品供应的准备。
(2) 促销人员的准备。
(3) 零售网点的协作准备。
(4) 资料的积累与收集，包括企业自身和竞争对手组织相关活动的资料等。
(5) 有关活动规则的确定。
(6) 奖券奖品（赠品）的准备。
(7) 活动行程安排。
(8) 必要的应急计划等。

(二) 实施前的检验、预试

制定了推广方案之后，为确保方案的科学性、效益性和可行性，在付诸实施之前，必须首先对其进行检验、预试。

检验和预试的内容主要有：促销工具的选择是否有效？创意能否为目标顾客群所理解？整体促销内容和形式是否违反法律和政策规定？

对消费者的营业推广方案可采用征询意见法和对比实验法进行检验。

对中间商的营业推广方案则可采取用征询意见法和深度访谈法来进行方案的检测。

（三）实施过程中的监控与评估

在营业推广活动的实施过程中，要对实施过程进行适时的监控，保证活动严格按照策划方案执行，并根据具体情况对方案进行及时的调整和补充。

活动结束后，对活动的效果、活动中存在的问题和经验进行及时的总结反馈。

第三部分　练习与思考

一、选择题

（1）营业推广策划的特点表达正确的是（　　）。

A. 通常是作长期考虑　　B. 通常是作短期考虑

C. 注重行动　　D. 注重理论

（2）以下哪些是针对销售人员的促销目标（　　）。

A. 鼓励再次购买和批量购买　　B. 鼓励开拓新客户

C. 调动销售积极性　　D. 鼓励销售公司的指定产品

（3）以下哪些是针对中间商的促销方式（　　）。

A. 交易折扣　　B. 提供补贴

C. 现场演示　　D. 职务提拔

（4）在产品生命周期的投入期，可以选用（　　）营业推广工具。

A. 培训　　B. 新产品发布会

C. POP 广告　　D. 价格折扣

（5）产品生命周期的成长期使用营业推广手段的主要目的是（　　）。

A. 鼓励重复购买

B. 吸引潜在消费者

C. 形成品牌偏好

D. 增进中间商的信任

（6）产品生命周期的成熟期使用营业推广手段的主要目的是（　　）。

A. 刺激大量购买

B. 抗衡竞争品牌

C. 提升销售量

D. 保持原有的市场占有率等

（7）确定营业推广活动的时间一般包括（　　）。

A. 确定举行活动的时机
B. 确定活动持续的时间
C. 确定举办活动的频率
D. 确定举办活动的次数

二、判断题

（1）营业推广策划，是指在企业营销战略指导下，制定阶段性的营业推广的活动方案。营业推广策划通常由消费者主导。（　　）

（2）营业推广策划见效快，销售效果立竿见影，可频繁使用。（　　）

（3）刺激消费者大量购买是产品生命周期成长期的推广目标。（　　）

（4）针对消费者推广的方式一定不能针对中间商展开。（　　）

（5）对消费者的营业推广方案可采用征询意见法和对比实验法进行检验。（　　）

（6）营业推广的诱因量是指活动期间运用某种营业推广工具提供给消费者的利益大小。（　　）

（7）在营业推广活动的实施过程中，要对实施过程进行适时的监控，保证活动严格按照策划方案执行，并根据具体情况对方案进行及时的调整和补充。（　　）

（8）针对消费者的营业推广方式形式多样，赠送样品、价格折扣、赠送代价券、抽奖等都是常用形式。（　　）

三、简答题

（1）简述营业推广策划的流程。

（2）针对不同对象的营业推广方式如何选择?

（3）营业推广活动实施前，要做哪些准备工作?

第四部分　实战训练项目

——校园营销创业活动大赛

一、项目目标

通过设计和举办校园的营销创业活动大赛，使学习者掌握营业推广策划的基本流程。明确推广目标，熟悉进货铺货过程，进行合理的经费预算，以实现理想的促销效果。

二、项目说明

让学生以自己熟悉的校园环境为平台，以小组为单位找寻合作的企业，并进行洽谈，从企业以购买或者代销的方式进一批具体的产品在校园销售。在执行具体活动前每个小组需提交营销创业活动方案。

三、项目实训步骤

（1）教师进行项目说明，对项目组织实施的全过程进行讲解。

（2）3～5 人组成策划小组，以策划小组为单位讨论创业产品。

（3）小组外出和企业进行洽谈。

（4）各策划小组完成校园营销创业活动方案。

（5）选出 1～2 个策划小组，将其策划方案在全班通报，教师进行点评。

（6）各策划小组进行方案修改。

（7）按照策划方案，各小组进行实地的产品销售，并统计销量上报。

（8）策划小组对策划活动结果进行通报，教师对整体活动情况进行整体评价。

（9）各策划小组根据教师的评价意见、实施过程的反馈情况，修改方案策划。

四、项目实训要求

本项实训活动有两个课堂外实训环节，需要特别加以注意。

（1）合作企业洽谈。学生的资金不充裕，消费能力也有限，在这样的校园促销活动中要想卖出好成绩，需要有好的合作企业。策划小组应制定好沟通策略，拜访多家企业，选择最合适的一家企业合作。

（2）现场产品销售。现场销售可以运用到多种营业推广工具，各小组应多方尝试运用。

（3）可采取分散销售的活动方式，有条件的学校可以采用综合实训周的方式集中实施。

五、项目考核方式

本项目以营业推广活动的促销结果作为主要的考核指标，具体如下：

评分等级	营业推广目标准确		营业推广工具多样化		营业推广工具选择适当		活动实施过程组织得当		策划方案质量		销售业绩		小计	参赛队得分
	10 分		10 分		20 分		20 分		20 分		20 分			
优秀	10	9	10	9	20	18	20	18	20	18	20	18		
较好	8	7	8	7	16	14	16	14	16	14	16	14		
一般	6	5	6	5	12	10	12	10	12	10	12	10		
较差	4	3	4	3	8	6	8	6	8	6	8	6		

具体评分细则如下：

测评要求	推广目标	营业推广工具	工具选择适当	组织实施	方案质量	销售业绩
权重分数	10	10	20	20	20	20
评分要点	营业推广目标明确	能恰当运用五种以上的营业推广工具	根据产品性质、产品生命周期、销售淡旺季能正确选择	现场有序，小组成员有明确的分工，任务职责清晰	策划方案完整、思路清晰、可操作性强	销售业绩指标

【练习与思考】参考答案

一、选择题

（1）BC （2）BCD （3）AB （4）AC （5）ABCD （6）ABCD （7）ABC

二、判断题

（1）× （2）× （3）× （4）× （5）√ （6）√ （7）√ （8）√

三、简答题

略

单元九　公关策划

知识目标：

1. 掌握营销公关策划的常用方式。
2. 掌握营销公关策划的基本流程。
3. 掌握营销公关策划的基本方法。

技能目标：

1. 能够进行新闻公关、赞助活动公关、庆典活动公关、广告公关等营销公关策划。
2. 能够撰写营销公关策划书。
3. 能够组织实施营销公关策划工作。

第一部分　策划方案示例

——“哈尔滨第四届冰雪节，百名大客户游园活动”

策划方案

一、活动目的

（1）以庆祝新年为切入点，与客户交流和沟通，体现中国移动对客户的关怀和回报，同时利用媒体进行宣传，培养客户的忠诚度。

（2）树立良好的企业形象，体现中国移动“服务与业务双领先”的市场战略。

（3）提高企业的社会知名度和美誉度。

二、活动时间

12月30日周日13:00～17:00（冰雪节第一天）。

三、活动地点

哈尔滨冰雪大世界。

四、活动主题

相约冰雪节　移动伴我行。

五、组织机构

（1）综合协调组组成人员及工作职责。

1）组成人员：

组　长：×××。

副组长：×××。

2）工作职责：

①负责进行资金申请；

②负责车辆调度安排；

③负责起草座谈会会议材料和领导发言材料；

④负责邀请省公司领导参加活动。

（2）宣传组组成人员及工作职责。

1）组成人员：

组　长：×××。

副组长：×××。

2）工作职责：

①负责在省报、市报、省电台、省电视台进行宣传；

②负责邀请媒体记者；

③负责座谈会现场布置工作；

④规划设计宣传海报、报纸广告设计、发放礼品的制作等；

⑤负责落实和发放宣传移动公司的有关资料；

⑥负责撰写新闻通稿；

⑦负责节会期间宣传气氛的营造；

⑧负责培训移动业务讲解员和接待员。

（3）会务接待组组成人员及工作职责。

1）组成人员：

组　长：×××。

副组长：×××。

2）工作职责：

①负责确定接待方案以及参加会议人员佩戴的标志；

②制作邀请函，全面完成会务的接待任务。

六、百名客户产生办法

截至 2010 年 12 月 20 日积分达到 10000 分的客户都可以报名，取前 100 个报名的大客户参加游园活动。

七、活动流程

（1）召开大客户座谈会。

主持人：大客户经理。

座谈时间：13:00～14:00。

座谈地点：新加坡大酒店。

座谈会内容：

1）领导讲话，对大客户的支持表示感谢；

2）大客户对移动公司的意见和建议；

3）对座谈会进行总结；

4）颁发纪念品；

5）告知游园的注意事项。

（2）大客户游园。

领队人：大客户经理。

游园时间：14:20～16:20。

游园路线：与冰雪大世界负责人联系，确定游园路线。

游园标识：统一制作印有中国移动公司标识的帽子。

（3）就餐。

八、流程安排

项　目	内　容	时　间	负责人
大客户座谈	主持人开幕词	13:00～13:05	
	领导讲话	13:05～13:15	
	大客户对移动公司的意见和建议	13:15～13:45	
	对座谈会进行总结	13:45～13:50	
	颁发纪念品	13:50～13:55	
	告知游园的注意事项	13:55～14:00	
路途	乘专车去冰雪大世界	14:00～14:20	
游园	游园	14:20～16:20	
路途	乘专车返回新加坡大酒店	16:20～16:50	
就餐	新加坡酒店就餐	17:00～19:00	

九、接待方案

（一）交通工具

（1）在省旅游公司租用带空调豪华大巴4台（每台座位35个）：

时间：12月30日13:00～17:00；

车队指挥：×××。

（2）每车配贴移动统一标志，并编号1～4号；

（3）将大客户分别安排到车；

（4）每台车配备工作人员1人，饮用矿泉水两箱；

（5）用车工作流程：

具体交通工具安排：

1）12月30日（下午）13:00大巴（4台）全部在新加坡大酒店集中，编排1～4号码，配中国移动统一标志，召开驾驶员会议，提出工作要求。

2）12月30日（下午）13:20在新加坡大酒店召开随车工作人员会议，上车熟悉情况，掌握该车乘坐大客户的具体情况，以便搞好服务工作。

3）12月30日（下午）14:00，4台交通车统一开往冰雪大世界。届时，工作人员和讲解员在车门处迎候乘车嘉宾。

4）游园结束前，驾驶员、工作人员、讲解员须提前离场，将车停放在冰雪大世界出口处，并在车旁迎候，16:20将大客户送至新加坡大酒店就餐。

5）工作任务完成后，驾驶员、工作人员回新加坡大酒店就餐。

（二）座谈会报到

（1）在新加坡大酒店设立接待站，置欢迎标牌；

（2）报到处设“相约冰雪节　移动伴我行”横幅、欢迎牌，设报到处的有关标志卡及活动安排表等；

（3）座谈会报到处总负责：张××；

（4）具体工作安排如下：

1）发布会签到；

2）发放出席证（含就餐安排）；

3）发放中国移动公司相关资料；

4）游园活动指引。

（5）引导与会大客户进入座谈会地点。

（三）餐饮安排

（1）餐饮安排总责任人：李××。

（2）与新加坡大酒店协商，制定合理食谱，做到搭配合理，并保证食品新鲜，于座谈会前3天提供配菜单给领导审定。

十、宣传方案

利用媒体进行宣传，尽量以此为切入点使广大客户都参与进来。同时利用媒体进行炒作，提升中国移动的企业形象，体现中国移动公司心系客户、回报客户的主题思想。

（一）准备工作

选择参加媒体（共8家）：
《黑龙江日报》；
《哈尔滨日报》；
《生活报》；
《新晚报》；
《今天消费报》；
黑龙江广播电台；
黑龙江电视台；
哈尔滨电视台。

（二）广告表现

（1）海报、报纸广告。
大标题：相约冰雪节　移动伴我行。
副标题：百名大客户免费游园。
为回报大客户的厚爱和支持，我公司为大客户组织了游园活动，凡积分达到10000分以上的客户就有机会一览冰雪节盛况，还有精美的小礼物等着您！现在请快快查阅您的积分！
报名办法：持机主本人身份证到黑龙江移动通信公司指定营业厅报名。
报名时间：12月1日～12月20日。
报名地点：文昌营业厅、奋斗路营业厅、嵩山路营业厅。
报名条件：截至2010年12月20日积分达到10000分的大客户。
选取办法：前100个报名且符合报名条件的大客户。
（2）现场条幅。
1）相约冰雪节　移动伴我行；
2）观看冰雪盛况　移动与我同行；
3）感谢您一直以来对我公司的支持；
4）支持铭记在心　移动真诚回报。

（三）事后新闻传播

以新闻等方式在参与媒体进行事后的宣传报道，进一步扩大活动的影响力，强化企业知名度和美誉度。

十一、费用预算（略）

（改编自 http：//wenku. baidu. com“哈尔滨第四届冰雪节，百名大客户游园活动”策划方案）

该方案是中国移动以庆祝新年为切入点，与客户交流沟通，体现中国移动对客户的关怀与回报，同时培养客户忠诚度、提高企业美誉度的一个公关活动策划方案。该方案包括活动目的、活动主题、活动时间、活动地点、活动流程、活动组织机构及分工、接待方案、宣传方案等十一个部分。整个策划书结构完整、层次清晰，详细周全，具有很强的可操作性，值得学习和借鉴。

第二部分　知识链接

一、认识营销公关

（一）公共关系

公共关系（Public Relation）是指组织（包括营利性组织和非营利性组织）在运行管理过程中，为树立良好的组织形象，改善与社会公众的关系，促进公众对组织的认识、理解、信任、支持与合作，运用信息传播媒介，沟通组织与公众之间的关系，求得生存与发展的组织活动、管理过程以及由此形成的社会关系。

构成公关活动的三个基本要素是：组织、传播沟通、公众。

1. 组织（主体）

组织即公关的承担者、实施者和行为者。公关组织分为四类：政治组织、经济组织、公益组织和社会服务组织。

2. 公众（客体）

公众即公关的对象，如，政府、消费者、新闻媒体、社区、竞争者、内部员工，等等。

3. 传播沟通（公关媒介）

公关活动就是运用各种传播媒介和沟通手段在组织与公众间建立有效的双向联系和交流，促成相互间的了解、共识、好感与合作。

传播媒介是公共关系必不可少的三要素之一，它包括两种含义：一是传递信息的手段、方式或载体，如语言、文字、报纸、广播、电视、互联网等。二是指从事信息采集、加工、制作和传播的社会组织或传媒机构，如报社、出版社、电台、电视台、网站等，前者通常称为媒介，后者通常称为媒体。常用的公关媒介形式如表 9－1 所示。

表9-1　公关媒介

序号	媒介类型	主要形式
1.	言语媒介	语言交流沟通
2.	印刷媒介	报纸、杂志等
3.	电子媒介	广播、电视、网络等
4.	其他媒介	小众化媒介（如有线电视、会员内部资料）、个人传播工具、营销公关宣传品（如营销公关刊物、小册子、宣传手册、海报、POP宣传品、横幅、彩旗等）、图像标识、个人活动媒介、实物媒介（如礼品）

（二）营销公关及特点

营销公关（Marketing Public Relation）是指以营销为目的的公关，主要是企业与下游客户及消费者之间的关系。营销公关的主体是企业，营销公关的对象包括消费者、企业供应商、分销商、股东、政府、社会团体、公众等。

营销公关的核心任务，在于帮助企业树立良好的品牌及产品形象，处理企业与公众的关系，消除公众对企业的误解，促进产品和服务的营销。

图9-1　公关活动

与一般公关不同，营销公关有以下特点。

1. 营销公关的主要对象是消费者

营销公关将主要的公共关系锁定在消费者关系，营销公关以改善和维护企业、品牌和产品与消费者的关系为主要职责，将其他与市场营销关系关联不太密切的公共关系交给专门的公关部门和具体对口部门处理，比如将政府公关、社区公关交给行政事务部处理，将内部员工公关交给人力资源部门处理。

2. 营销公关的最终目的是支持营销

营销公关的最终目的是支持市场营销，促进产品销售。因此，凡是与市场营销和产品销售直接相关的问题，都属于营销公关的范畴。

3. 营销公关的主要手段是媒体传播

营销公关的主要对象是数量众多的消费者，因此主要沟通方式就是大众媒体传播。而政府公关、社区公关、内部公关，由于沟通对象明确，数量不多，可以通过人际沟通直接且有效地实现，一般不需要通过大众媒介形式实现。

4. 营销公关的主要考核标准是投入产出效益

与一般公关效果的间接性、滞后性不同，营销公关的促销效果应该是直接的、当期可见的。营销公关的评估和考核需要讲究投入产出效益，以考核营销公关对市场营销的支持度来检验营销公关目标的达成度。

二、营销公关的常用方式

从公关目标来分，营销公关可分为主动营销公关和被动营销公关。

主动营销公关是根据公司的营销目标而采取的主动的公关行动，它是进攻性的而不是防御性的，着重于捕捉市场机会而不是解决问题。

被动营销公关是指针对公众对企业态度或评价的恶化而采取的公关活动，被动营销公关需要应付的是对公司造成负面影响的变化，这种营销公关活动的目的是修补公司的声誉和形象，防止市场份额下降，并夺回失去的销量，通常也称为危机公关。

营销公关常用的方式包括新闻公关、赞助公关、组织公众活动、营销公关广告等，详见表9-2。

表9-2 营销公关的方式

序号	营销公关方式	操 作 方 式
1.	新闻公关	利用和策划有价值的新闻事件，通过新闻媒体的公开宣传报道，传播企业形象，开展营销造势，形成对企业有利的公众认知
2.	赞助公关	通过无偿地提供资金或物质对各种社会公益事业作出贡献，以提高社会声誉，树立良好社会形象的公关专题活动
3.	组织公众活动	通过发起、倡导、组织各种有意义的公众活动，引起社会公众的关注，创造向消费者近距离传播品牌形象的机会，拉近品牌和消费者的距离，塑造品牌亲和力，提升企业和品牌的美好形象
4.	公关广告	公关广告与一般促销广告不同，它以传播企业形象为直接目的

（一）新闻公关

新闻公关是策划和利用有价值的新闻事件，通过新闻媒体的公开宣传报道，传播企业形象，开展营销造势，形成对企业有利的公众认知的企业公关行为。新闻公关的具体操作方式见表9-3。

表9-3 新闻公关的方式

新闻公关的方式	操作方式
发布新闻	企业将本企业发生的有新闻价值的消息和重要事件以及需要向公众解释或澄清的问题主动向外传递，借助各种媒体向公众传播的一种公关手法。发布新闻通常采用以下方式进行： ①召开新闻发布会、记者招待会； ②邀请新闻记者参与组织活动以获得对组织的新闻报道； ③由企业主动向媒体提供新闻素材或稿件
制造新闻	制造新闻是营销公关传播中独有的一种传播手段。制造新闻也可以理解为策划新闻事件。它是营销公关人员在真实的、不损害公众利益的前提下，有计划地策划、组织、举办具有新闻价值的活动、事件，吸引新闻界和公众的注意和兴趣，争取被报道的机会，并使本组织成为新闻报道中的主角。同时，使所报道的消息尽量产生轰动效应，以达到提高企业知名度、美誉度，扩大企业的社会影响力的目的，例如邀请名人到访、进行专项活动、组织社会公众感兴趣的有奖竞赛等

制造新闻必须遵循两大基本原则。

1. 以事实为前提

虚假是新闻报道的大忌，制造新闻不等于编造新闻。制造新闻必须以事实为依据，而不是弄虚作假。

2. 以“新、奇、好”为宗旨

要想吸引新闻媒介的注意和报道，制造出来的新闻不仅要真实，还要具有新闻价值。

【案例9-1】

一次隆重的交易

一宗寻常不过的商业交易，经过策划，变成了一件很有新闻价值的事件。

今日集团花费1000万元从马俊仁手中购得“生命核能”秘方，这原本是一宗极寻常的交易。

但是为了达到超乎寻常的新闻效果，今日集团却为此大张旗鼓地召开新闻发布会。总裁何伯权请来了马俊仁，郑重地用一张1000万元的大支票和马俊仁交换了装有秘方的大信封。而且接过大信封后，不是揣在口袋里或是马上宣布发布会闭幕，而是用两亿元巨额保险金保险，让彪形大汉捧着，在武警的护送下，用警车开道，驶入银行金库，放到保险柜里，钥匙由何伯权、中山市市长、中国银行广东省分行行长三人掌握，三人同时到达现场，方能启开。原本一宗普通的商业交易，变成一件有价值的新闻事件。

（摘自吴肇贵《今日新创举：广东今日集团开发马俊仁“生命核能”纪实》《中国信息导报》，1994年第7期）

（二）赞助公关

赞助公关是指企业通过无偿地提供资金或物质支持社会福利、社会公益和慈善事业等活动，并以此来证实组织的实力，表明组织愿意承担社会责任，以赢得政府、社区及相关公众的支持，获得社会的普遍好感，提高企业知名度和美誉度，增强公众信任度，树立良好社会形象。

赞助公关作为一种有效的公共关系手段，是一种信誉投资和感情投资行为。目前，赞助公关已经成为营销公关中不可缺少的重要组成部分，为越来越多的企业所重视。

从某种意义来说，赞助公关的实质是建立在双赢原则上的交易行为，企业向赞助对象提供赞助，一方面使赞助对象获益，另一方面，也使企业自身获得间接或直接的经济回报。在一些赞助项目中，赞助商可以在赞助活动期间进行直接促销，也可以在活动期间发放优惠券或产品目录等达到间接促销的目的。

对于市场开拓性赞助活动，赞助更是能达到无形的推广效果。某家电脑公司，在几年中向全国的学校系统赠送了一大批计算机，经过这段时间的赞助，公司不仅为其产品开拓学校市场奠定了基础，还为将来的整体市场开拓铺垫了知名度和美誉度。

赞助公关的类型多种多样，一般企业会选择赞助有较大社会意义和社会影响的事业，如教育事业、公益活动、体育活动、文化活动、社会福利和慈善事业，具体操作要点如表9－4所示。

表9－4　赞助公关的类型

赞助公关的类型	操作要点
赞助体育运动	也称之为“体育公关”，是企业赞助中最常见的一种形式。 可口可乐通过对奥运会的赞助，耐克、阿迪达斯公司通过对NBA的赞助，大大提升了其品牌影响力。 具体的赞助的项目包括联赛、冠军赛、特殊邀请赛、主要巡回赛以及对一流球队的赞助等
赞助文化事业	赞助文化事业不仅可以大大提高组织的社会效益和知名度，而且还可以培养与公众的良好感情。 文化赞助的成功诀窍是，顺应社会主流意识倾向和公众心理，支持和赞助的是具有充分公众基础的艺术形式，立意创新。蒙牛公司曾因赞助“快乐女生”，取得了良好的社会效益和经济效益。 常见的文化赞助项目有：世界文化遗产保护和传承、地方传统文化风俗活动、群众性文艺活动等

续上表

赞助公关的类型	操作要点
赞助教育事业	奥运会期间，海尔集团宣布，中国健儿每获得一枚金牌，海尔就捐建一所希望小学，此举使海尔集团的美誉度大大提升。 较著名的教育赞助项目有：希望工程、春蕾计划、资助贫困大学生等，也可以是一些专项赞助，比如校舍维建、运动器材、场地捐建、图书捐赠、信息化设备捐建等
赞助社会慈善和福利事业	这是企业和社区、政府搞好关系的重要途径，是向社会表明其承担义务和责任的手段。 慈善赞助的具体项目包括病残、孤寡等多方面
社区赞助	是指对企业所在地公共事业的赞助。 杭州娃哈哈集团在当地组织了儿童艺术团，出版了娃哈哈画报，筹建娃哈哈大厦，从事儿童艺术教育，扩大了企业影响范围，也使企业获得了和谐宽松的生存环境
赞助各种展览和竞赛活动	借助这些活动本身的受关注度和民众参与度，扩大企业影响力。如赞助旅游展、美术展、庆六一的儿童竞赛活动等。 阿里巴巴公司通过在全国高校组织“明日网商挑战赛”，每届都吸引了十多万大学生参与，对阿里巴巴及其旗下品牌的推广以及培养阿里巴巴电子商务平台的潜在用户起到了巨大的作用
赞助学术活动	如赞助学术研讨会、赞助学术著作的出版等

（三）组织公众活动

通过发起、倡导、组织、赞助各种有意义的、公众喜闻乐见、参与性广泛的公众活动，以引起社会公众的关注，提高企业知名度和美誉度的公关方式。

通过组织公众活动，可以创造向消费者近距离传播品牌形象的机会，拉近品牌和消费者的距离，塑造品牌亲和力，提升企业和品牌的美好形象。

公众活动的形式多种多样，在企业公关实践中，较常采用的方式包括有奖征集（如征集企业新产品名称）、竞技比赛、选秀、游戏、开放日、游园会、交友会等。1998 年，福特公司在中国各主要城市的主流媒体上，大张旗鼓地刊登有奖征名广告，悬赏 8000 元为福特公司即将在中国推出的新车型——Transit 征名，经过一个多月的活动，新车型中文名确定为“全顺”，“Transit 全顺”品牌知名度大幅提高。

【案例9-2】

云南马帮驮茶进京“进贡”普洱茶

普洱茶是云南特有的一种经自然发酵而成的功效独特的茶种，曾经作为皇室贡茶，每年由云南马帮驮茶进京进贡。

普洱茶在云南非常有名，但全国其他地区的公众对它了解却并不多，尤其在北方，几乎都是绿茶和花茶的天下。为了让云南普洱茶在北方市场成功渗透，2005年5月，云南茶叶协会和云南六大茶山茶叶有限公司共同策划了一次别出心裁的营销公关活动——云南马帮驮茶进京“进贡”普洱茶——时隔160多年，由40多位赶马人、100多匹骡马组成的马帮，驮着5吨多普洱茶，再次从云南省普洱县启程赴京“进贡”。马帮穿越6个省市、行程4000多公里，历时5个月，至10月份抵京，在京城进行义卖，援建希望小学。

这次活动取得了极大的成功，各种媒介纷纷报道，各地公众积极参与，“马帮进京”、“普洱茶”成为各种宣传报道标题的关键词，在全国范围内出现了马帮热、普洱茶热，大大提高了普洱茶的知名度，对扩大普洱茶在全国市场的销售具有不可估量的意义。

（摘自 http：//www. jing pinke. com. 国家精品课程资源网）

（四）公关广告

公关广告是指以付费方式，向大众传递企业营销公关信息，树立、维持、改变或强化企业的公众形象，从而建立起公众和企业之间的良好关系的广告。

公关广告与一般促销广告不同，它以传播企业形象为直接目的。公关广告的主要形式与作用如表9-5所示。

表9-5 公关广告的主要形式与作用

序号	公关广告的形式	操作要点
1.	企业广告	用于介绍企业基本情况，以求社会大众的支持
2.	实力广告	向公众展示企业在社会环境中的竞争实力，传达组织在技术、管理、人才等方面的优势
3.	道义广告	以倡导和维护公共生活秩序和公共道德准则为内容，树立企业正义形象
4.	观念广告	向社会宣传企业的宗旨、管理、价值、方针、政策、风格、作风、精神等方面的内容，争取公众信任
5.	赞助广告	企业凭借自己的实力，积极参与社会活动、推进社会公益事业发展，树立企业乐于担当社会责任的良好形象
6.	响应广告	企业对政府的某些举措或社会某项重大活动表示支持和响应的广告，以寻求公众的支持和认可

续上表

序号	公关广告的形式	操作要点
7.	祝贺广告	在节日或纪念日向大众表示祝贺，提高企业知名度，增强企业亲和力
8.	倡议广告	以企业的名义率先发起某种大规模的对社会有益的活动，动员大众参加，以树立企业努力承担社会责任的良好形象

三、营销公关策划的基本流程

营销公关活动策划的基本工作流程如图 9－2 所示。

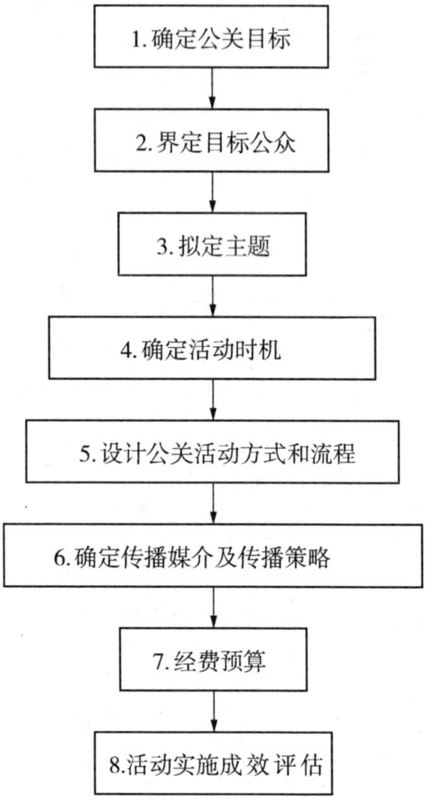

图 9－2　营销公关策划的基本流程

（一）确定公关目标

营销公关的最终目标是传播信息，增进公众对企业的了解，改变公众的态度，促使公众产生有利于企业的行为。但是，每一项具体的公关活动策划，都有其特定的目标，这些目标包括提高知名度、提高美誉度、证明实力、增强企业与公众亲和力、新产品推广、技术推广、澄清事实消除误解等。

（二）界定目标公众

营销公关活动不可能面对所有公众，它所面对的往往是与企业有特定关系的公众和与本次公关活动有联系的公众。

（三）拟定主题

主题是对整个公关活动的高度概括和凝练，是唤起公众关注、博得公众内心认同感的最重要的信息，主题的设计应达到以下三个要求：

（1）主题的表达力求精练传神、简洁、上口，并与公关目标一致，一句话点出活动目的。

（2）主题的设计应突出企业自身特色，这样便于围绕主题开展活动，树立起独特的企业形象。

（3）主题的设计要考虑到不同阶段营销公关的特点，使之具有针对性。

【案例9-3】

为了千千万万个失学儿童

“为了千千万万个失学儿童”是希望工程的宣传主题，这一主题精练、简洁，充分表达了“希望工程”的目标，也获得了公众的广泛认同，希望工程的各种专题展览、宣传画、印刷品、文艺演出等，自始至终都围绕这一主题，活动自推出以来，得到社会各界的广泛支持。

（四）确定活动时机

一般可以考虑在以下时间开展营销公关活动：

（1）企业开业或新产品、新项目、新服务、新技术推出时。

（2）企业更名、转产或与其他组织合并时。

（3）企业获得荣誉、引起关注时。

（4）企业遇到某种偶发事件、发生某种失误或被公众误解时。

（5）重要的节日、社会上发生重要事件时。

（五）设计公关活动方式和流程

营销公关的方式多种多样，企业应根据营销目标、市场环境的变化、经济实力、竞争状况选择恰当的公关方式。在设计执行流程时，应细致、谨慎、周全、紧凑、突出特色，尤其是有较多公众直接参与的公关活动，如新闻发布会、开放日等公众活动，更应细致、周全。

（六）确定传播媒介及传播策略

传播沟通是公关活动的基本要素之一，传播沟通不到位，公关活动也往往难以达到期望的效果，因此，传播策略策划是公关策划的重要内容。

1. 选择传播媒介的原则

第一，联系目标原则。根据企业公共关系的具体目标和工作要求选择和使用传播媒介。即选择和使用的手段和方法必须符合公共关系工作的性质和要求，才能充分发挥其功能。

第二，适应对象原则。根据公共关系对象的特征去选择和使用传播媒介。不同的受众对象接触传播媒体的习惯和方式不同，选用适当的传播方法，才能使信息有效地达到目标受众，并被受众所接受。

第三，区别内容原则。根据传播内容的具体特点来选择和使用传播媒介，即根据传播的内容来决定传播的形式，使传播形式的优势得以充分发挥。

第四，合乎经济原则。根据具体的经济能力和最经济的条件选择和使用传播的媒介。即根据公司的公共关系预算和传播投资能力，量力而行，精打细算，争取在最经济的条件下获得最大的传播效果。

2. 传播策略的制定

传播策略的制定绝不是只给媒体提供信息和搜集信息，更不是只给媒体投放广告份额，而应该根据营销公关的目标，进行整体规划和部署，主动挖掘公司信息的新闻价值，采用恰当的方法，通过恰当的传播途径，及时有效地向目标公众传播企业信息和形象。

（七）经费预算

营销公关的费用除了考虑每次具体活动的费用，还应考虑相应公关传播的费用。一般来说，实际活动费包括人力酬金（如主持人、摄影师、保安等的酬金）、场租费、器材设备费、会场布置费（如摆花、气球等）、饮料食品、交通住宿、礼品、资料制作等费用项目，公关传播费则主要有广告费、宣传单张制作、派发等费用。

（八）活动实施成效评估

对公关活动实施后的成效进行评估，判定是否能实现公关策划的预定目标，以及实现的程度。

【案例 9－4】

全聚德的系列营销公关

全聚德是我国餐饮业驰名中外的老字号企业，自清朝同治三年（1864 年）创立至今已有近 150 年的发展历程，经过几代人努力，全聚德形成了以烤鸭为代表的系列美食精品和独特的饮食文化，成为国家领导人宴请国际友人的主要场所，是国际国内朋友了解、认识北京的窗口。

随着我国社会经济的发展，全聚德品牌的发展同中国的餐饮业乃至中国商业、服务业一样，也面临着良好的机遇和严峻的挑战。为了全聚德老字号在新世纪再创辉煌，保持旺盛的生命力，1999 年，全聚德公司以迎接新世纪到来以及 1999 年全聚德建店 135 周年为契机，全年推出多层次、一系列的企业形象公关活动，取得了良好的效果，为实施全聚德新世纪品牌战略创造了良好的开端。

公关目标：发扬“全而无缺，聚而不散，仁德至上”的企业精神，对外弘扬全聚德民族品牌，树立全聚德老字号的崭新形象，以店庆造市场，以文化兴市场，对内强化全聚德烤鸭美食精品意识，丰富全聚德企业文化内涵，激励全聚德集团的全体员工以百倍的信心迎接新世纪的挑战。

公关策略：

（1）全聚德杯有奖征集对联。

（2）全聚德烤鸭美食文化节。

（3）全聚德品牌战略研讨会。

通过报纸、电视台、电台及本公司宣传刊物等媒体进行公关传播。

在具体计划上，全聚德的全年系列公关活动被分为三个阶段，从序曲到高潮：

第一阶段：从 1998 年 12 月下旬开始，至 1999 年 6 月 30 日，组织两大公众活动。

先以元旦、寒假、春节、元宵节等节假日为契合点，与《北京晚报》、北京楹联研究会联合举办全聚德杯新春有奖征集对联活动，至 3 月中旬征联活动结束；接着，面向全社会（包括集团员工）开展《我与全聚德》征文、征集店史文物活动，公司着手整理资料，编辑、出版《全聚德今昔》一书，至 6 月底完成。

全聚德杯新春有奖征联活动，历时两个多月，共收到应征楹联作品 3954 副，它们来自北京、河北、辽宁、内蒙、山东、江苏、安徽、江西、湖南、贵州、广东、海南等 12 个省市自治区，使全聚德的品牌遍及大江南北、长城内外。作者中年龄最小的为 14 岁的初中生，最大的为 82 岁的老人。还有的老者率领全家老少三代参与撰写，甚至还有几位福利工厂的盲人请同事代笔，参与热情之高，让人始料不及。此次活动把迎春与商业宣传融合为一，把树立全聚德品牌形象与中国传统楹联文化有机地结合起来，营造了以文化树品牌、以文化促经营的新闻热点，弘扬了全聚德饮食文化、品牌文化，在社会上引起较大反响。

第二阶段：在农历六月初六，即全聚德创建日的 7 月 18 日举办全聚德建店 135 周年店庆暨首届全聚德烤鸭美食文化节开幕式。

店庆活动非常隆重，受到媒体的广泛关注，美食文化节期间（7 月 18 ～ 25 日）还推出了精品烤鸭优惠销售、国际烹饪大师巡回献艺、亚洲名厨精彩绝活表演以及由顾客参加的趣味性烹饪、服务技能、全聚德知识竞赛等活动。

此次活动提高了全聚德品牌的知名度和美誉度，众多新闻媒体都对全聚德建店 135 周年暨美食文化节作了全面报道。报道的形式有新闻、照片、侧记、专访，活动的媒体报道率相当高，不仅国内形成一股全聚德企业形象的冲击波，而且通过海外一些媒体把全聚德 135 周年庆典活动的新闻消息传出北京，飞向世界。全聚德成为人们普遍谈论和关注的话题，使全聚德品牌的知名度和美誉度进一步提升，强化了全聚德品牌形象。

第三阶段：在金秋的 10 月份，借新中国成立五十华诞举办全聚德品牌战略研讨会。

邀请中国商业经济学会、中国商业文化研究会、中国社会科学院、中国人民大学、首都经贸大学、北京工商大学、北京工业大学、北京财贸管理干部学院的专家、教授与集团全体领导及有关部室负责人就全聚德品牌战略进行研讨，借助外脑进行分析，理论指导实践。

全聚德的战略研讨又引发首都的专家、学者对以全聚德为代表的京城老字号发展的内在规律的探索与研究。参加过全聚德品牌战略研讨会和曾经参与全聚德有关活动的专家学者就老字号怎样迈向新世纪为主题又多次开展大讨论。从全聚德这一典型的经营管理实践作为案例上升为京城老字号发展的一般规律的理论探讨。全聚德作为京城老字号企业的形象进一步得到巩固。

（改编自 http：//wenku. baidu. com.《全聚德公关案例》，曾在第四届中国最佳公共关系案例大赛中获奖）

【案例9－5】

公关策划案的文案格式（参考）

（1）前言（背景、构思或目的）。

（2）公关的目标（根据公关调查的结果确定公关实际工作的目标）。

（3）执行时间。

（4）执行地点。

（5）公关的目标人群（消费者、公司员工、经销商、供应商、传播媒体等）。

（6）公关的策略。

（7）公关的活动方式（针对不同目标人群的活动方式）。

（8）公关的沟通媒介及传播策略（大众传播媒介、公司传播媒介、其他传播媒介）。

（9）预算。

（10）成效评估。

四、典型营销公关策划

（一）新闻公关策划

新闻公关的创意应突出：
主题的“新”；
形式的“奇”；
内容的“特”；
方法的“巧”。

在公关实务中，新闻公关策划的创意可以从以下方面发掘：

（1）对国家新政策的积极应对。国家一项相关政策的出台，往往具有重大的新闻影响力，作为企业媒体策划人员必须有敏锐的洞察力和迅速行动的能力，就企业的应对策略进行策划和传播。

（2）利用民生新闻事件，搭载进行企业新闻公关传播。重大民生问题，往往会得到社会的广泛关注和思考，企业巧妙利用民生新闻事件策划新闻公关，表达企业对民生问题的认真关注，树立企业勇担社会责任的形象，提高企业美誉度。

(3) 借助与企业形象和产品使用有关的重大社会、科技、体育活动及各种娱乐节庆活动，进行企业新闻公关传播。

不仅借助新闻传播提升企业和品牌的知名度，而且可借助重大社会活动本身的社会人文背景与意义打造企业和品牌的美誉度。如，某合金制造商借助我国载人飞船成功升空并顺利返回的重大事件，宣传其如何成为飞船材料提供商，使公众认知企业实力和产品质量。

(4) 联系有纪念意义的事件和日子制造新闻。广州某企业在雷锋纪念日向全市志愿者派赠“爱心包”，用实际行动支持“雷锋”，倡导雷锋精神，此行动被电视台报道，企业在市民中的形象得到提升。

(5) 选用与企业形象和产品使用有关联的社会名流及其新闻事件，进行企业公关形象传播。通过社会名流的名人效应，提高企业与品牌的知名度和影响力。玛花纤体美容美体机构借助香港著名影星钟丽缇产后成功瘦身的事件，开展一系列公关宣传活动，公司品牌形象得到了有效推广。

(6) 参与有争议的辩论。当社会生活中出现重大主题或观念更新时，企业可针对社会关心的热点问题参与讨论，展示企业的胆识和灵感，表明企业关心社会进步的态度，容易引起公众关注，提高企业知名度，起到宣传效果。

(7) 利用一些突发事件，进行新闻公关策划。突发事件，尤其是突发性的灾害事件，往往都是政府、媒体和社会公众都十分关注的问题，此时，企业如能适时策划并实施积极有效的救灾活动，将获得媒体和公众的关注和好评。

【案例9-6】

10万美元寻找主人

某公司宣传其新型保险柜的卓越功能，登出一则消息：“10万美元寻找主人！本公司展厅保险柜里存放着10万美元现金，在不弄响警报器的前提下，各路豪杰可用任何手段拿出享用！”

广告一出，轰动全城，前往一试身手的人形形色色，但都没有人能成功，各大媒体连续几天都将此事作为重大新闻跟踪报道，影响极大，这家公司产品的声誉随之大增。

无独有偶，香港有一家制造胶水的企业，为了宣传其胶水黏力超强，也策划了一个“金币等你拿”的新闻事件。策划者用公司生产的胶水将一枚纯金金币粘在公司门口墙面上，然后通过媒体通告公众：只要不是铲除墙面，任何人可以用任何方法将金币摘下归为己有。同样引起轰动，全港各大媒体连续多日争相报道此事，公司知名度及其产品质量的美誉度大增。

（改编自 http：//wenku. baidu. com. 公关专项活动案例）

（二）新闻发布会策划

1. 新闻发布会策划的主要目的

发布新闻是企业主动对外进行新闻传播的重要工作内容。发布新闻的方式包括记者招待会、新闻发布会、酒会等多种形式，在这些形式中，新闻发布会是最常采用也是最正式的新闻发布方式。

新闻发布会是特定组织把有关新闻媒体的记者以及相关公众邀请到一起，宣布有关消息或介绍有关情况，解释各种问题和误解，让记者提问，由专人回答问题的一种特殊会议形式。新闻发布会的目的在于通过与广大的新闻媒介进行面对面的直接双向交流，公开向社会公布各种重大新闻，同时获得各种不同媒体的广泛报道。

企业召开新闻发布会的目的通常有三个：

一是传播本企业的重要信息，谋求新闻界对某一事件的客观报道；

二是与新闻界保持一种密切的联系；

三是让公众及时了解事实真相。

2. 新闻发布的常见方式

图9－3　新闻发布会

企业对外发布新闻，常用的方式有酒会、记者招待会、新闻发布会，主动向媒体提供新闻素材、主动向媒体提供新闻稿件等。

酒会更自由、随意、非正式一些，气氛也相对轻松一些，它可以单独召开，也可以附属于其他形式。比如，在招待会后举行酒会或茶会。

记者招待会一般是专题性的，以“答记者问”为主要特色。

新闻发布会最为正式，向新闻媒体提供新闻素材，引起媒体的兴趣并获得新闻媒体的关注和报道。

另外，企业也可以就企业新闻写好新闻稿件（一般由企业公关部门专业人士完成），以投稿的方式，提供给媒体，争取媒体的刊发。

上述新闻发布方式中，酒会、记者招待会、新闻发布会可以同时面向多家媒体，影响力较大。企业可以对媒体报道的角度、内容、观点等进行指向，以充分反映企业的传播意图。

3. 新闻发布会策划

每一场新闻发布会的具体内容不同，但涉及的事情大同小异，一般来说，新闻发布会的策划包括以下内容：

第一，明确发布会所要达成的目标及发布会规格。

明确目标是任何公关策划要首先解决的问题，而发布会的规格规定了发布会的影响范围，也表明了企业的重视程度，邀请参会对象、选择发布会址等一系列后续工作都受此约束。

第二，明确信息发布的目标受众。

这关系到公关信息传播媒体的选择和传播的方式，比如一个时尚品牌的新产品上市信息和一种抗癌新药上市信息的受众肯定是有差异的，因而发布会媒体的选择也会有差异。

第三，确定拟邀请对象。

确定参会人员是一项很重要的工作，也是一个变化较多的因素，而它的变化将影响到整个发布会的规格与规模，进而影响发布会的各个因素。比如，重要人物的出席和缺席可能影响规格，因此，这是新闻发布会总协调工作控制的关键点，应该重点来抓。

参会人员的选择，首先应坚持相关性原则，根据发布内容，选择相关性强的人员参加。其次，拟邀请的参会者在目标受众中还应有较高的影响力和权威性，同时，邀请对象与新闻发布会的范围规格对应。一般可以邀请政府相关主管部门领导、行业协会或消费者协会等组织的领导、行业技术权威专家、上游供应商、合作伙伴、下游分销商、用户代表等。一般来说，官员都选择讲话较有分量的人物，而专家则是在该领域有建树或名气大的人。

新闻记者则是发布会的重点邀请对象，一般来说，先确定一份拟邀请的名单，至少提前一周时间发出邀请函，然后电话落实。

邀请对象人数主要根据新闻发布会的规格和规模而定，同时考虑会议场地限制以及经费预算约束等因素。

第四，确定发布会主题。

发布会的主题，可以有多种取法，常见的是在主题中直接出现“×××发布会”字样，也有的是在一个大的主题下，再列一个副题，也有两者的结合。

例如，某制药企业治疗白血病新药研制成功举行新闻发布会，会议主题可以有这三种形式：

(1) ××企业白血病防治新药上市新闻发布会。

(2)“让人类远离白血病”

——××企业白血病防治新药上市新闻发布会。

(3)“××企业：让人类远离白血病”。

发布会的主题将出现在现场的背景板中，传播媒体也将高频率地提到，因此应以简洁、上口为要，字数一般不宜太多。

另外，按照国家新闻出版有关部门的规定，凡是主题中有“新闻”字样的发布会，须经国家新闻出版部门的审批。一般来说，实践中，很多企业略去“新闻”字样，采用其他称法。

第五，合理安排会议人员。

主要包括确定会议主持人和新闻发言人，挑选会议服务人员，尤其是会议主持人和新闻发言人。由于记者的职业习惯，提问往往尖锐，有时甚至很棘手，这对主持人和发言人提出了很高的要求，他们必须对提问保持清醒的头脑，对新闻发布会的目标非常清晰，能紧紧把握发布会的方向，反应机敏，有较高的文化修养和口头表达能力。

第六，会议议程安排及节目策划。

在会议议程安排时，注意紧凑、连贯，从实践来看，一般控制在一两个小时为宜，每个环节的时间安排应具体到分钟。发言的时间，不宜太长，也不宜太短，一般 15 分钟到 20 分钟之间比较合适，演讲稿件字数应该控制在把问题讲清楚的长度。

新闻发布会一般选择在上午 9:00～10:00 或下午 3:00 开始，这样方便不住会的记者到会，除企业领导发言和新闻主题报告外，还应安排重要嘉宾代表讲话，如政府官员、技术权威专家，会议结束前应安排记者提问时间，新产品上市新闻发布会，应安排新产品展示介绍时间。发布会后视结束时间安排工作午餐或晚宴。

【案例 9－7】

新闻发布会会议议程范例（参考）

××公司新产品研发成功新闻发布会议程表

地点：北京国际会议中心×楼××厅

时间：××××年 9 月 15 日（星期×），上午 9:30～11:15

9:00～9:30	公司专题介绍片放映
9:30～9:35	主持人宣布会议开始、来宾介绍
9:35～9:50	总裁致辞
9:50～10:00	××市长致辞
10:00～10:15	××教授专题发言
10:15～10:35	新产品介绍
10:35～10:45	娱乐互动
10:45～11:15	答记者问
11:15	主持人宣布会议闭幕

为了活跃发布会气氛，目前许多发布会根据内容要求，安排一些形式多样的娱乐和互动活动，以提高发布会的吸引力和受关注度。

第七，新闻通稿及相关资料准备。

提供给媒体的资料，一般以广告手提袋或文件袋的形式，整理妥当，按顺序摆放，再在新闻发布会前发放给新闻媒体，顺序依次为：

（1）会议议程。

（2）新闻通稿。

消息稿。字数较短，一般在 1000 字以内，发布起来快，有的媒体在发布会结束不到一小时就已经出版。有人喻之为“短枪”。

通讯稿。篇幅较长，内容充实，一般是深度分析，重点报道。消息不能讲清楚的背景等问题可以进行详细阐述。

（3）演讲发言稿。

（4）公司宣传册。

（5）有关图片。一般以书面形式提供，也可以另外附电脑光盘、软盘的形式。

(6) 纪念品（或纪念品领用券）。

(7) 企业新闻负责人名片（新闻发布后进一步采访，新闻发表后寄达联络）。

第八，与会人员邀请、沟通与确定。

与会人员的邀请、沟通与确定，也应遵循专业、对等的原则。如，经销商的邀请和沟通，最好由市场销售部工作人员进行；专家、官员的邀请与沟通一般要公关负责人、企业高层出面，且级别要对等；而新闻媒体的沟通与资料的准备都是公关部门人员的专业特长，应安排公关部工作人员完成。

第九，时间、场地落实与场景布置。

新闻发布的时机选择不同，效果迥异。

在时间上，一般选择人们容易记起的日子，如节日，也要避开一些禁忌日。

场地的选择要综合考虑交通、会场面积、灯光音响、投影设备、照明、通讯设施、停车场、相关服务等因素，同时，也应考虑到场地的品位、风格、经济性以及方便性等因素。新闻发布会会场布置要求如表 9 -6 所示。

表 9 -6　新闻发布会会场布置要求

注意事项	要　求
会场外景布置	气氛要热烈，标识要醒目，参会嘉宾和记者从远处就能看到会议的标语口号，感受到会议的气氛
背景布置	主题背景板，内容含主题、会议日期，有的会写上召开城市，颜色、字体注意美观大方，颜色可以企业 VI 为基准
酒店外围布置	酒店外横幅、竖幅、飘空气球、拱形门等，各个酒店有所不同，根据酒店的管理规范确定
席位摆放	发布会席位摆放的方式一般是主席台加下面的课桌式摆放，注意确定主席台人员。不过，现在很多会议采用主席台只有主持人位和发言席，贵宾坐于下面的第一排的方式。席位摆放的原则：“职位高者靠前靠中，自己人靠边靠后”。一般在会场后面准备一些预留席位
会场设备	投影仪、麦克风、灯光、电脑等相关设备在发布会前要反复调试，保证不出故障
签到与迎接	一般在大堂、电梯口、转弯处有导引指示欢迎牌，可请礼仪小姐迎宾 一般会议会要求与会者留下名片，准备好“请赐名片”盒

第十，产品展示、演示与信息发布。

这是新闻发布会的核心环节，产品资料应准备充分，演示文件如 PPT 应精心制作，新闻发言人应事先对宣讲内容充分演练。

第十一，现场控制。

很多时候，企业营销活动都不可能完全按企业预先的设计进行，往往会有一些突发情况和变数，因此，现场控制对发布会的顺利进行非常重要。现场控制能力是公关人员应变能力的重要表现。在公关策划实践中，往往会事先对发布会期间可能出现的变数做出评估，在事前准备好备选方案。

在发布会的过程中，对于记者的提问应该认真作答，对于无关或过长的提问则可以委婉礼貌地制止，对于涉及企业秘密的问题，有的可以直接、礼貌地告诉它是企业机密，不能采取“无可奉告”的方式。

整个会议应有正式的结尾。如果安排了会后酒会或自助宴会等，在会议结束时，由主持人通知时间与地点。

第十二，后勤服务。

（1）会前应落实机场、车站接站工作、入住手续办理等，会议中安排和接待参会者签到，引导参会者入座。

（2）操作控制视听、空调、灯光设备。

（3）分发宣传材料和礼品。

（4）为参会者提供茶饮服务。

（5）安排餐饮并引导参会者就餐。

（6）安排照相、摄影和录音等。

（7）发布会后，帮助参会人员落实返程车票、办理退房手续等。

第十三，会后盘点宣传效果。

（1）及时与记者联系，感谢光临，与记者确认新闻见报日期、版面或播出栏目时间。

（2）通知企业内部、外部相关人员按时阅读、收看、收听，收集新闻样报、样片，存档。

（3）计发有关人员劳务报酬，感谢记者与嘉宾对企业的支持。

（4）收集公众的反应，评估新闻宣传效果。

（三）赞助公关策划的关键点

1. 赞助项目、品牌价值与用户市场的一致

赞助性公关策划需要将赞助对象与品牌的核心价值、目标用户联系起来考虑，达到三者的统一与结合。例如，可口可乐赞助奥运会取得显著效果，即是将奥运精神、可口可乐的品牌价值与大众消费者三者之间紧密结合。

2. 充分考虑企业的经济承受能力

赞助活动需要企业投入资金、财物，企业进行赞助活动时，必须对自身经济承受能力有正确的估计，量入为出，否则，一旦承诺的赞助不能按时兑现，非但不能达到预期的公关效果，反而会为公众所诟病，损害企业形象。

同时要强调的一点是，赞助公关通常需要相应的广告宣传，因此，在策划重大赞助性公关活动时，不能只单一考虑赞助费用，还要考虑为宣传赞助活动而需要支付的

广告费用，这对赞助商来说，资本实力要求更高，资金准备和资本投入意识要更充分。

3. 制订严密的赞助计划

赞助计划的内容应该具体、翔实。赞助计划包括赞助目的、赞助对象、赞助形式、赞助的费用预算、赞助的具体实施方案、赞助活动的公关传播策略等。

4. 公关传播配合到位

公益赞助，其实质是一个投资问题，投资都要讲求回报。对于企业而言，通过公关活动获得品牌形象的传播是公关活动开展的核心目的所在。借助企业赞助活动，进行企业形象传播，是可口可乐、宝马、强生等许多国际知名企业的竞争战略。

忽视赞助活动的公关传播，不善于挖掘赞助活动公关传播的广度和深度，赞助活动往往只会落个“无名英雄”的回报。

【案例 9 -8】

联通赞助科考，是在甘做无名英雄吗？

2005 年 9 月中旬至 10 月下旬，中国科学院的科学家对可可西里地区进行为期 40 天的大规模科学考察，中国联通以首席合作伙伴和“独家通信支持单位”身份，为本次科考活动提供了金额高达 2000 万元（包括两辆经过定制和改造的通信车）的现代化通信设备和通信资源。除此之外，为了确保此次科考的通信畅通，联通进行了长达几个月的筹备，并为此培训了 14 名高原通信工作人员，7 人随队进入可可西里，7 人待命。

从公关赞助项目的选择来看，联通不可谓不用心，事实上，联通公司此次对赞助项目的选择是非常成功的。联通支持中国科学院可可西里科考探秘活动，至少可以传达联通公司三方面的信息：第一，对科学研究的支持，联通是一家科技领先的企业；第二，2000 万元的巨额投入、长时间的准备、高原通信保障工作人员，表达了联通的实力与公益之心；第三，满足高原无人区应急通讯的需求，证明了联通的技术水平和网络覆盖能力，这一点对于联通公司来说意义尤为重大，因为在与移动的竞争中，联通公司的网络覆盖率、通信质量问题一直是致使其处于劣势的核心问题。

如果能将上述信息有效地传播开去，联通的重金赞助一定会得到可观的回报，但事实上却不尽然：在所有有关这次科考活动的报道中，作为“首席合作伙伴、独家通信支持赞助商”的联通公司的媒体可见度是微乎其微的，多数报道都是轻描淡写的一句：“联通公司赞助此次活动投入了 2000 万元”，甚至在联通公司自己的官方网站上，也只是在公司新闻页报道了此事。

很显然，联通公司对于赞助公关中“传播”这个核心问题关注不够，对此次赞助活动所形成的信息，只听凭媒体的自发传播，没有主动进行传播，更没有对活动所产生的传播资源进行深入的挖掘，在公关传播方面无所作为，这正是联通投入巨资，却只是默默无闻做了“无名英雄”的最主要原因。

（摘自彭旭知《联通赞助“科考”，甘做无名英雄?》，《新营销》2006 年第 2 期）

（四）公众活动的策划

发起、倡导、组织各种有意义、群众喜闻乐见的公众活动，是企业开展营销公关的常用手段。在活动过程中，企业通过与公众的互动，创造向消费者近距离传播品牌形象的机会，拉近品牌和消费者的距离，塑造品牌亲和力，提升企业和品牌的美好形象。

公众活动形式多样，如有奖征集、竞技比赛、庆典活动、游戏、游园、开放日等，以下以庆典活动和开放日活动为例，说明公众活动策划的要点。

1. 庆典活动策划

庆典活动是企业围绕重要节日或自身重大事件举行庆祝活动的一种营销公关专题活动，企业借助这类活动对内营造和谐氛围，增强企业凝聚力，对外协调关系，扩大企业知名度，创造企业美誉度，塑造企业良好形象。

庆典活动的形式一般有开幕（开业）庆典、闭幕庆典、周年庆典、节庆活动及特别庆典（即利用某些特定事件策划庆典活动，比如汽车公司的安全行车 1000 天庆典）。

庆典活动策划的总体要求是喜庆的气氛、隆重的场面、热烈的情绪、灵活的形式、较高的规范性和礼宾要求。

不同类型的庆典活动，策划与实施的具体内容会有差异，但一般来说，庆典活动应做好以下工作，如表 9－7 所示。

表 9－7　庆典活动策划的主要任务及要求

策划任务	策划要求
确定宾客名单	邀请的宾客应包括政府有关部门负责人、社区负责人、知名人士、社团代表、同行业代表、新闻代表、公众代表等，请柬制作要精心，并提前一两周寄达，以便被邀请者安排时间
确定活动地点	活动地点的选择要综合考虑交通、会场面积、灯光音响、投影设备、照明、通讯设施、停车场、相关服务等因素，在场地许可的情况下，企业庆典也可以选择在企业办公地
制定典礼程序表	庆典活动的一般程序为： ①宣布仪式开始； ②宣读重要来宾名单； ③致辞； ④授旗/剪彩/签字/互换文本仪式等； ⑤节目表演； ⑥其他活动； 程序表要提前印好，在来宾到来前分发到每个座位上，或在来宾签到时分发给来宾

续上表

策划任务	策划要求
确定致辞人员名单，为本单位负责人拟定演讲稿	本单位致辞人员应与来宾身份对等，通常应为单位负责人，以示本单位对来宾的尊重和对庆典活动的重视，演讲稿应事先准备好并经过内部审稿； 如果请贵宾致辞，应提前通知他们，以便对方准备，并在活动开始前逐一落实
确定剪彩人员或发奖人员名单	在剪彩人员与发奖人员名单中，既要有一些请来的上级领导，社会知名人士，也要有消费者代表和本单位负责人
安排工作人员与服务人员	事先确定接待、摄影、播音、礼仪等有关工作人员与服务人员，着装大方统一
公关传播	做好庆典活动的公关传播计划，邀请有关媒体记者参加庆典活动，安排专人接待记者，为其提供方便，大型庆典活动最好设立新闻中心
会前迎宾接待	典礼开始前15分钟，要有礼仪人员引导来宾进入既定区域，主席台座位以居中为尊，分左右两边依次排开
会后参观	有些庆典活动还要在仪式结束后由专人陪同来宾进行参观

2. 开放日活动策划

开放日活动是企业邀请公众参观本组织的工作条件、环境设施、成就展览等，使外部公众了解企业、产生好感，同时帮助人们消除对企业的不解或疑惑，改善社区关系的一种有效的公关形式。

开放日活动通常需要投入较多的人力、物力、财力，因此，应先做可行性分析，分析活动的必要性和可行性，在论证可行的基础上，做好开放日活动的策划工作。开放日活动策划的主要任务如表 9－8 所示。

表 9－8　开放日活动策划的主要任务

策划任务	策划要求
确定活动主题和目的	展示企业优良的工作环境，强调企业产品质量控制的严格，显示企业的研发生产能力，表明企业重视安全生产，重视环境保护等
确定开放时间	开放活动可常年进行，也可定期进行。如周年纪念、逢年过节，有时企业发生公关危机事件也可安排开放参观活动，时间上也不要与其他对公众更有吸引力的社会活动相冲突

续上表

策划任务	策划要求
确定邀请对象	邀请的对象必须有针对性，应根据参观活动的目的和主题选择相应的公众。社区居民、企业团体、股东、投资者、金融舆论专家、金融机构、新闻媒体、环保组织、专家学者、各界名人、高校师生、科研机构和文化组织代表、慈善组织、社会福利团体、员工、员工家属等
拟定参观活动路线	参观活动不是一种自由、随便的活动，不能任由参观者到处随便走动，要提前拟定好参观路线制作向导图和标志，注意引导和必要的警示，避免发生意外事件
准备好宣传材料	准备一份简单易懂的说明书或宣传材料，帮助参观者了解企业的情况，然后再由向导陪参观者参观时作进一步解释
安排系列活动	一般企业会在开放日安排一些专题讲座、知识问答、表演、竞猜等活动，增强开发日活动的参与性和趣味性
制订传播计划	制订媒体传播计划，借助媒体，将活动信息传播出去，并达到组织开放日活动的预期目的
准备好辅助设施和纪念品	安排好停车场、休息室、会议室等，参观场所应设置路标，准备好象征企业产品、代表企业形象的小纪念品
做好服务准备	主要是事前培训讲解员、接待员、服务员，要求讲解员对组织有全面深入的了解，能对公众提出的问题对答如流，接待员、服务员有良好的营销公关技能
会后工作安排	开放日活动结束后，还需要进行一系列的后续营销公关活动，如致函向来宾道谢，登报向各界鸣谢，召开参观者代表座谈会，听取意见和建议，实施媒体传播计划等

五、危机公关策划

（一）公关危机形成的原因

对于企业来说，公关危机是指由于突发事件或重大事故的出现，使企业形象严重受损，导致其面临强大的公众舆论压力和危机四伏的社会关系环境，企业的营销公关处于危机状态。

（1）企业自身行为不当引起的危机。如企业由于劳资矛盾引起的罢工、示威；企业管理机制不健全或管理疏忽导致产品质量出现问题或出现危及环境安全的重大事件；企业与消费者或业务伙伴的经济纠纷；企业投机取巧故意以次充好，生产出售伪劣产品，损害公众利益等。

（2）突发事件引起的危机。是指由于不可预见的、外在的因素引起的突发事件而导致的企业形象受损的危机。这些事件主要包括：由不可抗力而导致的重大伤亡事故，如地震、洪涝、火车出轨、飞机失事、建筑物倒塌、矿难；由商业敌对行为导致的其他企业故意假冒本企业名义行骗、生产销售伪劣产品等。

（3）失实报道引起的危机。主要是由于新闻媒体的报道失实、不全面，而导致公众对企业的误解，使企业形象受到损害。

【案例9-9】

雀巢"问题奶粉"危机公关的两大败笔

2005年5月25日，浙江省工商局公布了一份儿童食品质量抽检报告，报告指出，"雀巢金牌成长奶粉3+"被发现碘含量超过国家标准要求，一时引起社会强烈反应。

而实际上，早在15天前，即5月10日，中央电视台《经济半小时》就播出了《雀巢奶粉有问题》，也就是说，雀巢早在5月10日就已经知道自己的产品不合格。

在5月10日被爆出产品质量存在问题到5月25日抽检报告正式发布，整整10天，雀巢公司唯一做的事情就是：保持沉默。

5月25日抽检报告发布后，雀巢（中国）有限公司于5月27日发布新闻稿，新闻稿坚称，"'雀巢金牌成长奶粉3+'可以安全食用"。雀巢公司在新闻稿中承认，"雀巢金牌成长奶粉3+"中"含量极少的碘成分超过国家标准"，但却辩解说："根据中国营养学会公布的《中国居民膳食营养元素参考摄入量》，儿童碘摄入量的安全上限为每日800微克，工商局检测报告中所提及的碘含量比上述安全上限要低1/5～1/4，因此，不会带来任何安全和健康问题"，企图以碘摄入量概念混淆奶粉碘含量国家标准概念，在这份新闻稿中，雀巢公司表示，"我们对该事件可能给消费者和客户带来的担忧表示抱歉"。但几天过去，雀巢公司并没有提出具体的"整改措施"，而且明确表示，公司没有召回或停止销售这些问题奶粉的计划。

对危机反应的迟钝，以及推卸责任、闪烁其词的表态和傲慢的态度，使得在短短几天时间里，几百篇新闻，无一例外都是对雀巢不利的报道，多数消费者对雀巢公司的表态感到失望。中国消费者协会负责人表示，雀巢公司在整个事件进程中"不够坦诚"。作为生产制造商，当发生有可能侵害消费者合法权益的问题时，是主动承认工作中确实存在问题并愿意就此进行整改，还是回避问题、转移注意力，这是一个企业的"诚信问题"。雀巢公司不主动改正错误，反而千方百计证明产品虽然不符合国家标准但还是安全的，这是一种无视国家标准、对消费者不负责任的错误行为。

雀巢公司处理危机的两大败笔，大大损害了企业形象，加大了原有危机的程度。

（摘自靖鸣《我国企业应从"雀巢事件"危机公关失败中吸收有益教训》，《新闻与写作》2005年第7期）

（二）危机公关策划的基本原则

危机公关是指企业针对危机事件采取的预防、控制、挽救与恢复措施。

危机公关属于非常态的信息传递行为，需要遵循一些基本原则。这些原则是根据危机中受众所表现出的不同寻常的心理特征而制定的。依据这些原则进行危机公关可以在很大程度上减轻受众所表现出的紧张、恐惧和反感心理，从而使危机公关在处理危机的过程中发挥积极的作用。危机公关策划的基本原则如表9－9所示。

表9－9　危机公关策划的基本原则

原　　则	操作方式
公众利益至上	这是危机公关的首要原则
快速反应	面对危机公关，企业必须当机立断，快速反应，果决行动，及时与媒体和公众进行沟通，迅速控制事态，使其不扩大、不升级、不蔓延
勇于担当	企业应该勇于承担责任，即使受害者在事故发生中有一定责任过错，也要拿出最负责任的态度与实际行动迅速对事件做出处理，及时补偿，并通过新闻媒介向公众致歉，解决深层次的心理、情感问题，以赢得公众的理解和信任
尊重受众的知情权	危机公关的目的不应该是转移受众的视线，而应该告诉受众真相，使他们能够参与到危机管理的工作中来，表现出积极合作的态度
坦诚沟通	处于危机漩涡中的企业，往往是公众和媒介的焦点，企业的一举一动都将受到关注，任何弄虚作假都只会弄巧成拙。企业应始终保持坦诚的态度，对公众真诚相待，是取得公众信任和谅解的基本条件
信源一致	危机发生时，企业内部应迅速统一观点，组建危机公关班子，专项负责，保证对外口径一致，不发布不准确的消息，使公众对企业处理危机的诚意感到可以信赖
尊重媒体	媒体在危机公关中既是信息的传递者，又是危机事件发展的监督者。与媒体的有效沟通，直接影响到危机公关的走向和结果。危机发生时，有些媒体可能会对企业有误解，刊发一些不全面、不客观的信息，企业应对媒体工作予以理解和尊重，采取积极配合的态度，有理、有据、有节地消除误会，避免与媒体的对立
整体策划	危机公关虽然是因某个事件而发起的，具有不确定性，但其影响却可能是巨大而深远的。制定危机公关方案时，需要站在整体的角度进行全面缜密的策划，不要头痛医头脚痛医脚，也不要指望通过一两次公关活动就能彻底化解危机

（三）危机公关策划的实施

1. 明确性质

当危机发生时，企业首先要冷静地对危机进行诊断分析。危机诊断要弄清楚三大问题：

第一，发生的事件属于什么性质，是一般事故还是严重危机？

第二，该事件对公众造成的创伤情况，包括该事件可能会让公众付出什么样的代价？该事件会对多少人造成影响？影响程度有多深？该事件造成的影响是不是公众最关切、最计较的？

第三，危机对企业将造成怎样的威胁？

2. 建立信任

建立信任，是危机公关策划成功的前提。危机中企业是否能挽回信任，很大程度上取决于危机发生后企业的第一反应。危机发生后，企业反应迅速、勇于承担责任、不推诿躲闪，让公众感受到企业的善意，挽回公众信任，是实施后续公关活动的前提。

3. 对症下药

一般而言，如果事件对公众的伤害程度越高，公众对企业的期望值越高，企业就越要为公众提供更多的保障；如果公众卷入程度越高，就越要在信息的透明公开方面付出更多努力，比如有些饭店被曝光食品卫生存在问题后，在食品制作间安装视频监控系统，在餐厅播放，让消费者对食品加工过程实时监控，做到对消费者的透明；如果公众关切程度越高，而且敏感性越强，就越要向公众提供详细信息，打消公众疑虑。

危机的处理，需要较高的公关专业水平和公关工作艺术，虽然没有标准的程式，但前人总结了一些经验值得我们借鉴。英国著名危机营销公关专家迈克尔·里杰斯特《危机公关》一书中，在对许多案例进行分析总结的基础上，提出了一系列处理危机的公关方法。

【案例 9－10】

迈克尔·里杰斯特的《危机公关》

一、做好危机处理准备方案

（1）对危机持一种正确积极的态度。

（2）使企业的行为与公众的期望保持一致。

（3）通过一系列对社会负责的行为来建立企业信誉。

（4）时刻准备把握危机中的机遇。

（5）组建一个危机管理小组。

（6）对企业潜在的危机形态进行分类。

（7）制定预防危机的方针、政策。

（8）组建危机控制和险情审核小组。

（9）为处理每一项潜在的危机制定具体的战略战术。

（10）确定可能受到危机影响的公众。

（11）为最大限度减少危机对组织声誉的破坏性影响，建立有效的传播沟通渠道。

（12）在制定危机应急计划时，多倾听外部专家的意见。

（13）写出书面方案。

（14）对有关方案计划进行不断的试验性演习。

（15）为确保处理危机时有一批训练有素的专业人员，平时应对他们进行专门培训。

二、做好危机的处理工作

（1）面对灾难，应考虑到最坏的可能，并及时有条不紊地采取行动。

（2）危机发生时，要以最快的速度设立“战时”办公室或危机控制中心，调配训练有素的专业人员，以实施危机控制和管理计划。

（3）新闻办公室应不断了解危机管理的进展情况。

（4）设立专线电话，以应付危机期间外部打来的大量电话，并安排训练有素的人员接听专线电话。

（5）了解企业的公众，倾听他们的意见，并确保企业能把握公众的抱怨情绪，可能的话，通过调查研究来验证企业的看法。

（6）设法使受到影响的公众站到企业的一边，帮助企业解决有关问题。

（7）邀请公正权威的机构来解决危机，以便确保公众对企业的信任。

（8）时刻准备应付意外情况，随时准备修改企业的计划，切勿低估危机的严重性。

（9）把情况准确地传达给总部，不要夸大其词。

（10）危机管理人员要有足够的承受能力。

（11）危机处理完毕后，应吸取教训并以此教育其他同行。

三、做好危机中的传播工作

（1）危机发生后，要尽快对外发布有关背景的情况，以显示企业已有所准备；准备好消息准确的新闻稿，告诉公众发生了什么危机，企业正在采取什么补救措施。

（2）当人们问及发生什么危机时，只有确切了解事件的真实原因后才能对外发布消息。

（3）不发布不准确的消息。

（4）了解更多事实后再发布新闻稿。

（5）宣布召开新闻发布会的时间，尽可能减轻公众电话询问的压力；做好举行新闻发布会的各项准备工作。

（6）熟悉媒体通常工作的时间。

（7）如果媒体的新闻报道与事实不符，应及时予以指出并要求更正。

（8）要建立广泛的信息来源，与记者和媒体保持良好的关系，及时通过他们对外发布最新消息。

（9）善于利用媒体与公众进行传播沟通，以控制危机。

（10）在传播中，避免使用行话，要用清晰的大众化语言告诉公众企业关心所发生的危机，并正采取积极行动来处理危机。

（11）确保企业在危机处理中，有一系列对社会负责的行为，以增强公众对企业的信任。

（摘自迈克尔·里杰斯特《危机公关》，复旦大学出版社，1995 年 6 月）

第三部分 练习与思考

一、选择题

(1) 公关活动的基本要素是（ ）。

A. 组织 B. 传播沟通 C. 政府 D. 公众

(2) 营销公关的目的是（ ）。

A. 提升企业知名度 B. 提高购买率

C. 树立企业形象 D. 提高企业美誉度

(3) 在下列传播中，信息反馈最容易的是（ ）。

A. 人际传播 B. 组织传播

C. 大众传播 D. 小众传播

(4) 关于新闻公关，下列说法不正确的是（ ）。

A. 新闻公关是将企业发生的重大事件，通过新闻发布会向媒体公布，从而传播企业形象的公关行为

B. 新闻公关有发布新闻和制造新闻两种方式

C. 在公关实务中，常常运用“新闻代理”的方式开展公关业务，因而为了达到组织的公关目的而适当采用虚假、欺骗的方式来制造“新闻热点”的做法是符合公共关系基本原则的

D. 新闻公关策划需要巧妙的创意

(5) 企业发布新闻的方式包括（ ）。

A. 新闻发布会 B. 记者招待会

C. 向媒体提供新闻素材 D. 向媒体提供新闻稿

(6) 公关赞助的项目应具备以下特征（ ）。

A. 较大的社会影响面 B. 较大的社会意义

C. 政府领导满意 D. 花钱较少

(7) 赞助公关策划的关键点包括（ ）。

A. 赞助项目、品牌价值与用户市场保持一致

B. 充分考虑企业的经济承受能力

C. 制订严密的赞助计划

D. 公关传播配合到位

(8) 危机公关的首要原则是（ ）。

A. 快速反应 B. 公众利益至上

C. 坦诚沟通 D. 企业利益损失最小化

(9) 企业危机公关中，“信源一致”的原则要求（ ）。

A. 企业对外发布信息口径一致

B. 企业由指定的唯一发言人对外发布信息，其他人员不得回答外界提问

C. 只有确切了解事件的真实原因后才能对外发布消息
D. 危机事件发生后，企业内部应迅速统一认识
（10）营销公关的常用方式有（　　）。
A. 新闻公关　　B. 赞助公关　　C. 组织公众活动　　D. 公关广告

二、判断题

（1）具备公关意识不仅是对专业公关人员的要求，也是对组织所有成员的基本要求。(　　)

（2）广告是一种“付费传播”，主要用于对企业产品和服务的宣传推广，追求的是商业利益，而公共关系的目标在于树立良好的组织形象而非商业利益，因而公共关系不应采用广告。(　　)

（3）企业的知名度越高，说明其公共关系状态越好。(　　)

（4）如果媒体的新闻报道与事实不符，应及时予以指出并要求更正。(　　)

（5）赞助公关是企业对社会福利等公益事业的无偿捐助，因此，企业实施赞助公关时，不应追求经济利益。(　　)

三、简答题

（1）与一般公关相比，营销公关的特色有哪些？
（2）阐述新闻公关中制造新闻的要点。
（3）赞助公关有哪些具体的操作方式？
（4）概述营销公关策划的基本流程。
（5）新闻发布会策划包括哪些具体内容？
（6）如何布置新闻发布会现场？
（7）庆典活动策划包括哪些具体内容？
（8）试阐述危机公关中，如何处理与新闻媒体的关系。

第四部分　实战训练项目

——修正药业“毒胶囊”危机公关策划

一、实训目标

通过该项目的训练，使学习者深刻理解危机公关的基本原则，熟练掌握营销公关策划的基本方法，熟练掌握新闻发布会等公关活动执行方案的策划，能撰写规范的营销公关策划书。

二、项目背景说明

2012 年 4 月 15 日，中央电视台《每周质量报告》节目《胶囊里的秘密》，对“非

法厂商用皮革下脚料制造药用胶囊”事件曝光。节目曝出，河北、山西一些厂家，用皮革废料，熬制成工业明胶，销售到浙江绍兴新昌等地，被当地一些胶囊厂买去作为原材料制成药用胶囊，最终流入药品企业，进入患者腹中。由于皮革在工业加工时，要使用含铬的鞣制剂，因此这样制成的胶囊，往往重金属铬超标。

铬是一种毒性很大的重金属，对人体肝、肾等内脏器官和 DNA 会造成损伤，在人体内蓄积具有致癌性并可能诱发基因突变。事件一经曝出，立刻引起强烈反响，公安部门对事件立案侦查，各地卫生部门对相关企业进行检查。随着调查的展开，越来越多的胶囊生产企业和制药企业被曝涉及问题胶囊，其中，著名制药企业——修正药业也受波及，被检出部分批次药品所用胶囊重金属铬含量超标，这让一直广告承诺“做良心药、放心药”的修正企业陷入非常尴尬的境地，事件发生后，公众评论其广告承诺“更像一个美丽的谎言”。

三、实训要求

（1）为修正药业策划危机公关方案，包括各项活动的具体执行策划方案。

（2）以小组为单位完成策划书的撰写，并制成通报 PPT，进行策划项目宣讲。

四、实训步骤

（1）教师作为企业策划需求宣讲人，介绍项目背景和企业需求。

（2）3～5 人组成策划公司或策划小组，以策划小组为单位进行调研，讨论、收集资料、制定策划方案。

（3）教师引导学生策划小组分析策划项目、学习相关知识点，进行资料收集。

（4）各策划小组共同完成项目策划任务，提交策划书，并制作项目通报 PPT，准备进行项目通报。

（5）教师选择 1～2 个策划小组，对策划项目进行通报，有条件的情况下可以提供专业的策划方案通报会现场。

（6）其他小组对通报项目进行评价，再由老师进行整体评价。

（7）各策划小组根据老师的评价意见，修改方案策划。

五、项目考核方式

项目考核由学生评价和教师评价两部分构成。有条件的学校可引入社会、行业专业策划人员参与的第三方评价。

学生互评评分表

评价组：

被评组	我们认为该项目策划的优点	我们认为该项目策划的不足	总体评价（满分为 100）
1.			
2.			

续上表

被评组	我们认为该项目策划的优点	我们认为该项目策划的不足	总体评价（满分为100）
3.			
4.			
……			

教师评分用表

被评小组：

序　号	评 分 要 素	分　值	得　分
1.	项目策划的完整性	10	
2.	项目策划的专业性、结构清楚程度	20	
3.	项目策划的可操作性	20	
4.	项目策划的版面美观设计，体现项目元素	10	
5.	项目通报的着装、礼仪、姿态、分工合理	10	
6.	项目通报的讲解清晰、思路清楚、表达完整、有感染力	20	
7.	创意	10	
	总分	100	

【练习与思考】参考答案

一、选择题

（1）ABD　（2）ACD　（3）A　（4）AC　（5）ABCD　（6）AB

（7）ABCD　（8）B　（9）ACD　（10）ABCD

二、判断题

（1）√　（2）×　（3）×　（4）√　（5）×

三、简答题

略

单元十　新产品开发与推广策划

知识目标：

1. 认识新产品开发对企业经营发展的重要性。
2. 掌握新产品开发的流程。
3. 掌握新产品上市推广策划的基本方法。

技能目标：

1. 能够进行新产品开发策划。
2. 能够进行新产品上市推广策划。
3. 能够进行新产品上市推广各种促销活动的策划。
4. 能够组织实施新产品开发和推广策划方案。

第一部分　策划方案示例

——××公司通用 LED 照明产品上市推广策划案

呈送方：广州××半导体照明设备有限公司
策划方：广州××市场研究公司

背景

广州××半导体照明有限公司是一家专注于 LED 照明高端产品的研发和生产的企业，2003 年 8 月在全球率先推出实用型 120W LED 照明路灯，并因此获得瑞士日内瓦世界发明银奖，是世界上最早推出 LED 照明产品的企业之一，公司产品包括 LED 日光灯、球泡灯、路灯、射灯、工矿灯、投光灯、风光互补照明灯等十几个系列，可用于商场、写字楼、工厂、学校、运动场馆、家居、市政、景观等各种领域。目前产品主要出口欧美，国内市场仅涉足政府招标工程。鉴于 LED 照明在国内市场的巨大发展潜力，公司拟在稳固原有欧美市场的同时，以广东市场为突破口，投入资金、人力大力开拓国内市场。

一、项目目标

（1）提高目标消费者对品牌及产品的认知度。
（2）培养目标消费群体对产品的消费和使用习惯。
（3）扩大市场占有率。
（4）提升知名度，树立高端品牌形象。

二、市场机会分析

能源危机、温室效应以及生态环境的日益恶化时刻提醒着人们：地球已经疲惫不堪，改变人们的能源获取方式以及提高能源利用率已经成为全球共识。由于在全球能源消耗构成中，照明耗能占据总量的19%（我国约为12%），因此，寻求更加节能、高效的新型照明产品替代传统照明产品，成为全球照明界新的发展方向。

LED，即发光二极管，作为一种新型高效光源，与传统光源相比具有大幅度节电、超长寿命、绿色安全的优势，同时对节能减排、降低温室效应及减少汞污染有突出贡献，越来越受到世界各国的青睐。美国、澳大利亚、日本、韩国、欧洲等国家和地区纷纷制订了自己的“半导体照明计划”，并由政府强制进行照明节能推动，全面禁止白炽灯，改用LED照明。

我国是世界第二大用电大国，但LED照明的普及率目前却非常低，除了一些政府工程，其他领域的应用率不足1%。据统计，我国一年全社会用电约24210亿度（2007年数据），按照明用电占全社会用电的12%计算，我国一年照明用电约2905亿度，如我国照明装置有50%采用LED灯具（按使用节电50%的低端产品计算），每年至少可节电726亿度，相当于建2个三峡水电站或8至9台百万千瓦超临界燃煤发电机组，可节约电厂建设经费近千亿元。若以燃煤发电每瓦时排放0.638公斤二氧化碳计算，每年还可减少4632万吨二氧化碳排放。可以预见，随着全社会节能减排意识的不断增强以及对LED照明产品认知度的提高，LED照明全面推广应用、取代传统高能耗照明已势在必行，LED照明在我国具有广阔的市场前景。

三、竞争分析

（一）竞争对手分析

竞争对手可概括为两大类：

一是传统照明产品供应商，知名品牌有Phillips、佛山照明、雷士照明等。这类竞争对手的主要优势在于品牌知名度高、价格便宜（比LED照具），销售渠道完善。

二是现有LED照明灯供应商。目前国内LED照明产品生产企业大约有2000家，和××公司一样，多数公司的市场都在国外，国内知名品牌不多。但近两年一些大牌公司介入LED照明领域，其中包括佛山照明、Phillips等知名企业，给××公司造成了不小的压力。

（二）SWOT分析

1. 优势

（1）相对于传统照明产品，××在产品节能、长寿、护眼、安全环保方面具有绝对优势。体现在以下方面：

1）同样照度下，LED照明灯节电70%以上，大幅节省电费。

表1　LED照明灯与传统照明灯功耗对比

1W LED = 2.5W 节能灯 = 12W 白炽灯	3W LED = 7W 节能灯 = 35W 白炽灯
4W LED = 10W 节能灯 = 45W 白炽灯	5W LED = 12W 节能灯 = 60W 白炽灯
7W LED = 15W 节能灯 = 84W 白炽灯	9W LED = 20W 节能灯 = 30W 日光灯 108W 白炽灯
12W LED = 25W 节能灯 = 145W 白炽灯	15W LED = 35W 节能灯 = 60W 日光灯 = 180W 白炽灯
18W LED = 38W 节能灯 = 210W 白炽灯	21W LED = 46W 节能灯 = 252W 白炽灯

2）LED照明灯使用寿命超长，是传统照明灯的十倍以上，大大延长了照明产品的更换周期，为用户节省维护费。

3）LED日光灯的显色性高，颜色更真实。

4）健康护眼。LED芯片是直流工作，无频闪，也不会因为电压波动而产生闪烁，亮度没有任何影响，不会对人的眼睛造成伤害，长时间处于LED光源下的人员不会产生眼睛疲劳、精神紧张等不适感。

5）LED日光灯是环保产品，不含汞等有毒物质。

表2　LED照明灯与传统照明灯性能对比（以LED日光灯为例）

性能指标	普通日光灯	普通节能日光灯	LED日光灯
能耗	高	较低	非常低（节省70%）
使用寿命（小时）	3000～5000	12000	>40000
光衰	有	有	无
环保性	含汞等有毒物	含汞等有毒物	不含有毒物
生理舒适性	低	低	高
延迟	有	有	无

表3　使用LED照明灯的经济效益（以日光灯为例）

亮灯时数（小时/天）	灯具	每月所需电费（元）	两年所需电费（元）	维护费（元）	费用合计（元）	节约费用（元）
8	普通日光灯	10.8	259.2	8	267.2	180.8
	LED灯	3.6	86.4	0	86.4	
12	普通日光灯	16.2	388.8	16	404.8	275.2
	LED灯	5.4	129.6	0	129.6	

续上表

亮灯时数（小时/天）	灯具	每月所需电费（元）	两年所需电费（元）	维护费（元）	费用合计（元）	节约费用（元）
16	普通日光灯	21.6	518.4	16	534.4	361.6
	LED 灯	7.2	172.8	0	172.8	
20	普通日光灯	27	648	24	672	456
	LED 灯	9	216	0	216	
24	普通日光灯	32.4	777.6	32	809.6	550.4
	LED 灯	10.8	259.2	0	259.2	

注：此表取××公司 LED 日光灯 15W 与普通日光灯 40W（实际耗电 45W，寿命取 4000 小时），广州工业用电平均收费 1 元/度计算，维护费指灯具重置费用，普通日光灯按 8 元/支计，不包括人工费。

（2）相对于其他 LED 照明产品竞争者，××的优势主要表现在技术上：

1）世界第一盏大功率路灯的设计制造者；

2）日内瓦世界发明银奖；

3）多项 LED 照明关键技术专利权；

4）制定 LED 照明产品制造标准；

5）ISO 9001 认证、GBT 19001 质量管理体系认证；

6）美国 UL 认证；

7）欧盟 CE 认证；

8）欧盟环保认证 RoHS；

9）广东省名优产品。

此外，由技术突破带来的成本节约优势，比竞争者在定价上有更大的伸缩空间。

2. 劣势

（1）市场对 LED 照明产品认知不足。

（2）价格相对传统照明产品较高，而且超出幅度较大。

（3）品牌知名度不高（相对于 Philips、佛山照明、雷士照明等企业）。

（4）资金实力不够雄厚，难以支撑大力度的广告推广。

3. 机会

目前国内 LED 照明产品渗透率非常低，LED 市场潜力巨大。同时，行业高度分散，全国 LED 照明产品企业虽然有 2000 多家，但市场影响力都不大，品牌知名度都不高，市场处于群雄混战的状态。充分利用自身的优势，制定恰当的营销策略，有机会异军突起。

4. 威胁

企业面临的威胁主要来自近年来进军 LED 照明产品的知名传统照明产品企业。目前，一些实力雄厚的企业如比亚迪等开始进军 LED 照明领域，一些知名传统照明产品企业如 Philips、佛山照明也进入 LED 照明领域抢滩市场，这些企业资金雄厚，大手笔的广告投入有利于其树立行业权威的形象，对××公司树立高端品牌形象的目标造成较大压力。

四、××市场定位

（一）推广目标市场分析：通用照明市场

按使用目的，照明市场可分为两大类：通用照明和特殊照明。通用照明一般指办公、生活照明，特殊照明通常指市政道路、景观、商品陈列展示、车灯等照明。根据××公司经营目标，推广主要面向通用照明市场。

通用照明用户又可分为两大类：组织用户和家庭用户。这里组织用户的范围较广，包括商店、酒店、写字楼、工厂、医院、机关、学校等组织机构。

从总体上讲，组织用户室内照明灯具用量多、日照时间长，照明用电成本较大、对价格敏感度不高。

但是，由于购买决策者不同，不同组织用户的购买意愿强烈程度也不同。机关、学校、医院等政府拨款单位，使用者和购买出资者不一致，使用者更新 LED 照明灯具的意愿不一定急迫；相反，工厂、超市、商场、酒店等单位，容易受到 LED 照明经济效益的激励而产生较大的购买意愿，我们把后者暂称为企业用户。

家庭用户普遍对 LED 照明认知度不高，低收入家庭对价格较敏感，且由于 LED 照明灯具价格较贵，用 LED 灯具置换原有灯具的经济效益不明显，购买意愿并不强。相对而言，中高收入家庭对 LED 照明认知度和接受度较高，对价格相对不敏感，在经济效益之外，会比较关注照明的生理舒适度、护眼、时尚等因素，可成为 LED 产品的早期接受者和宣传者。

根据以上分析，我们选择的目标市场包括两部分：

（1）企业用户，以珠三角地区照明用电占企业用电比重较高的制造业企业（电子厂、服装厂）、超市、商铺为重点。

（2）家庭用户，以珠三角主要城市中的中高收入家庭为重点。

（二）产品定位

针对企业用户市场，重点以 LED 灯具的“节能”特性为市场切入点，强调我们的产品是“能够帮助企业节省运营成本的环保灯具”。

针对中高收入家庭用户，则重点以 LED 灯具的“生理舒适性、保护视力、安全环保”特性为市场切入点，强调我们的产品是健康、时尚生活的象征。

在品牌宣传中，突出××的优势，强调××是“LED 照明灯具”的专家，避开与 Phillips、佛山照明等品牌的正面碰撞，但又起到跟名牌比附的效果。

五、产品价格和渠道策略

（一）产品策略

对企业用户有针对性地提供9W、15W、18W LED日光灯（其照度分别相当于30W、40W、50W普通日光灯），推广中突出其节能、免维护的特性。

对家庭用户，则针对目前家庭主要使用节能灯及白炽灯，主推3W、5W球泡灯（其照度相当于节能灯9W、15W），同时考虑不同家庭灯饰装修的差异性，辅以推出3W、5W横插灯、天花灯，以“护眼环保、省电、时尚”为主卖点。

（二）价格策略

建议采用高价撇脂策略，以在国内LED市场启动早期获得较丰厚的利润。但在具体定价策略上，采用紧随策略，价位定在市场高端，但比Philips、雷士照明、佛山照明等知名品牌略低，一方面获得价格竞争优势，同时，树立中高档品牌形象。

（三）渠道策略

鉴于目前国内消费者对LED照明产品的认知度较低、公司品牌知名度不高，且以往只做外销，国内渠道还不健全，可考虑采用短渠道策略。

一是厂家直销。面向商业用户主要采用厂家直销的方式，可在珠三角主要城市设立办事处，组建销售队伍，由业务员有针对性地直接上门推广。

二是零售商销售。家庭用户市场则通过超市、符合目标市场标准的住宅小区周边的五金灯具店、便利店、灯饰市场以及网络展示销售，一方面增加公司产品的市场可见性，一方面通过零售商的客户开发能力提高销售量。

六、产品推广策略

（一）市场推广战略规划

市场推广分三步走（见表4）：

表4　××公司LED照明灯市场推广战略规划

阶段		时间跨度	营销目标
上市期	展示	2011年10～11月，1个月	市场预热，通过广告宣传引起消费者对产品的初步印象
	认识	2011年11～12月，1个月	通过路演、体验活动等，引起大众对产品和品牌的关注和初步了解
	教育	2011年12月～2012年1月，2个月	通过终端促销、体验活动等，激发尝试性购买

续上表

阶　段	时间跨度	营销目标
开拓期	2012年1～4月	刺激购买，提高销售量
成长期	2012年4月以后	售点建设维护，维护常规销售

（二）上市前准备工作

视觉形象标准应用（突出本公司产品新型照明灯具高端形象）。

上市前必须完成以下任务：

(1) 公司内部用品的制作。

(2) 公司对外宣传用品的制作。

(3) 工作人员对外用语规范的制定。

(4) 人员着装规范的制定。

(5) 销售手册的制定。

（三）上市时间

2011年10月（国庆节）。

（四）上市地点

广州。

（五）上市推广部署

1. 上市期推广方式

(1) 广告宣传方面。

广告宣传采取以下组合：电视专栏节目广告+楼宇电梯广告+公交车车身广告+人员上门推广海报/POP展示+DM+电子邮件。

广告创意要求：准确向目标对象传达本公司为LED照明技术领先者及绿色低碳生活倡导者的形象，把握目标对象的内心感受（对节能和健康生活的向往）。

广告主题建议为："××照明，点亮节能环保健康新生活"，副主题："××照明，LED照明先驱"。

广告词以产品的性质及企业品牌定位作为构思的中心，首先是亮出自己的品牌，然后突出"节能"、"环保"、"健康"这三个关键词。既描述出我们的产品及性质，又能表达出我们的节能理念——节能应该贯彻到生活中的最小处。

1）影视广告投放策略。

电视广告受众面广，同时有利于树立品牌"有实力"的形象。可选择社区新闻类节目频道（如南方电视台"今日一线"等）投放展示广告，提高曝光率。

①在产品完成上市期间，以15秒投放为重点，插播5秒标版（建议黄金时段每天

至少保持一次)；②产品上市后的第 2 个月，以 5 秒投放为重点，插播 15 秒版（建议黄金时段每天至少保持一次)；③上市第 3 个月开始，以常规投放为主，在媒体上维持一定的数量即可（建议每星期 3 次)。

2）车体广告制作与投放。

公交车因其流动性使“车身广告”受众面较广，有利于提高消费者的品牌认知度。

①按车辆具体的行驶路线来确定；②车体维持在 60 辆的水平；③车体设计突出广告语与产品，以绿色调为主体。

3）杂志广告投放建议。

表现形式要求：与影视片紧密结合，简洁、精致（注重细节)，冲击力强，文字简练、精准。

以高档杂志为首选对象，建议与《精品生活》合作，该杂志主要投放在广州高档住宅小区，与我们的目标消费者吻合度高。

4）楼宇电梯广告投放策略。

包括写字楼和高档居民小区楼宇，能接触到较多的目标消费者。

建议在目标楼宇电梯内投放 3 个月平面广告。

5）海报/POP 展示。

产品面市后，在销售点（超市、便利店、五金灯具店等）配合海报或宣传单张进行宣传。

6）DM 宣传。

主要针对家庭用户，采用宣传单张上门派发的形式，派发对象为目标小区住户。

7）电子邮件宣传。

这种方法最容易大面积进行宣传，而且费用低，操作简单，但是缺点很明显，就是效果较差，但可作为辅助性宣传。

8）人员上门宣传。

上门宣传是最传统的面对组织销售的方法，这种方法由于能够与客户间建立起密切的联系，因而往往能够建立起合作的关系，效果明显。上门宣传主要针对企业用户，针对不同类型客户，需配合提供不同的“照明整改方案”。

（2）销售政策方面。

1）铺货。

前期铺货以广州市内各超市以及目标住宅小区内便利店、五金灯具店为重点，铺货数量达到 200 家。

表5 广州主要铺货超市建议名录

超市名称	地　址	超市名称	地　址
正大万客隆货仓商场	广花二路4号	好又多量贩	昌岗中路211－213号信和豪庭
好又多量贩	广源新村景泰直街33号	宏城超级商场	天河东路华晓街
好又多量贩	江南大道中99号	屈臣氏	江南西路26号地下
广南超市	云苑新村云苑直街39号A1幢	记德来超市	万寿路33号
广南超市	芳村大道237号之一	广南超市	新港西路231号西侧
广南超市	同福中路421号	广南超市	赤岗路89号
宏城超级商场	天河南二路19号	宏城超级商场	体育东路东横街
宏城超级商场	体育西横街113号	宏城超级商场	龙津东路819号首层
东峻百货超市	人民北路829号环球广场内	屈臣氏	人民中路304－314号首层
……			

2）具体销售政策的制定。

包括：销售人员的政策、超市的经销政策、促销人员政策、便利店/五金灯具店经销政策（详见附件）。

（3）上市期公关与促销。

促销活动之一：

1）活动形式：Road-show；

2）主题：绿色环保，健康生活你我同行；

3）目的：消费者教育、品牌展示，提高消费者对LED照明的认知，树立××公司品牌形象，达至与消费者快速有效的沟通。

4）时间：10月上旬；

5）地点：广州有条件的商业中心广场；

6）所需物料：活动展架、海报、吊旗、舞台等。

（具体活动策划见附件）

促销活动之二：

1）活动形式：用户体验活动；

2）主题：关注家庭照明健康；

3）目的：消费者教育、品牌展示，提高消费者对LED照明的认知，达至与终端消费者快速有效的沟通。

4）时间：10月上旬～10月中旬；

5）地点：目标居民小区；

6）所需物料：活动展架、海报、样品、测试工具（事先定做）等。

（具体活动策划见附件）

促销活动之三：

1）活动形式：买赠；

2）主题：LED照明灯买二赠一；

3）目的：经过一个月的市场销售，在广告支持力度不够、通路尚不完善的情况下，需要有直接面对消费者的机会，来缩短产品与目标受众之间的距离；直接促进销售；

4）时间：11月份周末，连续若干周；

5）地点：人流旺盛的超市及目标小区；

6）所需物料：现场展示、宣传物品、促销赠品；

7）需要强调的是，产品在零售点的上架必须先于推广活动，实现产品的市场可见性。

（具体活动策划见附件）

促销活动之四：

1）活动形式：网络促销；

2）主题：1元秒杀；（也可采用买赠、免运费、双倍积分等形式。）

3）目的：提高尝试购买率；

4）时间：圣诞节、元旦；

（具体活动策划见附件）

公关活动：

1）活动形式：有奖知识竞赛；

2）主题：低碳生活有奖知识竞赛；

3）目的：提高消费者对LED照明灯的认知度，提高企业品牌形象；

4）时间：11月份。

（具体活动策划见附件）

2. 开拓期推广方式

（1）广告宣传方面。

1）电视广告。

适当减少媒体投入，广告片的播放以5秒为主，以新闻、时事栏目的投放为重点。

2）平面广告。

①延续前期杂志的投放；②延续楼宇电梯广告的投放，但更换广告设计。

3）车体广告。

注意车体广告的维护，定期检查，发现有损坏的地方做及时修复。

4）POP。

注意终端物料的及时补充及维护。

（2）销售政策方面。

1）加强对商超、便利店、五金店铺的促销，采用经销商价格折扣、批发商进货搭赠、零售超市陈列奖励的促销政策（活动方案见附件）；

2）对消费者的促销主要采用买赠、直接价格折扣、以旧换新、介绍朋友奖励等方式。

（3）铺货。

在原有的基础上，铺货点要有数量上的突破。

（4）渠道的优化。

1）扩大公司产品的销售渠道，优化销售渠道，逐步走渠道经销商的路线（如商场、超市在广州市内寻找1～2家代理）；

2）向广州市外发展区域经销商，全面代理××公司系列照明灯具在该地区的销售。

3. 成长期推广方式

成长期的广告支持及销售政策支持，视当时具体的市场环境另行而定。

七、费用预算

暂略。

八、附件

暂略。

（本策划案改编自学生策划优秀作品）

第二部分　知识链接

一、认知新产品

（一）产品的整体概念

人们通常理解的产品是指具有某种特定物质形状和用途的物品，是看得见、摸得着的具有物体形态的东西。这是一种狭义的定义。

在市场营销中，“产品”的概念要宽泛得多，既包括具有物质形态的产品实体，又包括诸如品牌、服务、身份象征等非物质形态的利益，是人们通过购买而获得的能够满足某种需求和欲望的物品的总和，这就是“产品的整体概念”。

根据产品的整体概念，产品包括5个由内而外相互关联的层次，如图10－1所示。

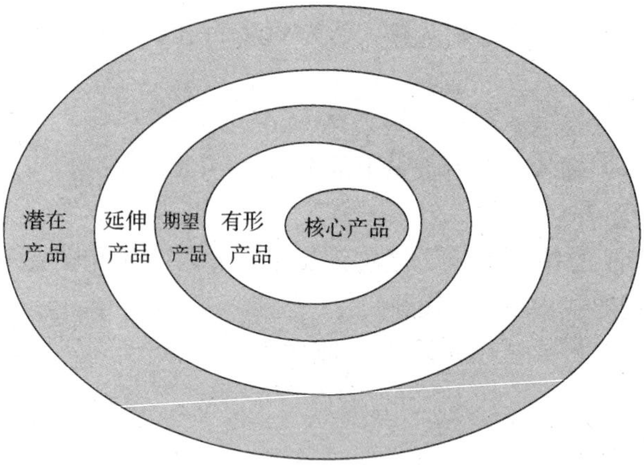

图 10－1　整体产品概念

1. 核心产品

核心产品就是指消费者购买某种产品时所追求的某种功能或效用，也即产品的使用价值。

例如，消费者购买钻头是为了“钻洞”，购买剃须刀是为了“剃须”，购买面包是为了“充饥”。核心产品是顾客真正要买的东西，因而在产品整体概念中也是最基本、最主要的部分。

2. 有形产品

有形产品也称形式产品，是核心产品借以实现的形式，即向市场提供的实体和服务的形象。在市场上有形产品通常表现为产品质量水平、外观特色、式样、颜色、品牌名称和包装等。

例如，对于洗衣机，其形式产品就是其产品质量、外观式样、品牌名称和包装；对于酒店，有形产品就是一个包含有很多住宿房间及相关设施的装修风格独特的建筑物。

3. 期望产品

一般情况下，顾客在购买某种产品时，往往会根据以往的消费经验和企业的营销宣传，对所欲购买的产品形成一种期望，这就是期望产品。期望产品即是指购买者购买某种产品时通常所希望和默认的一组产品属性和条件。

比如，对于酒店的客人，期望的是干净的床、清新的室内空气、热水、电话和安静的住宿环境等。

对于顾客来说，期望产品是其购买产品所应该得到的，也即企业在提供产品时应该提供给顾客的。对顾客而言，得到这些产品基本属性时，并不会有太多的感受或感到特别满意，但是如果顾客没有得到这些，就会非常不满意。

4. 附加产品

附加产品有时也称延伸产品，是顾客购买有形产品和期望产品时附带获得的各种服务和利益，包括产品说明书、保证、提供信贷、安装、维修、免费送货、技术培训等。

随着市场竞争的加剧，企业之间竞争的层面已经不局限于产品本身，而越来越多地发生在其产品能提供何种附加利益，如包装、服务、顾客咨询、融资、送货、仓储及具有其他价值的形式。

5. 潜在产品

潜在产品是一个产品能实现的、消费者暂未意识到的全部附加功能。

潜在产品是企业努力寻求的满足顾客并使自己与其他竞争者区别开来的新方法。

与期望产品相反，消费者没有得到潜在产品时，并不会感到不满，而如果得到潜在产品，则会感到明显的满意甚至惊喜。

（二）新产品的类型

从市场营销的角度看，新产品是一个非常广泛的概念，可以说，只要是产品整体概念中的任何一个要素的创新、变革或改造，都可以被理解为新产品。所以，这里所谓的新产品是指企业经营活动中一切新开创的产品，包括全新产品、产品的改进、竞争产品的仿制、产品线的增设等，新产品的类型及特征如表 10－1 所示。

表 10－1　新产品类型及特征

序号	新产品类型	特　征	范　例
1.	全新产品	采用新原理、新结构、新技术、新材料等制成的新产品	①电子计算机问世； ②移动电话出现； ③LED 照明灯推出
2.	换代新产品	在原有产品的基础上，部分采用新技术、新原理、新材料制成的，性能有显著提高的新产品	①从普通荧光灯到节能灯； ②从模拟手机到数字手机； ③从普通电话机到可视电话机
3.	改良新产品	采用各种改良技术，对现有产品的性能进行改进，提高其质量，以求得规格型号的多样性和款式花色的翻新	①潜水手表； ②生物酶功效性牙膏； ③水果味儿童药物等
4.	仿制新产品	市场上已有同类产品，本企业仿制竞争者的产品，也称本企业的新产品	2007 年苹果公司推出集照相手机、个人数码处理、媒体播放器以及无线通信设备的掌上设备 iPhone 后，许多生产厂家也纷纷推出类似产品
5	产品线扩展	公司在现有产品类别中增加新的产品项目，并以同样的品牌名称推出	榄菊牌蚊香、榄菊牌灭蚊喷雾剂、榄菊牌洗洁精

【案例10-1】

Walkman的诞生

索尼的创始人盛田昭夫认为，新产品的发明往往来自于灵感，突然闪现，且稍纵即逝：曾经风靡全球的便携式立体声单放机Walkman的诞生，就出自于必然中的偶然。

一天，索尼公司的一位叫井深的员工抱着一台索尼公司生产的便携式立体声盒式录音机，头戴一副耳机，来到盛田昭夫办公室，从一进门，井深就一直抱怨这台机器如何笨重，盛田昭夫问其原因，他解释说："我想欣赏音乐，又怕妨碍别人，但也不能为此而整天坐在这台机器边，所以就只好带上它边走边听，不过这家伙实在太笨重了，实在受不了。"井深的烦恼，让盛田昭夫眼前一亮，脑海中一个新产品构思闪现了。他连忙找来技师，说出了自己想要研制一种新式的超小型放音机的构想。

盛田昭夫的新创意一开始遭到了公司内部的一致反对，经过论证，盛田昭夫的新产品创意最终被投入研制。结果，该产品投放市场，空前畅销，索尼公司为该机取了一个通俗易懂的名字——Walkman。当初，谁也想不到，这一不起眼的小小的产品，改变了世界上亿万人的音乐欣赏方式。

（摘自http：//wenku. baidu. com. 创造需求的随身听）

二、新产品开发的趋势

（1）微型化。

（2）方便化、简便化。

（3）多功能化。

（4）绿色环保化。

（5）高性能化。

（6）个性化、创意化。

（7）人性化、情感化。

（8）知识化。

（9）多样化、系列化。

三、新产品开发策划的流程

新产品开发的主要流程如下，见图10-2。

（一）新产品开发规划

新产品开发规划是从公司战略出发，对新产品开发工作的预先谋划，它先于实际产品开发过程的启动。规划阶段的主要任务为定义开发项目的商业目标、关键假设和限制条件，并包括对技术开发和市场目标的评估。

（二）新产品构思

新产品的开发工作始于产品构思，即寻求一种能够满足某种需要或欲望的产品，

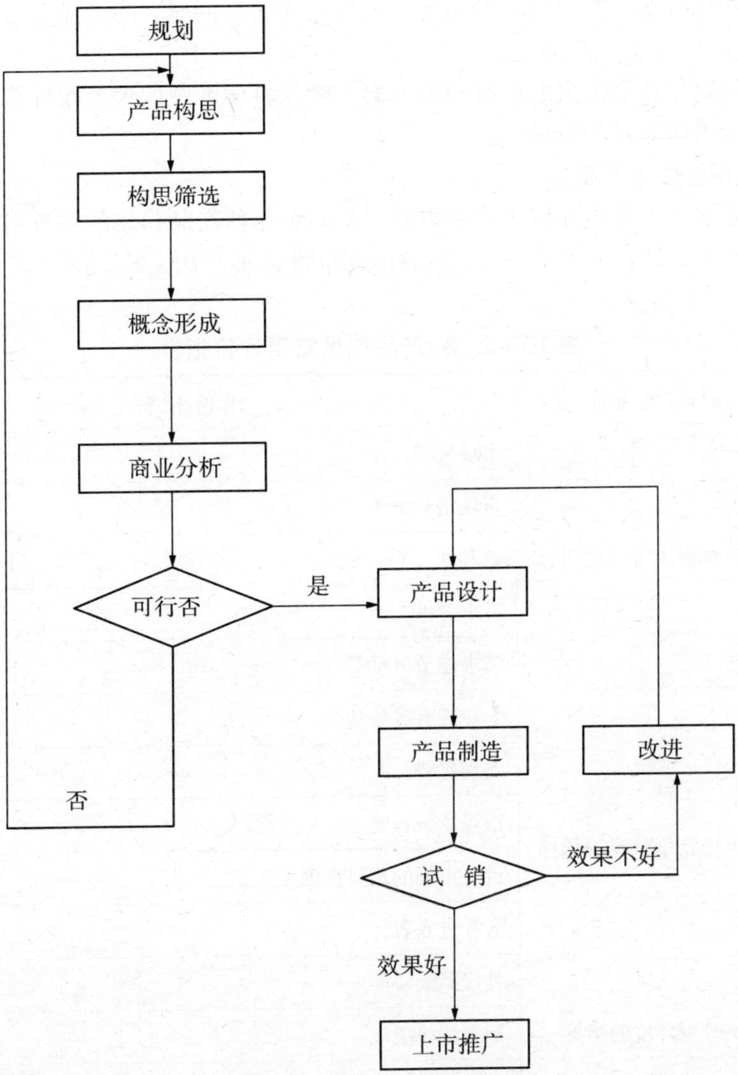

图 10－2　新产品开发流程

企业在研究消费者需求的基础上，对准备向市场推出的可能产品加以研究、发展。构思是创造性思维，是对新产品进行设计或创意的过程。

新产品构思的来源很多，企业内部人员是产品构思的重要来源，其中企业研发部门是新产品构思的主力军。新产品构思的信息来源也可来自企业外部，包括顾客、分销商、竞争对手、企业外研究发明人员、市场调研咨询公司等。

（三）筛选构思方案

征求到创新的多种新产品构思方案后，还要运用一系列的评判标准及科学的评价方法对各种构思进行比较分析，从而对各构思进行抉择和取舍，以得到最可能成功的构思。新产品构思筛选是对大量新产品构思的一种初步可行性分析，其目的是去莠存良，在大量构思中，剔除开发价值不大，甚至有可能给企业造成损害的构思，留下开发价值大的构思方案，并对留下的构思进行修改完善，同时，为产品开发的后续工作提供指导。

要成功筛选出最有价值的产品构思方案，确立科学客观的评价指标体系并采用科学客观的评价方法是重要前提。

1. 评价指标体系的确立

由于企业实力、竞争环境等情况不同，不同企业新产品构思的评价指标体系也会有所不同，评价方法也有差异，可供选择的评价指标如表 10－2 所示。

表 10－2　新产品构思常用评价指标

序号	指标评价类别	评价指标
1.	反映市场需求情况的指标	市场规模
2.		市场增长潜力
3.		营利性
4.		需求弹性
5.		需求季节波动等
6.	反映市场竞争状况的指标	企业现有竞争地位
7.		差别优势
8.		市场竞争程度
9.		进入市场的难易程度
10.		潜在进入者
11.		替代品威胁等
12.	反映政策环境的指标	相关法律法规
13.	反映企业新产品开发资源条件的指标	公司是否有或能以合理成本获得开发新产品的资本
14.		公司是否有或能以合理成本获得开发新产品的技术
15.		技术的专有性
16.		新产品生产所需原材料供应是否充分
17.		公司是否有必需的分销能力
18.		企业现有生产能力是否可满足产品生产
19.		是否符合公司经营战略
20.		研发推广时机是否有利
21.	其他指标	……

2. 筛选方法

新项目构思筛选方法也有很多，常见的有加权评分法、对比排序选择法等。

（1）加权评分法。就是先确定每项评价指标的分值和权重，然后对每个构思的每项考核指标进行打分，最后算出加权平均分，分高者留下，分低者淘汰。

（2）对比排序选择法。首先，找出每个构思的不利点与有利点。其次，将各个不利点按由较差到很差的顺序进行排列，同时将各个有利点按较好到很好的顺序进行排列。最后，将各项构思的不利点与有利点进行比较，选择有利点明显强于不利点的构思。

这种筛选方法有较大的主观性，对于如何寻找不利点和有利点以及如何进行排序这样一些关键问题主要依靠个人的主观判断，所以，这种评价方法有一定的局限性。

（四）产品概念建立及测试

产品概念是指对产品形状、功能和特性的专业性描述。可以说，产品构思是从厂家的角度上讲产品的可能设想，而产品概念则是以消费者的观点对新产品构思的详尽描述，包括产品的名称、功能用途、形状特点、价格与消费利益等。

例如，“开发一种有香味的洗发水”是一个新产品构思。而根据这个构思具体化的新产品概念可能是：“柔姿”全新48小时留香型去油洗发水，玫瑰、草莓、西柚香味可选择，特别适合油性发质消费者，富含BHA去油因子，彻底清除头皮肌肤灰尘，只需12天，就能让秀发神采飞扬，独特留香技术，尽显独特品位，发动，心动。在这个产品概念上，我们可以看到五类信息，包括：

（1）功能诉求：48小时留香，彻底清除头皮肌肤灰尘，只需12天。

（2）精神诉求：尽显独特品位，发动，心动。

（3）特殊认知点：玫瑰、草莓、西柚香味。

（4）功能支持点：含有BHA去油因子。

（5）品牌信息：柔姿。

概念开发阶段是开发新产品过程中最为关键的阶段，目的在于把产品构思转变为顾客乐于接受的物质特征的实际产品。新产品概念的提出不是闭门造车，而是针对市场机会的量身定做。

新产品概念形成后，必须选择一定的消费群进行新产品概念测试，所选测试对象应对将来新产品目标市场有较高的代表性。新产品概念的测试主要是了解消费者对新产品概念的反应，包括新产品概念的可传播性和可信度、潜在消费者对新产品概念的需求水平、消费者对新产品概念的认知程度、消费者购买意愿、购买场合及频率等，受测者应避免是新产品开发团队成员。

以LED球泡型照明灯为例，假定新产品开发人员考虑了3种设计要素：

（1）两种产品外壳：透明PU罩、磨砂PU罩。

（2）两种功能诉求：省电、护眼。

（3）两种光线颜色：正白、暖白。

以上3种要素进行组合，可组成8种产品概念：

表 10－3　范例：新产品概念组合

序号	产品外壳	功能特点	光线颜色	受试者评价排序
1.	透明	省电	正白	
2.	透明	省电	暖白	
3.	透明	护眼	正白	
4.	透明	护眼	暖白	
5.	磨砂	省电	正白	
6.	磨砂	省电	暖白	
7.	磨砂	护眼	正白	
8.	磨砂	护眼	暖白	

测试时，可以让消费者对所有产品概念进行排序，排名越前，说明消费者对此产品概念的接受度越强。

（五）商业分析

对于经测试确认可被市场接受的新产品概念，需要进一步明确新产品进入市场的市场营销战略，评价该产品在商业上的吸引力，也就是评价新产品的经济可行性。商业分析的主要任务包括两大项，一是拟定新产品营销计划，二是评估新产品经济效益。

1. 拟定初步的营销计划

在确定产品概念后，企业需要拟定产品导入市场的初步计划，以明确新产品营销的方向，该计划在以后的发展过程中还要不断调整优化。

2. 评估新产品的经济效益

在初步确定营销计划的前提下，评估新产品概念的未来销售额、成本和利润，从财务上进一步判断其是否符合企业目标，包括对市场规模、销售量的预测、成本费用、利润、风险的评估。

（六）开发研制

经过市场分析后，产品由概念进入实际研制过程。新产品开发研制包括产品功能设计、结构设计、装配调试、测试改进等几个步骤，这一阶段企业要试制出新产品样品或实体模型。一般来说，样品生产要经过设计和实验、再设计和再实验的反复过程，还要进行品牌的包装设计，一直到符合生产和市场营销的要求为止。若是实体模型，既要具备产品概念中所描述的特征，又要以经济的成本和可行的技术制造出来。

（七）市场试销

产品样品经过实验室试验后，还要经过消费者或用户的试用，以帮助企业进一步修改产品设计，确定新产品是否值得投入市场。通常将试制产品提供给偏好用户试用，以获得用户对产品的修改意见；也可以选择广告、分销、竞争、用户等市场环境因素与新产品目标市场接近的小范围市场进行新产品试销。

（八）正式上市

试销成功的新产品，即可以批量生产，正式推向市场。正式上市必须做好周密的上市推广策划，明确上市时间、上市地点、目标市场，制定价格策略、分销策略以及详尽的推广方案，以达到预定的新产品上市推广目标。

四、新产品上市推广策划

（一）确定新产品上市推广目标

这是新产品上市首先要明确的任务。新产品上市策略与活动策划要以此为依据配置资源，制定预算，决定推广活动力度与强度。新产品上市目标的确定，既要有一定的鼓舞性和挑战性，能够激发营销人员的士气和斗志，同时也要建立在科学分析与客观判断市场容量的基础上，具有一定的可行性和现实性。

一般来说，新产品上市推广的目标可以包括以下方面：

(1) 销售增长率达到多少。

(2) 市场占有率达到多少。

(3) 产品获利能力达到多少。

(4) 品牌知名度和美誉度。

(5) 提升企业美誉度。

(6) 产品形象的树立。

(7) 营销渠道的优化等。

（二）进行新产品市场定位

通过产品整体规划与定位分析研究，明确上市新产品的目标市场与市场定位，确定上市新产品的功能性能、质量水平与价格档次，明确所采取的品牌名称与品牌定位，设计不同目标市场中产品的卖点。

1. 何为产品卖点

所谓卖点就是产品能吸引消费者的独特利益点，任何产品应该向消费者传播一种主张、一种忠告、一种承诺，告诉消费者购买产品会获得何种利益，这种主张应是竞争对手无法提出或未曾提出的，这种主张应以消费者为核心，易于理解和传播，具有极大的吸引力。

2. 产品卖点策划的步骤

(1) 分析产品整体概念。

(2) 找出核心消费者。

(3) 市场定位。

(4) 提炼卖点。

3. 产品卖点策划的思路

(1) 从产品层面提炼核心卖点。即从产品的核心概念出发，发掘并强调产品本身或由产品延伸开来的优势或差异。这种策略主要是建立在产品功能或机理的与众不同上，也可以是大家共有但别人没有注意到都没有说过的产品特性。

如，农夫山泉——有点甜；

在所有洗发水都在诉求“去屑”时，飘影提出了“去屑不伤发”的卖点，独树一帜；在所有六味地黄丸诉求“补肾”时，九芝堂提出了“治肾亏，不含糖”的卖点；

当方便面都在宣传量大味道好时，五谷道场提出了“非油炸”的独特卖点；

乐百氏纯净水提出的“27层净化”；

娃哈哈推出的葡萄糖酸锌饮料（锌爽歪歪）的“吃饭香”；

三精补钙口服液——“吸收是关键”。

(2) 从品牌层面提炼核心卖点。上升到品牌的高度，揭示一个品牌的精髓和核心价值，并通过强有力的、有说服力的手段来证明它的独特性。例如，猫人内衣的“随身随性”，从产品层面的“保暖功能”提升至品牌层面的“时尚”、“性感”、“舒适”层面。

(3) 从社会观念里寻找核心卖点。某种情节、人生、健康、运动、爱情、生活方式，甚至是战争、种族平等，都可以成为产品的卖点。

例如：立波啤酒——“喜欢上海的理由”；

白兰氏——“积累多一点，健康也”；

乐百氏纯净水——“爱像水一样纯净，情像水一样透明”；

孔府家酒——“孔府家酒，叫人想家”；

南方黑芝麻糊——“一股浓香，一缕温暖”。

（三）制定新产品推广战略规划

新产品上市要想取得成功，不是简单地做广告，搞促销就能达到目标的，新产品上市推广是一项复杂的系统工程，企业应事先制定周密的战略规划，整合企业的各种资源和各种不同的营销手段、营销方法，利用各种传播媒体，进行立体化营销。新产品推广战略规划通常包括近期、中期、远期三个递进的阶段目标以及达成目标的主要手段和方法。战略规划是统领新产品上市推广工作的行动纲领，是制定新产品推广具体行动方案的指南。

表10－4　范例：新产品推广战略规划表

阶段	时间跨度	推广范围	推广目标	主要推广手段
近期	××年×月～××年×月			
中期	××年×月～××年×月			
远期	××年×月～××年×月			

（四）策划新产品上市推广的具体行动计划

1. 确定新产品上市时机及进度

新产品上市不仅要考虑产品需求和销售季节，还要视企业研发生产与销售的能力与节奏、整体市场与产品推广的时间和节奏、现有产品的存量、消费者对产品的认知和接受程度以及竞争对手的情况等多种因素来决定。新产品上市时机策略选择如表10－5所示。

表10－5　新产品上市时机策略

上市时机	先于竞争者上市	同于竞争者上市	迟于竞争者上市
优点	潜在竞争对手的条件尚未成熟，先期上市的企业可以“先入为主”，在市场上确立自己的领先地位	与竞争者共同承担风险，共享利润成果	让竞争对手进行消费者观念转化和培养工作，从竞争对手的经验或教训中获得市场开拓的参考借鉴，新产品上市的风险由竞争者承担
缺点	企业需要花较大的资源用于消费者教育培养，需要较大的广告投入，而受益者却包括其竞争对手；先行上市也易招致跟随模仿，企业需要实施周密策略提高壁垒	与竞争对手针锋相对，竞争较为激烈	一旦先行上市的竞争对手在市场上稳固了自己的竞争地位，后入者只能以尾随者的形象出现，不利于自身品牌形象的树立
实施条件	企业拥有别人不易模仿的专有技术或特殊资源	企业拥有较强实力，或有独特推广策略可在激烈竞争中脱颖而出	消费者对新产品的认知和接受度不高，用于消费者教育的费用较高，而企业资源有限
案例	Intel公司不断推出新CPU，成为CPU技术绝对领导者	统一和康师傅同时推出绿茶饮料，针锋相对，展开竞争	娃哈哈公司在三精药业花费大量广告宣传其“三精牌葡萄糖酸锌口服液”，使“葡萄糖酸锌有益儿童生长健康”的理念深入人心后，推出其竞争产品“锌爽歪歪”儿童饮料，直接以“吃饭香香”为卖点，抢夺市场

2. 确定新产品上市区域

这需要根据企业资本实力、销售能力、生产能力等因素综合考虑，也要考虑产品定位、当地消费者消费理念、收入水平、购物习惯、渠道状况、竞争企业的经营状况、竞争品价格及促销方式，常用的上市区域策略如表10－6所示。

表10－6　新产品上市区域策略

序号	新产品上市区域策略	适用条件
1.	全国市场同步上市	公司资金雄厚、人力充足、拥有全国性分销网络和大量生产能力，产品又在全国普遍适用
2.	先在本地上市，稳定市场后，再逐步向其他地区扩展渗透	资源有限的中小企业
3.	按各地消费能力差异分批上市	产品的需求存在差异

3. 新产品上市通路策划

（1）新产品通路形式选择如表10－7所示。

表10－7　新产品上市通路策略

序号	通路策略	适用条件	使用原因
1.	按原来的销售渠道进行销售，不必进行太多新渠道规划和设计	改进型新产品、系列型新产品和降低成本型新产品等	既可以节省新产品上市的时间，加快新产品上市的速度，也可以进一步推进与原来渠道的合作，巩固和强化与原来渠道的关系
2.	参照或模仿竞争对手的销售渠道上市	跟进竞争对手的模仿型新产品	借鉴他人经验，节约通路设计、建设的时间，降低通路运行中的磨合成本
3.	重新策划和设计上市通路和销售渠道	全新产品和重新定位新产品	沿用原来的通路渠道的可行性较低

（2）选择分销商。包括分销商的类型、代理商与经销商的选择等。零售商是产品销售环节的最后一个节点，是消费者接触、购买产品的最主要场所，因此，零售商的选择对新产品的推广起着重要的作用。百货商场、超市、便利店、士多店、药店等都是常用的零售商形式。

（3）销售通路建设的时间进度安排。产品在各区域的商超、批发、零售渠道进行铺货，确定具体的目标商家，明确各地在什么时间达到多少铺货家数和铺货率。

铺货率指的是在所在市场区域中，已经铺入本企业产品的零售商占所有目标零售商的比率。

铺货一定要与促销紧密配合，而很多企业在实际操作中铺货与促销脱节，错失了大好良机。

脱节的第一种表现是——企业花了大量心力进行高密度的广告宣传，并通过派样、试吃、路演等消费者活动提高了新产品的知名度和初次尝试购买率，铺货却跟不上，使得消费者无从购买。这种“广告先行”的推广策略有时被厂商精心操作，也可以产生类似“持币待购”的特殊效果，比如苹果公司的 iPhone 系列手机的上市推广，就是采用此种方法，效果显著。一般而言，此种方法适合那些单价较高，不易形成重复购买且产品或服务有明显差异化领先优势，也已形成一定范围的品牌粘性的企业，在绝大多数情况下，这种方法的风险是很大的，特别是快速消费品，同质化水平高，购买参与度低，想要消费者“持币待购”简直是不可能，这样一来，庞大的广告花费就只有付之东流了。

【案例 10 -2】

“第五季”的上市推广

健力宝集团的“第五季”新型饮料上市推广的失败就是一个典型案例。“第五季”是健力宝集团 2002 年 5 月推出的新型饮料，借助世界杯开赛，“第五季”通过高频率的电视广告以及零售终端大面积的品牌概念店、标准店的建设，辅以海报、吊旗、店招、遮阳伞（篷）、宣传单张、灯箱广告宣传迅速提升了产品的知名度，树立了品牌形象。但是，“第五季”的广告大量投放，产品见货率却与之严重脱节，广告投放几个月，除了中南市场，其他大部分市场基本见不到货。消费者在广告效应后寻找产品时，并未见货，错失了广告效应后的销售良机，终端铺货跟不上，造成广告浪费，打击了消费者的积极性。

（摘自 http：//wenku. baidu. com. 深度分销对于快速消费品的重要性）

脱节的第二种表现是产品已经铺向市场，可各种促销活动却迟迟不见踪影。有的企业，产品铺货相当到位，而广告宣传及消费者活动却迟迟没有到位或没有展开，造成终端“拉力”和消费者拉力不足，货物摆在货架上，乏人问津，造成“滞销”局面，这也会打击经销商的重复进货意愿，给以后的产品推动带来更大障碍。

4. 新产品上市的广告与促销策划

（1）新产品上市广告策划。

新产品上市广告策划包括：

1）新产品广告诉求主题、广告的定位；

2）确定广告投放媒体；

3）广告创意；

4）广告制作完成进度；

5）广告投放时段和区域、投放频率及投放时间跨度；

6）各种广告宣传品、助陈物的样品和投放区域、方式及投放次数；

7）POP 广告、DM 广告能否和产品发货上柜展示同步；

8）广告费预算及广告效果监控机制。

（2）通路促销方式策划。

新产品上市，通路进货、铺货是销售工作的起点，如何能够使通路中商户们心甘情愿地进货，并出让他们仅有的柜台空间，摆放新产品，通路促销是一个有力的武器。常用的通路促销方式及适用范围见表 10 -8。

表10－8 常用通路促销方式及适用范围

促销形式	活动内容	活动目的	活动适用范围
经销商新产品订货会	邀请目标经销商参会，通过新产品的演示介绍、现场订购的优惠政策，鼓励经销商现场订购	迅速取得大量订单	①迅速铺进经销商网络，营造全面上市气氛； ②取得大量订单，迅速回笼资金； ③上市订货会费用较大，一般用于战略性新产品的上市
经销商价格折扣促销	经销商进货达到一定级别后给予直接的价格折扣或搭赠	刺激经销商大批购买，建立必要的通路库存，以备产品向下游客户的持续推动	①新产品优势不明显，利用价格折扣促销，增大订单量； ②新产品上市阶段，竞品也有新产品推出或正在举行通路促销活动，本品当加大折扣力度和竞品抢资金
经销商销售竞赛	制定一系列具有“挑战性”的销售目标，同时附有“极具吸引力”的经销商奖励方案，鼓励经销商积极销售本企业产品	提高通路经营者对产品销售的配合度，努力建立经销商对产品经营的忠诚度	采用“大经销制”的企业，销售主要依赖于经销商的业务系统，直营能力很弱，销售占比很小，新产品的上市推动及后续发展主要依靠经销商
批发商订货会	一般由公司组织、在经销商门点实施的、面对批发户的短期订货活动。通过设定不同提货数量级，给予大小不等的奖励，来吸引批发商积极提货	刺激批发商积极提货，加快新产品销货，加快存货周转，从而加快新产品在批发通路铺货	经销商进货量较大，产生库存压力
批市陈列奖励	选择门点有堆箱空间且位置较好的批发户，按公司要求堆放一定数量的产品或空箱，并保持1～2个月，经过公司专人不定期检查监督，合格者公司将给予一定奖励	营造出新产品上市的“铺天盖地”的气势，增加经销商经营信心，增加零售商选择新产品的可能性	①批发市场是零售商主要的采购场所； ②消费者在批发市场的购买率也比较高； ③辐射型的批发市场，可以向其他地区客户沟通产品上市信息
零店铺货奖励	为鼓励零售商进货而给予的额外赠品或好处	促使新产品顺利进入零售终端，迅速提高铺货率，尽快让消费者看得见、买得到	①由于产品零售利润较低，预计零售店进货意愿不高，在新产品铺货时直接给予奖励； ②产品上市一段时间，但铺货率持续较低； ③竞争品牌同期进行，有同类新产品上市，必须先发制人，强占零店库存

续上表

促销形式	活动内容	活动目的	活动适用范围
随箱附赠刮刮卡	是在产品包装箱内放置刮刮卡，零售店销货同时取得刮刮卡，以刮卡中奖的方式来促进零售店销货的促销方法	可提升零售店提货积极性，加快新产品销货，巩固零店铺货率	新产品上市后，铺货率已达要求，但利润对零售店无吸引力，销售积极性不高，形成零售通路新产品销售不畅的局面。同时，铺货率有一定幅度的波动
零店陈列奖励	选择繁华街道集中区的零售店，要求店主按照公司规定的标准进行陈列	进一步降低铺货难度且促进在陈列期内店主积极进货，保证铺货率	新产品在广告、价格上无明显优势，铺货有一定难度

（3）终端促销方式策划。

终端促销是针对终端用户即消费者进行的促销活动，目的是让消费者对新产品尽快认知、了解、产生兴趣，产生试用性购买、回购，到最后认可并忠诚使用。常用终端促销方式及适用范围如表 10－9 所示。

表 10－9　常用终端促销方式及适用范围

序号	促销形式	活动内容	活动目的	活动适用范围
1.	样品派发	在确定的时间、地点，将新产品样品免费派发给目标消费者。其中有两种基本的操作方式，即“入户派样”及“随机拦截式派样”。随机拦截式派样多选择商场内外、闹市街头作为派样地点，其虽然操作简单但因派发对象的随意性而效果较差	直接实现消费者对新产品的初次尝试。样品派发是最有效的也是最昂贵的介绍新产品的方式	①新产品有“创新性”，容易被消费者接受。如产品有新用途、特殊目标消费群、全新的品牌等，上市铺货时就应考虑进行样品派样； ②有足够的促销费用支持
2	折价券	厂家通过邮寄或在外包装及平面媒体中附赠“折价券”，持有它的消费者在购买产品时可享受规定的价格优惠	提供“可量化”的价格刺激，诱导消费者对新产品的早期使用	①主要竞争者已经推出了与新产品近似的产品； ②新产品对消费者的利益点不突出，没有绝对优势； ③消费者对产品的价格敏感度高
3.	集点赠送	告知消费者在一定时间内购买了一定数量的新产品后，凭购买“证据”兑换相应奖品	鼓励消费者的持续性购买	①新产品上市后其利益点没有让消费者充分认知，初次使用者已足够，但回头客及客户购买频次偏低； ②产品适合重复性购买

续上表

序号	促销形式	活动内容	活动目的	活动适用范围
4.	有奖销售	针对有购买行为的消费者进行的竞赛、抽奖或游戏活动 ①消费者竞赛（征文比赛、广告语征集等，给予奖励）； ②抽奖（回函抽奖、现场抽奖）； ③中奖卡（直接将“中奖卡”、“刮刮卡”投放在产品包装内）； ④现场游戏（幸运大转盘、猜字、飞镖、翻牌等等）	吸引消费者购买，因为它的奖励通常比“集点赠送”或“购买赠品”价值要高得多，更能引起人们的注意	①消费者有强烈的投机心理； ②新产品消费群有喜欢参与社会文化活动的特质； ③消费者对企业的活动组织能力、信誉评价较高； ④企业不愿意用价格促销吸引消费者，希望能同时提升企业形象
5.	免费试用、试吃	有组织地邀请目标顾客来活动现场，试用产品或品尝	充分展示产品包装、规格、口味、功能等特色，并通过有组织的试吃、试用形成消费者初次尝试，为其购买行为扫清障碍	①产品在功能上有独特性必须实际使用或品尝后才能感受到； ②必须有足够的促销资源支持； ③厂家对产品口味、品质有足够的信心
6	订购促销	消费者一次订购一个周期的用量，取得厂家给予的赠品奖励	目的在于短期内快速形成销售订购，培养新产品固定消费群	每天都要使用的必需品，如牛奶、服务等
7.	终端陈列	就是将产品到达消费者面前的展示行为	充分展示产品包装、规格、设计格调等，直接加深消费者对产品的感官认识	可通过零售终端进行销售的产品
8.	新产品专题 Road Show 活动	围绕新产品上市，面对消费者进行的大型户外综合性产品推广和介绍活动。它可能由文艺表演、现场游戏、产品介绍及产品试用等多项内容组成	因为 Road Show 促销的规模较大、费用较高，其活动参与的人数、影响人数都远远大于特卖、试吃等其他现场活动，因此常被当作新产品上市活动的“前奏”，主要用来“吸引人潮”，也是形成消费者拉力的重要组成部分	①企业有较多的促销资源； ②在促销的同时还想提升企业形象； ③消费群（学生、年轻的上班族）有喜欢参与户外活动、集会的特征

5. 撰写新产品上市推广策划书

最后，应将策划方案整理好，以书面形式提交给有关部门。营销策划书的基本撰写规范见本书第二单元，这里需要强调的是，新产品上市推广，是一项复杂的系统工程，在撰写策划书时，要立足新产品上市推广整体战略，将每个阶段的推广计划、每个计划之间的关联交代清晰，注意叙述的逻辑性，并注意以下要点（如表 10－10、表 10－11 所示）。

表 10－10　常用通路促销策划方案撰写要点

促销形式	策划方案撰写要点
经销商新产品订货会	①明确活动目标； ②确定经销商参会人数； ③精心设计会议议程：签到时间、大会开始、领导致辞、产品介绍演示、观看广告片、参观新产品展示、宴会、订货结果宣布、订货状元评奖、文娱节目、会议结束时间、撤离酒店时间等； ④确定费用预算：主要开支项目包括会务费（包括住宿、宴会、会场租金、设备租金等），经销商路费、现场布置费用（展台布置、展板制作、大型喷绘、产品陈列架制作、彩旗、条幅、升空气球租金等），媒体报道费用（邀请电视台、电台、报纸人员费用以及录制制作费、播出费、刊登费、礼品等），临时人员劳务费； ⑤确定会议准备事项：确立订货会工作小组、通知经销商参会、联系酒店、会场布置要求、产品演示投影要求、新产品展台、展架及展板要求、彩旗、横幅、相关媒体；会议手册和订货单要求、样品申请、准备产品演示投影仪、电脑、广告带、屏幕、大量的 DM、海报、产品横幅、立牌、台牌、手提袋等； ⑥会议结束后的跟进：会议结束后，为避免或减少虚假订货，应有相应的跟进措施，督促经销商提货 注意：订货会后，业务代表应随即将经销商订货量与日常平均销量进行比较，发现差异较大订单，剔出进行二次订货追踪，避免虚假订单
经销商价格折扣促销	①明确活动目标； ②确定参加促销活动的客户范围、期间及产品； ③制定促销方案（设定不同的级别，不同规模和出货量的经销商应有不同的折扣额度，促销方案应公平合理，经权责部门核准后由销售部门通知相关客户） 注意：这种政策可以鼓励经销商大量进货，短期销量提升较快，但缺点是经销商进货量大，进货价就低，控制不好会做乱价格，做死市场，因此价格折扣的促销方式更适合针对代理商或“专销经销商”

续上表

促销形式	策划方案撰写要点
经销商销售竞赛	①明确活动目标； ②确定参加活动的客户范围、活动时间和产品，通常销售竞赛的周期都比较长，如半年或一年； ③确定销量目标； ④制定详细的竞赛规则、要求和考核方法； ⑤设计奖励方案，如“出国旅行计划”、“跑车计划”等等； ⑥设计“年度优秀经销商表彰大会”活动计划，将奖品、奖金等现场兑现 注意：活动时间不能设计得太短，奖品通常价值较高（如汽车、手提电脑、国外旅游计划等），难免会出现经销商为拿大奖而集中出货的情况，因此，活动方案设计时应考虑到这一点，设计对经销商的考核和跟踪检查机制
批发商订货会	①列明活动城市及持续时间； ②设定提货奖励等级：如50箱奖背包一个，100箱奖电磁炉一个； ③预算活动DM数量：印刷活动告知DM，向经销商辖区内所有批发户散发，并详细说明活动的办法、好处、参加时间等内容； ④设计活动现场布置要求：包括标语、POP、展板、奖品展示、活动工作人员促销服装等； ⑤活动现场工作流程确定：现场布置、奖品到位、讲解活动办法、展示奖品、发放奖品、登记出货状况； ⑥列清营业工作要点：如活动前后均要盘点经销商新产品库存，一可计算活动效果，二可控制活动进程，新产品库存消化将尽时结束活动
批市陈列奖励	①列明参加活动的城市和每个城市计划参与的批市摊位数； ②设定合理的堆箱数量，一般情况下，设计10～15箱的数量为宜，保证客户能够执行到位； ③列明陈列奖励政策； ④详细列明陈列标准，最好附图示
零店铺货陈列奖励	①确定铺货活动的城市及执行时间，铺货奖励通常是随新产品铺货行动同时进行； ②确定奖励办法，比如，进一箱赠一袋； ③确定奖励执行办法，一般由销售人员或经销商业务人员在新产品铺货时当即兑现； ④详细列明陈列标准，最好附图示
随箱附赠刮刮卡	①列明活动城市、每城市开展活动投放数量及持续时间，活动时间一般为1～3个月； ②设计奖品中奖率及奖励等级、奖品、刮刮卡每箱投放数量； ③设计印制DM及POP，列清使用数量；（一般在零店散发及张贴，可充分告知活动信息。） ④设立兑奖方案； ⑤确定投放时间

表10－11　常用终端促销策划方案撰写要点

序号	促销形式	策划方案撰写要点	策 划 建 议
1.	样品派发	①明确活动目标（为什么要进行派样活动）； ②确定派样产品（确定直接用产品还是专门制作“派样包”）； ③确定派样方式（确定是“入户派样”还是“街头拦截式”派样）； ④确定派样对象（派样消费者特征，比如“18～35岁年轻女性白领”）； ⑤确定派样活动起始时间； ⑥确定派样地点； ⑦制作派样计划管控表（派样场次、数量、时间的计划）； ⑧预算	① 当新产品单价较高时，一般应制作专门用于派样的“试用装”，以降低成本； ② 在入户派样中“确认派样地点”最为重要，派样的对象必须符合目标消费群的特征； ③派样要有一定规模才能产生效果； ④ 派样前2～3天要在家属区贴海报告知派样信息并在居民区选择位置十分醒目的商店，协商做成陈列示范店；要保证派样结束同时，该小区附近商店的新产品铺货率100%
2.	折价券	①明确活动目标； ②确定活动起始时间； ③确定活动区域； ④确定活动规则； ⑤确定活动告知信息； ⑥确定折价兑付流程； 典型的“折价券兑付流程”为： ——消费者凭折价券在零售店再次购买 ——零售店凭折价券向批发商退还差价 ——批发商凭折价券向经销商退还差价 ——经销商清点所有折价券在活动结束后向厂家退还差价或冲抵货款 ⑦预算	①一般应在新产品上市前的包装设计中确定； ②折价优惠的幅度一定要有足够的“吸引力”，根据新产品的营利水平的不同，10%～30%的优惠是一个可参考的指标； ③经销商是否配合对实施此活动至关重要，试想消费者拿着折价券到零售店购买，店老板拒绝给予“优惠”怎么办？所以，差价结清制度的设计合理与否很重要； ④厂家的通路掌控能力弱或者新产品零售价格混乱的情况下禁用折价券促销
3.	集点赠送	①明确活动目标； ②确定活动起始时间； ③确定活动区域； ④确定集点赠送的游戏规则及兑换流程；（比如，“收集包装袋5个，送产品一包，多集多送！兑换截止时间：2012年5月1日”）； ⑤确定赠品兑换点； ⑥设计促销活动宣传方式（包括包装、报纸、电视及店内外的POP）； ⑦预算	①策划时，必须考虑如何将兑换活动充分告知，否则再诱人的“赠品”也会无人喝彩； ②“集点赠送”的促销活动有两大难题：一是害怕赠品没有吸引力、活动告知不充分，造成活动参与率低，起不到“鼓励持续性购买的目的”；二是害怕活动反响太大，场面过于火爆，但由于兑换点数量不足、奖品断档或兑换点配合度不够，产生大量的消费者投诉

续上表

序号	促销形式	策划方案撰写要点	策划建议
4.	有奖销售	①活动目的； ②活动方式； ③奖项设置（比如：一等奖 1 名，奖“西欧 10 日游”；二等奖 5 名，奖“新马泰 7 日游”；三等奖 100 名，奖旅行包 1 个；纪念奖 10000 名，奖新产品 1 包）； ④中奖比率计算（比如，假定该产品在促销期间预估销售 10 万包，那么以上各奖项的中奖率分别为 1/100000、1/20000、1/1000 和 1/10）； ⑤活动起始时间； ⑥活动区域（在哪些城市、大区开展或投放有促销活动的产品）； ⑦设计促销包装（含有有奖销售活动的告知信息）； ⑧设计奖品兑换流程； ⑨预计销量（将以此计算中奖率及评估促销活动的效益）； ⑩活动预算	①中奖率的高低直接决定了有奖销售成败，“中奖率高”则可能成本太高，“中奖率低”一直是有奖销售活动中造成消费者抱怨的主要原因； ②奖项设计的总原则是：大奖不必多，但要足够大——提高活动吸引力，小奖不嫌小，但要足够多——提高覆盖面； ③奖品如何兑现往往是最大的难题尤其是众多小奖，可考虑运用现有的销售网络，让消费者就近领取； ④可到当地工商行政部门进行备案或提交公证机关申请公证，千万不要认为一句“保留本次活动的最终解释权”就可以高枕无忧了，企业对整个活动方案的每一个细节一定要慎重考虑，防止真出现消费者大面积投诉
5.	免费试用、试吃	①明确活动目的； ②确定活动产品； ③确定活动地点； ④制定试用活动工作流程； ⑤制定试用活动安排进度表（包括地点、时间、场次）； ⑥列明配套设备（产品、试吃台、化妆台、椅子、POP、陈列架、展示架、宣传单、电视及放像设备、广告录像带、促销人员服装等等）； ⑦费用预算； ⑧效果预估	①根据产品特征不同选择居民区、写字楼、卖场内外、学校，比如，儿童食品的试吃就应该选择学校门口附近的零售店进行，而化妆品的试用活动就应该选择商店、超市的化妆品柜台附近； ②试用、试吃活动现场一定要配合卖场的特卖活动，至少促销员要告诉消费者被促销的新产品可以在哪里买到
6	订购促销	①活动目的； ②活动时间、地点； ③设计活动方式：设定订购价格、赠品和取物卡，以及举办地点等； ④选择批发户/零售店作为社区活动点，定点领取产品（以下简称为协议户）； ⑤设计活动信息发布内容及途径：提前三天发布活动信息； ⑥现场布置设计：活动 POP、太阳伞、展板、办公桌、产品陈列等； ⑦活动流程设计（讲解、收款、发赠品，并开具取物卡、登记活动销售、赠品发放等情况）； ⑧明确结算方式（以便与协议户结算，开始用户每日领取工作）	一般订购活动要持续三到五天，保证一个社区的消费者能够订取足够的销量。活动时间太短，部分持观望态度的消费者难以参与

续上表

序号	促销形式	策划方案撰写要点	策划建议
7.	终端陈列	①说明活动目的； ②列明活动时间； ③确定适宜的陈列终端； ④设计陈列现场布置要求； ⑤现场POP的设计要求； ⑥预算	①争取最大陈列面积，以增加产品和消费者的接触机会； ②陈列区域保持整齐，避免破损产品； ③保证单一品种有足够的陈列面积； ④引起消费者注意； ⑤体现和提升品牌形象； ⑥最准确地拦截目标消费者； ⑦与同类产品的合理化比较（将自己的产品放到同一档次及类型的区域里可以形成品牌、品种、价格等与其他同类产品的合理比较，避免非同类产品的不合理比较）；
8.	新产品专题Road Show活动	①交代活动目的和背景； ②明确活动沟通对象（学生？上班族？20～30岁的女性？）； ③设计活动主题（比如“××擂台赛”、“××流行风”等等）； ④确定活动时间； ⑤确定活动地点和场次； ⑥确定活动内容（试吃、特卖、表演等）； ⑦明确场地布置要求； ⑧设计活动标准流程； ⑨活动效果预估； ⑩活动预算； ⑪附件（包括活动现场效果图和活动现场制作物及设备清单）	①活动主题一定要简单、鲜明，有号召力，大型的Road Show活动往往可以起到很好的广告宣传效果； 活动主题的选择： 一是反映新产品的特点； 二是简短、易于上口； 三是要表现Road Show活动的基本内容。 比如康师傅“煮面”上市时就采用“煮王争霸赛”为活动主题。 ②制定详细的标准化作业流程并严格督导实施（如表10－13所示）。 ③场地位置选择要慎重。场地太偏、太小、太大都不可取。场地太大会聚不起人潮效应，且难管理、难控制，太小易出现人群拥挤，活动无法展开。 ④舞台节目要围绕产品，不能自说自话，人潮虽有，但广告、促销效果没到位就没意义。 ⑤游戏设置难度适合目标消费群

五、新产品上市策划特别注意事项

（一）时间衔接与进度把握

产品研发、生产、运输、发货、进店、铺货、上架上柜及广告创意、制作、发布的时间与工作进度要衔接把握好，避免脱节、耽误时间，影响上市推广节奏和效果。可以通过新产品上市阶段工作掌控表（如表10－12所示）把握时间进度。

表10－12　新产品上市阶段工作掌控表

工作项目	负责部门	负责人	时间进度								
			1周	2周	3周	4周	5周	6周	7周	8周	9周
上市计划提交核准	企划部										
产品上市最终确认	企划部										
广告策划完成	企划部										
广促品完成	企划部										
促销活动确认	企划部										
新产品进店前期准备	销售部										
批量生产所需原材料到位确认	采购部										
批量生产	生产部										
上市说明	企划部										
大众媒体投放	企划部										
广告宣传品、促销品运送至市场一线	企划部										
产品送至市场一线	物流部										
执行上市计划	销售部										

表10－13　范例：新产品Road Show流程控制表

项目序号	工作事项	负责单位（人）	完成时间	配合单位
1.	舞台搭建	场地组/公关组	9:00	卖场、市容
2.	音响、电视等电器到位	设备组/公关组	9:30	卖场
3.	产品堆箱陈列完成	促销组	10:00	
4.	试吃台、特卖台、广宣品到位	促销组	10:00	

续上表

项目序号	工作事项	负责单位（人）	完成时间	配合单位
5.	检查OK准备开始	组长	10:30	
6.	主持人开场白，试吃、特卖开始	主持人	10:30	卖场
7.	表演1	表演组	10:45	演员1
8.	游戏1	主持人	11:15	
9.	产品简介	主持人	11:30	
10.	表演2	表演组	11:45	演员2
11.	游戏2	主持人	12:15	
12.	产品简介	主持人	12:30	
13.	午间休息（试吃、特卖继续）	促销组	13:30	
14.	主持人开场白	主持人	13:45	
15.	表演3	表演组	14:00	演员3
16.	游戏3	主持人	14:30	
17.	产品简介	主持人	14:45	
18.	表演4	表演组	15:00	演员4
19.	游戏4	主持人	15:30	
20.	产品简介	主持人	15:45	
21.	循环16～20	各组	17:45	
22.	主持人总结，向消费者致谢	主持人	18:00	
23.	试吃、特卖停止	组长	18:00	
24.	整理所有物品、设备	各组	18:30	卖场
25.	各组长最后确认，结束	组长	19:00	

（二）新产品产销能力衔接

产品生产量、销售区域数量、销售渠道数量、销售终端数量、销售速度和数量以及广告投放量、公关促销活动的力度所能拉动的市场需求量要均衡一致。

（三）产品质量性能与技术服务保障

新产品上市由于技术和生产工艺还不十分完善，产品质量性能的可靠性、稳定性都可能存在问题。因此，新产品上市策划中必须考虑到产品性能与技术服务保障需要，安排研发、生产和技术部门的人员深入推广和销售一线，一旦遇上问题应能及时解决。

（四）企业资源的整合与营销传播的整合

上市推广过程中，需整合各个部门的信息出口，整合多种传播途径和传播媒体的信息内容，实现营销传播的整合。

第三部分　练习与思考

一、选择题

（1）当某化妆品公司调研人员提出为女性化妆品领域开发一系列新产品的想法经过公司管理层分析并决定采纳时，他们下一步的工作应该是（　　）。

A. 商业分析　B. 评价和筛选　C. 试销　D. 正式进入市场

（2）相对于纯平彩色电视机而言，液晶屏彩色电视机属于（　　）。

A. 全新新产品　B. 换代新产品　C. 改进新产品　D. 仿制新产品

（3）在原有产品中增加一个或几个产品大类，这种做法属于（　　）。

A. 产品延伸战略　B. 产品差异化战略

C. 扩大产品组合策略　D. 多品牌策略

（4）企业在原有产品的基础上部分采用新技术、新材料制成的性能有显著提高的新产品是（　　）。

A. 全新新产品　B. 换代新产品　C. 改进新产品　D. 仿制新产品

（5）在产品整体概念中最基本最主要的部分是（　　）。

A. 核心产品　B. 形式产品　C. 潜在产品　D. 附加产品

（6）当前市场竞争中，在产品整体概念中，最容易创新的部分是（　　）。

A. 核心产品　B. 形式产品　C. 潜在产品　D. 附加产品

（7）奈芮尔是淘宝网上的一家经营银饰品的一个非常成功的卖家，其经营的银饰不仅设计精美，它甚至可以应客户的要求，为客户提供在银饰上刻字等个性化服务，奈芮尔提供的这种服务，属于整体产品概念中的（　　）层次。

A. 核心产品　B. 形式产品　C. 潜在产品　D. 附加产品

（8）新产品上市推广的目标包括（　　）。

A. 提升品牌知名度　B. 提高购买率

C. 提高销售增长率　D. 提高品牌美誉度

（9）所谓产品卖点是指（　　）。

A. 产品所包含的能吸引消费者的独特利益点

B. 产品的独特功能

C. 商家赋予产品的某种独特概念

D. 产品的独特包装

(10)“省电 30%”是格力空调的产品卖点，这是从（　　）层面提炼产品的卖点。

A. 产品　　B. 品牌　　C. 社会观念　　D. 情感

(11)“先于竞争对手上市”的上市时机策略其有利点是（　　）。

A. 竞争对手多

B. 先入为主，容易在市场上确立领先地位

C. 可在市场上形成竞争壁垒，使竞争者不易进入

D. 不必承担消费者教育的成本

(12) 下列（　　）营销行为，利于提高铺货率。

A. 经销商价格折扣促销　　B. 零店陈列奖励

C. 零店铺货奖励　　D. 集点赠送

(13) 终端促销——“样品派发”主要的派样形式包括（　　）。

A. 入户派样　　B. 随机拦截式派样

C. 摇号派样　　D. 抽奖派样

(14) 下列哪些产品适合采用“订购促销”的促销方式（　　）。

A. 牛奶　　B. 美容消费卡　　C. 桶装水　　D. 空调机

(15) 下列哪些场所适合进行新产品上市推广 Road Show（　　）。

A. 商业中心广场　　B. 大型卖场门口

C. 超市内　　D. 大学图书馆门口

(16) 对新产品推广专题 Road Show 的主题设计的要求包括（　　）。

A. 反映新产品的特点　　B. 简洁、易上口

C. 能表现 Road Show 活动的基本内容　　D. 标新立异

二、判断题

(1) 产品质量是整体产品的核心。(　　)

(2) 构思新产品是企业研发人员的事，与其他人员没什么关系。(　　)

(3) 在评估新产品构思时，“创意新颖”是最重要的评价指标。(　　)

(4) 新产品构思有时转瞬即逝，所以，一旦有好的构想，应立即着手进行新产品的研发。(　　)

(5) 产品概念是从消费者的角度对新产品构思的详细描述。(　　)

(6) 早晨去公园晨练的老年人很多，因此，公园门前是老年保健品推广专题 Road Show 的有利场所。(　　)

(7) 铺货进度必须与广告宣传进度相协调。(　　)

(8) 由于消费者对新产品的认知和接受度不高，用于消费者教育的费用较高，因此，企业没有必要在市场上率先推出新产品，可以等竞争对手上市后，再尾随进入。(　　)

(9) 新产品推广就是开展各种终端促销活动。(　　)

三、简答题

（1）简述新产品开发策划的流程。

（2）试从整体产品概念的角度出发，分析苹果公司 iPhone 手机为何取得巨大成功？

（3）简述新产品上市推广策划的主要内容。

（4）试分析常用的新产品终端促销方式及适用范围。

第四部分　实战训练项目

——舒醒产品上市促销策划

一、实训目标

通过该项目的训练，使学习者熟练掌握新产品上市推广策划的基本方法，撰写规范的新产品上市推广策划书，并具备策划方案的现场通报能力。

二、项目背景说明

中华药业有限公司成立于 1915 年，是中国民族制药工业发端的标志。而旗下的“龙虎牌”是国内第一个规范的医药注册商标，到了 2000 年更成为“中国驰名商标”，成为上海医药界第一枚国家级品牌。公司生产的系列清凉油产品受到全球用户的好评。2010 年 4 月，公司推出提神醒脑外用新产品——舒醒 · 精华露，采用走珠包装，有多种香型，其全新的包装及使用方式，颠覆了传统清凉油的印象，适合年轻消费人群的时尚消费习惯，目前准备在上海、广州等大中城市地区上市。

三、实训要求

（1）以学生所在城市作为舒醒 · 精华露上市地点，在充分调研的基础上，进行上市推广策划。

（2）策划方案至少应包括对目标消费群的描述、上市时机、上市通路的设计、促销形式以及促销活动的设计等核心内容。

（3）以小组为单位完成策划书的撰写，并制成通报 PPT，进行策划项目宣讲。

四、实训步骤

（1）教师作为企业策划需求宣讲人，介绍项目背景和企业需求。

（2）3～5 人组成策划公司或策划小组，以策划小组为单位进行市场调研，讨论、收集资料、制定策划方案。

（3）教师指导各策划小组分析策划项目、学习相关知识点，进行资料收集。

（4）各策划小组共同完成项目策划任务，提交策划书，并制作 PPT，准备进行项目通报。

（5）教师选择若干个策划小组，对策划项目进行通报，条件允许可以召开模拟现场通报会。

（6）各小组对通报项目进行评价，再由教师进行整体评价。

（7）各策划小组根据教师的评价意见，修改完善方案策划和通报 PPT。

五、项目考核方式

学生互评、教师评价、专业人员评价相结合。

教师评分用表

被评小组：

序号	评分要素	分值	得分
1.	项目策划的完整性	10	
2.	项目策划的专业性、结构清楚程度	20	
3.	项目策划的可操作性	20	
4.	项目策划的版面美观设计体现项目元素	10	
5.	项目通报的着装、礼仪、姿态、分工合理	10	
6.	项目通报的讲解清晰、思路清楚、表达完整、有感染力	20	
7.	创意	10	
	总分	100	

【练习与思考】参考答案

一、选择题

（1）A （2）B （3）A （4）B （5）A （6）C （7）C （8）ABCD
（9）A （10）A （11）B （12）ABC （13）AB （14）ABC （15）AB
（16）ABC

二、判断题

（1）√ （2）× （3）× （4）× （5）√ （6）× （7）√ （8）×
（9）×

三、简答题

略

参考资料

[1] 楼晓东. 营销策划技术实训 [M]. 北京：人民邮电出版社，2010.
[2] 彭杰. 市场营销与策划 [M]. 北京：人民邮电出版社，2010.
[3] 李宇红. 市场营销实践教程 [M]. 北京：人民邮电出版社，2009.
[4] 魏玉芝. 市场营销实训项目教程 [M]. 北京：清华大学出版社，2010.
[5] 李世杰. 市场营销与策划 [M]. 北京：清华大学出版社，2011.
[6] 孙德禄. 营销策划经理岗位职业技能培训教程 [M]. 广州：广东经济出版社，2007.
[7] 郑方华. 营销策划技能案例训练手册 [M]. 北京：机械工业出版社，2011.
[8] 张昊民. 营销策划 [M]. 北京：电子工业出版社，2007.
[9] 海阔. 营销总监实战手册 [M]. 广州：广东经济出版社，2011.
[10] 孟韬. 营销策划方法、技巧与文案 [M]. 北京：机械工业出版社，2012.
[11] 吴良勇. 市场营销实务与案例分析 [M]. 北京：清华大学出版社，2011.
[12] 李艳娥. 新实用营销学 [M]. 广州：中山大学出版社，2005.
[13] (英) 迈克尔·里杰斯特. 危机公关 [M]. 上海：复旦大学出版社，1995.
[14] 潘小珍，李艳娥等. 新营销策划 [M]. 广州：中山大学出版社，2009.
[15] 张忠. 首届中国杰出营销奖案例精选 [M]. 北京：机械工业出版社，2003.
[16] (美) Philip Kotler. 营销管理 [M]. 北京：中国人民大学出版社，2003.
[17] 李艳娥. 顾客体验对品牌资产的影响研究 [M]. 广州：广东高等教育出版社，2011.
[18] 吴勇. 市场营销 [M]. 北京：高等教育出版社，2008.
[19] 黄沛. 新编营销实务教程 [M]. 北京：清华大学出版社，2005.
[20] 卢泰宏. 解读中国营销 [M]. 北京：中国社会科学出版社，2004.
[21] 李文龙. 实战广告案例 [M]. 北京：中国人民大学出版社，2007.
[22] 冯章. 广告创意与策划 [M]. 北京：经济管理出版社，2009.
[23] (美) Kevin Lane Keller. 战略品牌管理 [M]. 北京：中国人民大学出版社，2008.
[24] 李祖武. 销售管理 [M]. 北京：清华大学出版社，2011.
[25] 李光明. 现代推销实务 [M]. 北京：清华大学出版社，2009.
[26] (美) B. H. 施密特. 体验营销 [M]. 南宁：广西民族出版社，2004.
[27] 许建民. 营销策划 [M]. 北京：北京大学出版社，2012.
[28] (英) 麦克唐纳. 营销策划 [M]. 北京：中国铁道出版社，2010.
[29] 陈建中. 营销策划文案写作指要 [M]. 北京：中国经济出版社，2011.

[30] 孙德禄. 营销策划经理岗位培训手册 [M]. 广州：广东经济出版社，2011.
[31] http：//www. m448. con 管理资源网.
[32] http：//www. baidu. com 百度文库.
[33] http：//www. doc88. com 道客巴巴.
[34] http：//www. cuki. net 中国知网.
[35] http：//www. cmscmc. org 中国营销网.
[36] http：//www. emkt. com. cn 中国营销传播网.
[37] http：//www. chinama. net. cn 中国营销协会.
[38] http：//www. yemaozhong. com 叶茂中营销策划机构.